# 贸大法学

## （第5卷·2020）

对外经济贸易大学法学院
《贸大法学》编委会　编



对外经济贸易大学出版社
中国·北京

**图书在版编目（CIP）数据**

贸大法学. 第 5 卷，2020 / 对外经济贸易大学法学院《贸大法学》编委会编. —北京：对外经济贸易大学出版社，2021.11

ISBN 978-7-5663-2351-4

Ⅰ. ①贸… Ⅱ. ①对… Ⅲ. ①法律–文集 Ⅳ. ①D9-53

中国版本图书馆 CIP 数据核字（2021）第 273745 号

## 贸大法学（第 5 卷 · 2020）

对外经济贸易大学法学院《贸大法学》编委会　编

**责任编辑：** 史伟明

出版发行：对外经济贸易大学出版社
社　　址：北京市朝阳区惠新东街 10 号
网　　址：www.uibep.com
资源网址：www.uibepresources.com
邮政编码：100029
邮购电话：010－64492338
发行部电话：010－64492342
E-mail：uibep@126.com

成品尺寸：185mm×260mm
印　　张：13.75
字　　数：283 千字
ISBN 978-7-5663-2351-4
印　　刷：北京九州迅驰传媒文化有限公司
版　　次：2021 年 11 月北京第 1 版
印　　次：2021 年 11 月第 1 次印刷
定　　价：88.00 元

# 卷首语

贸大法学（第5卷·2020）与大家如期见面了，一如既往，首先感谢编委会诸位同学的努力和对外经济贸易大学出版社各位编辑的帮助！

本卷基本延续了前四卷设置的各个栏目。“本卷专题”栏目关注的是“未成年人刑事责任问题研究”，由对外经济贸易大学法学院硕士研究生浮揽月、杨梅、尹艺霏分别撰写的《恶意补足年龄规则在我国的适用性反思》《我国未成年人犯罪惩罚制度的完善——从刑事责任年龄争议谈起》和《未成年人刑事司法制度的完善》组成，以我国少年司法实践问题结合既有刑事责任能力理论，为当前的刑事法改革提供借鉴。在“各科专论”栏目中，我们刊发了不同专业的代表性论文。在民商法学方面，以新颁布的《中华人民共和国民法典》（以下简称《民法典》）内容为核心，由吉林省高级人民法院四级法官助理孙玲和对外经济贸易大学法学院博士研究生叶雄彪联合撰写了《〈民法典〉时代的个人信息保护：性质、范围与侵权责任》一文，还有华东政法大学硕士研究生袁炜娜撰写的《“风险与利益相一致”视角下的买卖合同中的“风险回跳”规则——以〈民法典〉第610条的适用范围为核心》一文，共同对新立法的争议问题做出解答。东南大学法学院硕士研究生孔雪逸从消费者权益保护的角度构思《单用途预付卡消费中无理由退货制度研究》。在经济法方面，有首都经济贸易大学法学院讲师孙天承、硕士研究生赵琳琳撰写的《网络平台企业屏蔽行为的竞争法规制——兼评“微信屏蔽飞书”案》一文，对互联网平台企业的竞争秩序进行了讨论，也有北京大学法学院硕士研究生雷琦撰写的《经济法上的分权理论与地方金融监管局建设》一文，以分权理论的视角谈金融监管问题。中央财经大学法学院硕士研究生孙娟从物权问题的角度构思《自己不动产役权中第三人利益的平衡》一文。在刑法方面，有西南政法大学行政法学院博士研究生罗有成和天津大学法学院博士研究生白冰分别撰写《重识贝卡里亚的刑罚理论及其现代意义》和《论刑法规制高利贷行为之合理性》，从刑法理论和司法热点的角度分别对我国既有刑法体系进行反思。本卷“人工智能法律问题研究”栏目收纳了两篇文章，分别是上海政法学院硕士研究生杨小燕撰写的《人工智能创作物属性的法律界定研究》和南京航空航天大学法学系本科生顾宗文撰写的《人工智能背景下劳动法的适用路径研究》，剖析部门法律对人工智能科技发展的应对。此外，本卷设置“平台法律问题研究”栏目，包含三篇文章，有中国政法大学硕士研究生刘子婧撰写的《从算法规制和劳动关系看外卖困境的解构和破局》，以及对外经济贸易大学法学院硕士研究生郑少杰、陈梓璇分别撰写的《外卖骑手侵权事件中的平台责任》和《浅析外卖平台下网约工用工关系的认定》，对社会新型劳动关系下的法律责任分配问题进行探索。本卷还设置了“案例研究”栏目，以行政法领域的永佳纸业案例为剖析重点，纳入中央财经大学法学院硕士研究生周远洋所写的《行政协议的诉讼识别——以“永佳纸业公司案”为分析视角》和复旦大学法学院硕士研究生李幸洁所写的《论行政协议的识别标准——大英县永佳纸业有限公司诉四川省大英县人民政府不履行行政协议案评析》两篇文章，从差异化的视角进行理论探究。最后，“贸大法学院学生法律沙龙综述”照例刊发了本年度举行的 2 期法律沙龙。

时光荏苒，《贸大法学》转眼也已经走到了第五个年头。从来稿数量、作者类型及学校来源、论文质量等各个层面比较，《贸大法学》都展现出越来越好的状态和势头，这一点殊为不易。最后的感谢依然送给本卷论文的各位作者，也希望各位同仁继续对《贸大法学》予以大力支持！

《贸大法学》编委会

2020 年 11 月 30 日

# 目　录

# 恶意补足年龄规则在我国的适用性反思

浮揽月*

**摘　要**：我国法律规定的14岁为最低刑事责任年龄是否应该降低又引起社会各界的热烈讨论，不少刑法学者认为，我国应该降低最低刑事责任年龄，同时借鉴英美法系中的恶意补足责任年龄制度，使具有恶意的未成年人承担相应的刑事责任。但是，恶意补足责任年龄制度根植于英美法系国家和地区，是与判例法国家法律制度和体系相适应并且建立在充分健全的少年司法体系上的。反观我国，独立的少年司法体系并没有建立起来，且我国作为一个依赖成文法的国家，贸然适用该制度具有一定程度的风险。结合中国国情、整体法律制度与事件调查报告显示，我国现行的责任年龄制度具有合理性和适用性，应当予以维持。

**关键词**：未成年人犯罪、恶意补足责任年龄规则、最低刑事责任年龄

# Reflection on the Rule of Malicious Complementary Age in China

Fu Lanyue

**Abstract:** Whether the age of 14 is the minimum age of criminal responsibility in our country should be lowered and aroused heated discussion from all walks of life. Many criminal law scholars believe that we should lower the minimum age of criminal responsibility, and at the same time learn from the system of malicious supplementary age of responsibility in the common law system, so that malicious minors can bear corresponding criminal responsibility. However, the system of malicious complementary age of responsibility is rooted in common law countries and regions, which is compatible with the legal system and system of case law countries and is based on a fully sound juvenile justice system. In China, the independent juvenile justice system has not been established in our country, and as a country that relies on written law, it is risky to apply it hastily. Combined with China's national conditions, the overall legal system and the incident investigation report show that the current system of responsible age in China is reasonable and applicable and should be maintained.

**Key words:** juvenile crime, malice supplies the age, minimum age of criminal responsibility

* 浮揽月，对外经济贸易大学法学院硕士研究生。

最近大连一名13岁未成年人杀害一名10岁的女童案件引起社会广泛关注，不少媒体为吸引读者眼球大肆宣扬我国规定的14岁为最低刑事责任年龄并不符合社会现状，对于该年龄标准是否应该降低又引起社会各界的热烈讨论。①

根据我国现行刑法的规定，我国刑事责任年龄分为4个不同的阶段：（1）14周岁以下的，为完全不负刑事责任年龄，对任何犯罪行为都不承担刑事责任；（2）14～16周岁的人，为相对负刑事责任年龄，对于我国刑法所规定的故意杀人、故意伤害致人死亡、抢劫、强奸、投毒、贩卖毒品、放火、爆炸这八种犯罪行为承担相应的刑事责任；（3）16岁以上为完全负刑事责任年龄，对任何犯罪行为都应承担刑事责任；（4）14～18岁为从未成年人，不适用死刑，法律规定应当从轻或者减轻处罚。

针对我国犯罪年龄低龄化的趋势，以及新闻媒体对14岁以下未成年人犯罪案件的报道所引发的社会讨论，部分学者认为我国应适当引入恶意补足责任年龄制度。

本文将从恶意补足责任年龄制度入手，结合我国的实际情况，深入分析该制度不适用于我国的原因，以及我国对未成年人年龄现存制度规定的合理之处。

## 一、英美法系国家中“恶意补足年龄规则”的内涵和发展

恶意补足年龄规则根植于英美法系国家，英国著名法学家威廉·布莱克斯通（William Blackstone）在其所著的《英国法释义》中，首次提出要对未成年犯进行恶意区分，即对于未成年人犯罪，有充分的证据能够证明该未成年人具有与之实施的犯罪行为所相应的辨认、控制自己行为的能力的，即使未满14周岁（当时英国法律规定未成年人的刑事责任年龄为14岁）也应追究其刑事责任。②

所以恶意补足年龄规则是指，对于一定年龄范围之内的未成年人，推定其不具有相应的刑事责任能力，但是，有充分的证据证明该未成年人具有足够的辨认和控制自己行为的能力的，应当认定该行为人具有恶意，并且承担相应的刑事责任。以未成年人的主观恶意程度来补足其刑事责任年龄的缺陷，由此被称为“恶意补足责任年龄”规则。

### （一）理论基础

17世纪，受英国法学家杰里米·边沁（Jeremy Bentham）的功利主义理论的影响，认为刑法的意义在于通过对犯罪人的惩罚来预防犯罪，而不是单纯的对犯罪行为的报应。因此，基于功利主义的刑罚目的学说，英美法系采用的恶意补足年龄规则，具有一定的功利主义色彩，认为对于不能控制自己行为的精神病人，以及不能辨认控制自己行为的未成年人的刑罚，不能达到预防犯罪和社会教育的目的，从而是无用的刑罚。③

1843年，英国丹尼尔麦纳顿（Daniel M’Naghten）案件确立起了著名的“麦纳顿规则”，该规则有两个要素：（1）生理（病理）标准：不具有理智；（2）心理学标准：该行为人为

---

①《悲剧再次发生，13岁男孩杀害10岁女孩抛尸，未成年人犯罪必须重视》，https://new.qq.com/rain/a/20200418A0QPN300，2019年11月20日访问；《13岁男孩杀害10岁女童14岁以下不负刑责该不该修改？》http://news.ifeng.com/c/7rAYG3Wz35E，2019年11月20日访问。

②［英］威廉·布莱克斯通（William Blackstone）：《英国法释义》，游云庭、缪苗译，上海人民出版社，2006，第112页。

③［英］杰里米·边沁（Jeremy Bentham）：《论道德与立法的原则》，程立显、宇文利译，陕西人民出版社，2009，第132页。

一定行为的时候，不知道行为的性质或者不知道行为的对错。[①]要求行为人为一定行为的时候，具有“明知”的主观心态。

美国在“麦纳顿规则”的基础上，又新增了“不能控制规则”（irresistible rule），[②]即在要求行为人实施犯罪行为时应“明知”该行为的性质、对错的基础上，增加了控制能力的要求。根据心理学的研究把人的心理能力分为两种，一是认识能力，二是控制能力，二者必须同时具备才能成为一个正常的理性人。因此要求行为人在实施一定的犯罪行为时是“明知”且可以“控制”的。[③]

在这些理论基础的支撑下，英美国家认为未成年人虽然是心智不成熟的人，但根据家庭以及个人受教育程度的不同，未成年人的心智发展水平显著不同。因此需要根据（1）行为人是否能认识到自己行为的不法性，（2）是否能控制自己的行为，这两点作为判断的标准，从而来弥补未成年人主观恶性大，但因责任年龄不足不能承担刑事责任的缺陷。

综上所述，英美法系的恶意补足责任年龄规则是在功利主义的刑罚目的论的理论背景下，加之麦纳顿规则以及美国增加的不能控制规则的基础上，逐渐完备成熟的规则。

（二）历史发展

1. 英国恶意补足年龄规则的发展

1324 年，英国普通法开始采纳了“未成年”的合法辩护，确定了 7 岁以下的儿童没有责任能力。1338 年，英国通过了一项法案，该法案规定了 7 岁以上的儿童“推定缺乏犯罪能力”，但是这种推定可以被“具有恶意”的证据所否定。[④]17 世纪，受法学家布莱克斯通的影响，英国刑事司法领域逐渐形成了刑事责任年龄三分法，即：（1）7 周岁以下，完全不负刑事责任年龄，认为该年龄段的未成年人不承担任何刑事责任；（2）7～14 周岁，为推定不负刑事责任责任的年龄，推定处在该年龄段的未成年人没有刑事责任能力，但是有足够的证据能够证明该未成年人在实施犯罪行为时是具有恶意的主观因素，则认为应该负相应的刑事责任；（3）14 周岁以上，是完全刑事责任能力人。1933 年，英国《儿童与少年法案》将完全无刑事责任年龄从 7 岁上调至 8 岁。1963 年，英国对该法案进行修改，将完全无刑事责任年龄再次上调至 10 岁。

然而，随着社会的发展，人们逐渐认识到家庭教育的不同会导致未成年人的辨认控制能力有所区别，恶意补足责任年龄规则会造成不同家庭、不同出身的未成年人有不同的判决，而遭到质疑。直到 2009 年，英国上议院在 R v.JTB 一案中，明确表示法律已经废止 10～14 周岁的未成年人无刑事责任年龄的推定，认为 10～14 周岁的未成年人不能通过证据来证明自己不存在恶意而免除刑事责任，并将最低刑事责任年龄定为 10 岁。至此，恶意补足责任年龄规则在英国产生，又在英国被废止。

2. 美国恶意补足年龄规则的演进

由于美国的联邦制度，各个州之间关于未成年人刑事责任的规定各不相同，其中，适用普通法的州将 7 岁以下的未成年人认定为完全不负刑事责任人；7～14 岁为推定无刑事责任年龄，可以通过控方举证证明其具有恶意来推翻；14 岁以上的应当认定具有刑事责

① 储槐植，江朔：《美国刑法》，北京大学出版社，2012，第 66 页。

② Parsons v. State, 81Ala.577. (6th Cir.1887).

③ 储槐植，江朔：《美国刑法》，北京大学出版社，2012，第 67 页。

④ 储槐植，江朔：《美国刑法》，北京大学出版社，2012，第 59 页。

任能力。其他各州根据本辖区内具体情况的不同，对于恶意补足责任年龄规则适用的年龄范围有不同的规定，如内华达州的规定为8～14岁，华盛顿州为8～12岁等等。

随着国家亲权理论在美国的兴起以及科学技术、心理学和社会的发展，人们逐渐认识到，少年的生理和心理特点决定了他们对外部世界比成年人表现出更大的依赖关系，于是少年司法制度（Juvenile Delinquency）应运而生。1899年，伊利诺伊州第一个少年法庭成立之后，各州纷纷成立了自己的少年法庭，来解决未成年人犯罪的问题。美国的少年司法制度是本着为未成年人提供福利和救助的原则而成立的，针对处于恶意补足责任年龄段的未成年人，在他们实施了犯罪行为之后，放弃对他们进行刑事处罚，而采取少年司法制度进行救助和教导，绝大部分的未成年的刑事案件都被移送少年司法法院审理，这就导致了恶意补足责任年龄在美国各个州的实践之中被适用的机会少之又少。1978年，美国《青少年犯罪法》将责任年龄定为13岁，并规定将13～18岁犯有严重刑事犯罪的未成年人移送成人法院进行刑事审判，而此时，该未成年人可以采用缺乏刑事责任能力进行抗辩。[①]

（三）实践中的应用

1. 恶意补足年龄制度的刑法适用基础

实践中，英美法系国家采用的恶意补足责任年龄规则，本质上是建立在完善的以非刑罚处罚措施为前提的少年司法制度的基础上的，对未成年人犯罪进行刑罚处罚的例外措施。

以美国举例，1899年美国伊利诺伊州《少年法院法》所建立的少年司法制度，遵循了“未成年人最大利益”原则，以国家亲权理论为基础，最大限度地保护未成年人，排除了报复性的刑罚。[②]并规定在少年司法审判中应当：（1）将适用于成年人的控辩对抗的庭审方式，改为非正规的、旨在教育的听证方式；（2）法官在听证中不仅是法律权威，更是一个慈爱的长者；（3）进行庭审的目的在于诊治并帮助未成年人被告；（4）在判决时应更多考虑未成年人被告的家庭背景与成长经历，以及促使他犯罪的原因，而不是他的犯罪行为。[③]由此可见，少年司法制度是与成年人刑事司法相对立的、独立的司法制度。

适用普通法的州规定7～14周岁的未成年人应推定无刑事责任能力，适用恶意补足责任年龄规则，与此同时，7～14周岁的未成年人犯罪的，绝大多数并没有被移送至刑事审判法院，而是通过少年司法程序对其进行非刑事的处罚，真正适用恶意补足责任年龄进行刑事审判的未成年人少之又少，因此恶意补足责任年龄规则仅仅是针对极端个案的应对措施。因此，在完备的针对未成年人犯罪的矫正教育非刑罚的保护措施的情况下，恶意补足责任年龄制度则是起到了对未成年人处罚的补充作用，即多数未成年人实行犯罪行为不会受到刑法的处罚，而是通过少年司法制度进行与刑罚对立的处罚，所以导致了英美法系国家对最低刑事责任年龄的规定较低这种情况的出现。

2. 对于“恶意”的证明问题

在英美法系国家和地区对于恶意的证明方法，它们都有着自己的一套技术标准和证明制度。一般来说，实践中需要检方提交相应的用以证明未成年人具有恶意的事实证据材料，如对未成年人进行心理测试并出具相关鉴定报告，用以检验未成年人心理认知水平；警方

① 张颖鸿、李振林：《恶意补足年龄规则本土化适用论》，《中国青年研究》2018年第10期。

② 姚建龙：《国家亲权理论与少年司法——以美国少年司法为中心的研究》，《法学杂志》2008年第3期。

③【美】戴利尔，戴宜生译：《美国未成年人司法制度的发展》，《青少年犯罪问题》2005年第4期。

通过对未成年人的家庭、学校进行相关调查，得出的行为品行评估；以及未成年人在实施犯罪时以及接受警方询问调查时的具体表现（如事后销毁证据等）等证据，来证明未成年人在实施犯罪行为时是具有恶意的。值得注意的是，英美法系国家在恶意补足责任年龄规则的实践运用时，证明相关未成年人具有恶意的证据已经不单单局限在针对该案件事实的证据，对于未成年人的性格评估，以往的犯罪倾向，是否有不良行为的前科以及社会关系等的调查报告，①已经涉及未成年人的品格，一定程度上运用品格证据对其在该案上是否具有恶意进行证明。

## 二、恶意补足年龄规则不能适用我国的原因

### （一）恶意补足年龄规则引入论的不足

支持恶意补足责任年龄规则引入论的学者认为，我国应该适用恶意补足责任年龄规则这一弹性的责任年龄制度，但是对于如何引入恶意补足责任年龄规则，即该规则与我国刑事责任年龄三分法的关系建构没有形成一个统一的体系。

有学者指出，我国应该保持14～16岁犯刑法规定的8种犯罪行为应承担相应的刑事责任不变，降低最低刑事责任年龄，在降低的最低刑事责任年龄段中实行恶意补足责任年龄规则，要求控方提供相应的证据来证明其存在恶意。②笔者认为是十分不妥当的。该学者的观点核心是降低我国最低刑事责任年龄，在最低刑事责任年龄至16岁这一年龄区间实施的8种严重的犯罪行为，检察机关承担证明其具有恶意的责任，这样做反而限制了原本14～16岁的人就应该承担的刑事责任，变成推定无刑事责任能力，需要检察机关对其进行其具有恶意的证明，给予法官一定的自由裁量权，不仅扩大了刑事责任能力承担的年龄范围，而且一定程度上放宽了14～16周岁的人所应当承担的刑事责任，不仅不利于保护未成年人，而且有可能放过14～16周岁犯刑法规定的8种犯罪行为原本应该承担刑事责任的未成年人，造成一罚了之或者是一放了之的极端局面。

有学者认为，根据李玫瑾教授在上海举办的主题研讨论坛上的发言，我国未成年人暴力行为表征出现的平均年龄为12.2岁；13～14岁则为不良行为发生高频年龄段，以此来论断我国未成年人犯罪已经明显处于低龄化趋势，因此要降低最低刑事责任年龄，将恶意补足责任年龄制度适用于11～14岁未成年人犯罪，14周岁及以上的规定保持不变，特别用于防范校园暴力事件。③笔者认为：（1）未成年人犯罪行为与未成年人暴力行为表征、校园暴力事件以及不良行为有着本质的区别。该学者将校园暴力、暴力行为表征以及青少年不良行为同未成年人的犯罪行为混为一谈，以此来论证我国规定的最低刑事责任年龄与实际情况不相匹配，是缺乏说服力的。《2017年我国未成年人犯罪研究报告》④指出，我国未成年人犯罪行为虽然呈现逐年低龄化，但仍然在14周岁以上，这说明14周岁作为最低刑事责任是符合现状的。（2）11～14岁的未成年人适用恶意补足责任年龄制度与14～

---

① PETER MURPHY, MURPHY ON EVIDENCE.215 (1997).

② 郭大磊：《未成年人犯罪低龄化问题之应对》，《青年研究》2016年第6期。

③ 陈伟、熊波：《校园暴力低龄化防控的刑法学省思：以“恶意补足年龄”规则为切入点》，《中国青年社会科学》2017年第5期。

④ 路琦、郭开元、张萌、张晓冰、胡发清、杨江澜：《2017年我国未成年人犯罪研究报告》，《青少年犯罪问题》2018年第6期。

16岁的未成年人仅承担刑法规定的8种犯罪行为是相互矛盾的，该学者认为11～14周岁的未成年人如果被证明存在恶意，就要承担 8 种犯罪行为以外的其他犯罪行为的刑事责任，这与14～16周岁的人仅对8种犯罪行为承担刑事责任的规定有着明显的矛盾和逻辑混乱，所以不应认定。

也有相当一部分支持恶意补足责任年龄的学者认为，我国现行刑法“一刀切”的刑事责任年龄制度，与我国广阔的地域、密集的人口、不同地区教育水平不同的实际情况不相符合，所以要适用恶意补足责任年龄规则来进行个案化审判。这种观点笔者认为不妥，我国不是判例法国家，一个法院做出的判决不能约束其他同级法院的判决，再加之我国幅员辽阔，地区差异较大，会导致同案不同判的现象出现，从而影响司法的公信力。

支持引入论观点的学者，对于我国现行规定的相对负刑事责任年龄段与恶意补足责任年龄规则之间的关系构建模糊，没有形成一个统一的、明确的、值得让人信服的构建体系，而每种不同的观点本身都有着不同程度的矛盾，与我国现实情况不能相互融合，所以现行阶段恶意补足责任年龄规则引入论体系并不完善，应当持保留态度。

（二）恶意补足年龄规则的适用基础在我国并不完善

根据上文阐述以及纵观国外的立法规定，恶意补足年龄规则的本质是对未成年人犯罪进行刑罚处罚的例外措施，是建立在完善的以非刑罚处罚措施为前提的少年司法制度的基础上的，所以我国在没有完备的少年司法制度的情况下，单纯降低刑事责任年龄适用该规则是不负责任的一刀切行为。

第17届国际刑法大会中颁布的《国内法与国际法下的未成年人刑事责任决议》中规定①，非刑罚性质的教育矫正措施应该作为针对未成年人罪犯的主要惩罚手段，刑罚处罚为例外，要求各国建立起自己的非刑罚性质的少年司法制度，以此为原则，来保护未成年人。

尽管近些年来我国相继出台了《中华人民共和国未成年人保护法》（以下简称《未成年人保护法》）和《中华人民共和国预防未成年人犯罪法》（以下简称《预防未成年人犯罪法》），确立了我国“教育为主，惩治为辅”的少年司法制度的原则，但是我国少年司法整体制度不论从立法体系上看还是从制度规定上看，都没有完全从刑事诉讼法以及刑法中的一般犯罪体系上脱离出来，依旧依附于现有的面向成年人的法律体系，没有形成独立的少年司法制度以及完善的非刑罚处罚措施，②与国际公约和其他国家有着较大差距。

我国现行的“少年司法制度”应称之为“未成年人刑事司法制度”，只是相对于针对成年人制定的刑罚来说，减少了一定程度上的刑罚，③未成年人司法没有单独地从成年人司法审判程序上独立出来，实践中会造成一系列适用问题，如法院和检察院的关系等，特别是人为地设置一些年度目标（而这种目标通常是没有将未成年人犯罪独立出来的），会因为刑事审判对判处缓、管、免的判决比例有所控制，上述判决需要经过一系列烦琐的程序决定，

① 《国内法与国际法下的未成年人刑事责任决议》中第3条“对未成年罪犯应主要采取将教育措施或者其他对个人有矫正作用的替代性制裁措施；如有需要，才可以例外地适用传统意义上的刑事制裁措施。”

② 安琪：《保护、惩治与预防——我国少年司法制度变迁七十年（1949—2019）》，《中国青年研究》2020年第4期。

③ 姚建龙、宋志军、何挺、吴燕、龙宗智、陈光中、万春、宋英辉：《中国未成年人刑事司法制度的完善》，《国家检察官学院学报》2011年第4期。

因此，为了避免麻烦，审判人员在审理此类案件中会不可避免地适用刑罚。[①]而刑法中规定的“收容教养制度”作为唯一一种未成年人罪犯的非刑罚处罚措施，仅适用于在必要情况下的，没有达到相应刑事责任年龄的未成年人，但我国对于“收容教养制度”的适用机关、强制性程度、适用未成年人的年龄下限等问题没有统一的规定，该制度体系尚不完善。[②]

根据国际刑法大会中的规定，恶意补足责任年龄规则应当作为对未成年人罪犯非刑罚处罚措施的例外进行适用的，所以我国在没有建立完善的非刑罚处罚措施前贸然适用作为例外规则的恶意补足责任年龄，是非常不妥当的。

（三）恶意的证明方法在我国的合法性存疑

有学者提出，可以根据英美国家长期实践形成的统一标准、检验方法、认定材料等，在我国刑法的司法解释中做出细节上的规定，如规定检察机关可以对该未成年人的一贯行为表现、组织相应的鉴定专家对其进行心理测试、对其家人、学校、教师进行询问等来证明其是否具有一定的认知能力和控制能力。[③]

首先，笔者认为，恶意补足年龄规则作为一种推翻法律拟制的例外规则，实质上是在个案的基础上，针对极个别极端案例所做出的特殊规定，其核心是具有英美法系中个案色彩的，所以对其做一个具有统一性的适用标准，违反了其认定未成年人犯罪案件为独立的个案进行具体问题具体分析，根据该未成年人本人的特点做出判决的核心要义。

其次，即使我们能从个案中找出其共性，适用英美法系国家的证明方法，对未成年人进行心理分析，调查该未成年人的成长经历、知识水平、性格特征等，出具一份社会调查报告，用于证明未成年人是否具有恶意。[④]这种证明方法在我国是不能相互兼容的。（1）对于未成年人的心理测试的客观性和合法性存疑。首先，在实践中对于未成年人的心理测试大都采用调查问卷的形式，做出鉴定的依据来源于未成年人本身对于问卷的主观回答，不具有客观性且测试过程没有一个客观统一的实施标准和判断方法。其次，心理测试在我国不具有相应的证据能力，缺乏法律依据，且做出心理测试结论的主体没有一个统一的资质，因此心理测试作为证据不具有合法性和客观性。（2）关于未成年人的性格特征、成长经历、社会活动、个性特点等品格证据不能作为定罪的依据。尽管我国 2001 年《最高人民法院关于审理未成年人刑事案件的若干规定》（现已失效）第 21 条和 2013 年最高人民检察院关于印发《人民检察院办理未成年人刑事案件的规定》的通知第九条和第十二条规定了，涉及未成年人品行的社会调查报告和心理测试评估可以作为未成年人犯罪中的办案和教育的参考。但是，对于该社会调查报告，不论是我国司法解释上的规定还是实践上的用法，都仅限于在量刑环节时作为提供给法官的参考意见，而不具有实质的证据能力来认定罪与非罪，在学界中关于社会调查报告的证据能力以及证据种类也没有一定的定论，因此贸然将涉及未成年人品行的证据作为认定其是否具有恶意的依据，来对未成年人进行刑罚处罚的方式是不可取的。[⑤]

---

① 张鸿巍：《少年司法通论》，人民出版社，2008，第 82 页。

② 赵天红：《未成年人不法行为的非刑罚处置措施探析》，《预防青少年犯罪研究》2019 年第 2 期。

③ 郭大磊：《未成年人犯罪低龄化问题之应对：以“恶意补足年龄”规则为借鉴》，《青年研究》2016 年第 6 期。

④ 张颖鸿、李振林：《恶意补足年龄规则本土化适用论》，《中国青年研究》2018 年第 10 期。

⑤ 邵劭：《未成年人犯罪案件中“品格证据”之梳理与适用》，《青少年犯罪问题》2012 年第 1 期。

综上所述，对于未成年人是否具有恶意的证明方法中提到的心理测试以及性格分析等品行证据，在我国没有明确的法律规定承认该证据的证明能力，所以在法律上的合法性存疑，实践中该证据也只能作为量刑的依据而不能作为定罪的依据。因此对于“恶意”的证明方法在我国法律体系以及实践中的合法性存疑。

（四）恶意补足年龄规则会造成我国司法不统一

首先，恶意补足责任年龄规则有违我国依赖成文法的传统。英美法系国家和地区实行判例法制度，法官有着较大的自由裁量权，弹性规则对于英美法系国家和地区来说是普遍存在的，恶意补足责任年龄规则在严格的程序和遵循先例的规制保护下为不同情形的个案进行精细化判决的同时，又能在同样的案件中遵循先例来维护和保障司法的公信力。[①]而我国不是判例法国家，一个法院做出的判决不能约束其他同级法院的判决，再加之我国幅员辽阔，地区差异较大，贸然适用该规则会导致同案不同判的现象出现，不利于司法权威的树立，而且我国历来注重成文法，从法律法规到司法解释，其背后的价值选择导向都在于运用明确的统一的规则做出统一的判决，才能保证同案同判，维护司法公信力，所以，恶意补足责任年龄这种弹性制度在我国司法实践中存在很大程度的适用性问题。

其次，我国法官独立性不强，司法水平不统一使弹性规则有适用风险。英美法系国家的法官大都采取精英制、终身制，通常有着较强法律实践经验的律师或者有着充足法律知识背景的人才能担任法官，所以在此情况下给予法官一定程度的自由裁量权是可行的；而我国法官素质参差不齐，不同地区有不同的发展水平，再加上法院做出的判决对其他同级法院没有拘束力，每个法官对同一个问题有着不同的解读，盲目适用弹性规则容易走向两种不同的极端，在我国的司法实践中，法官过分依赖司法解释，不愿意依照其自由裁量权做出相应的判决从而承担责任，在法律规定模糊的情况下，不同地区做出的判决有很大的差异。

综上所述，不论是恶意补足年龄规则引入论本身的问题，以及该规则的证明方法、适用基础，还是我国司法实践中的做法的不相融洽，都表明这一弹性制度的设计不能适用于我国。

## 三、我国最低刑事责任年龄制度的合理性

（一）最低刑事责任年龄制度与恶意补足年龄规则的关系

我国现行的责任年龄制度规定14岁为最低刑事责任年龄，不少学者对此表示该最低刑事责任年龄过高，不适合我国犯罪低龄化的趋势，需要降低最低刑事责任年龄，在降低的年龄区间内实行恶意补足责任年龄规则，所以该规则的引入论归根结底是要降低我国最低刑事责任年龄，推翻我国对于14岁以下的未成年人不具有刑事责任能力的推定，扩大刑事责任承担群体的范围。

因此要想讨论恶意补足年龄规则在我国的适用问题，必须要明确我国最低刑事责任年龄的规定是否符合我国的现状。

（二）我国未成年人犯罪情况的现状

1. 未成年人犯罪总量

根据2017年我国未成年人犯罪报告显示，2000年到2009年，我国未成年人犯罪总

① 曾粤兴、高正旭：《恶意补足年龄规则引入论之反思》，《河北工业大学学报(社会科学版)》2020年第2期。

量持续不断增长，2008 年为转折点，未成年人犯罪数量逐年下降，从 2008 年的 88 891 人下降至 2016 年的 35 743 人。说明我国预防未成年人犯罪工作有所成效，未成年人犯罪总量有所下降（见图 1）。

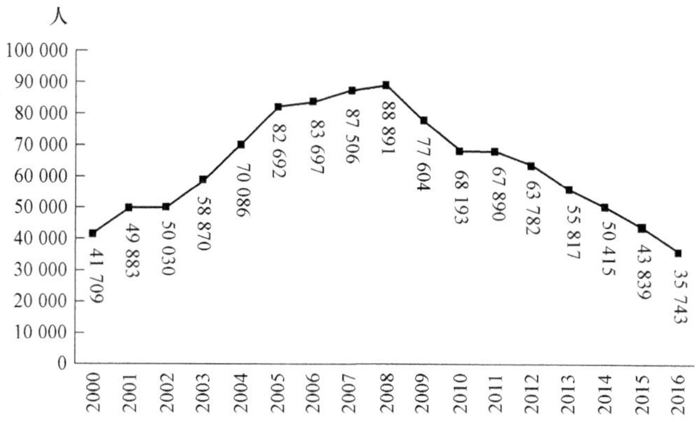


图 1　2000－2016 年未成年罪犯人数[①]

本图来源：路琦、郭开元、张萌、张晓冰、胡发清、杨江澜：《2017 年我国未成年人犯罪研究报告》，《青少年犯罪问题》2018 年第 6 期，第 30 页。

2. 未成年人犯罪率

未成年人犯罪总量有所下降，是从整体上看未成年人犯罪数量，要想进一步有针对性地研究未成年人犯罪问题，还要结合未成年人的总量，得出未成年人的犯罪率，与总体犯罪率和青少年（14～25 岁）进行对比。如图 2 所示，近年来我国总人口犯罪率逐年上升，对比未成年人的犯罪率在 2000—2005 年有所上升之后回落，再到近年来达到了犯罪率的新低，说明我国未成年人教育普及以及预防未成年人犯罪的工作有所成效。

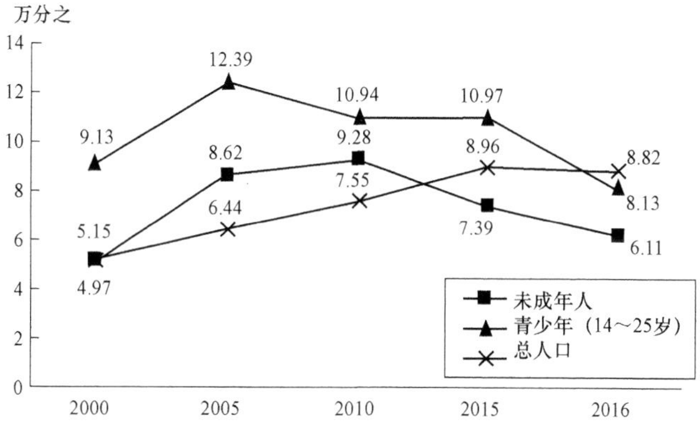


图 2　未成年人犯罪率与青少年犯罪率、总人口犯罪率的比较[②]

本图来源：路琦、郭开元、张萌、张晓冰、胡发清、杨江澜：《2017 年我国未成年人犯罪研究报告》，《青少年犯罪问题》2018 年第 6 期，第 30 页。

---

① 该图引自：路琦、郭开元、张萌、张晓冰、胡发清、杨江澜：《2017 年我国未成年人犯罪研究报告》，《青少年犯罪问题》2018 年第 6 期。

② 该图引自：路琦、郭开元、张萌、张晓冰、胡发清、杨江澜：《2017 年我国未成年人犯罪研究报告》，《青少年犯罪问题》2018 年第 6 期。

3. 未成年人犯罪的年龄特征

根据 2017 年我国未成年人犯罪研究报告显示，未成年人犯罪以 15、16 岁为主。2017 年的调查数据显示，我国未成年人犯罪的平均年龄在 16.6 岁（2013 年未成年人平均犯罪年龄为 17 岁），其中故意杀人罪的首次犯罪年龄平均值为 14.1 岁，其他犯罪行为年龄平均值更高。①

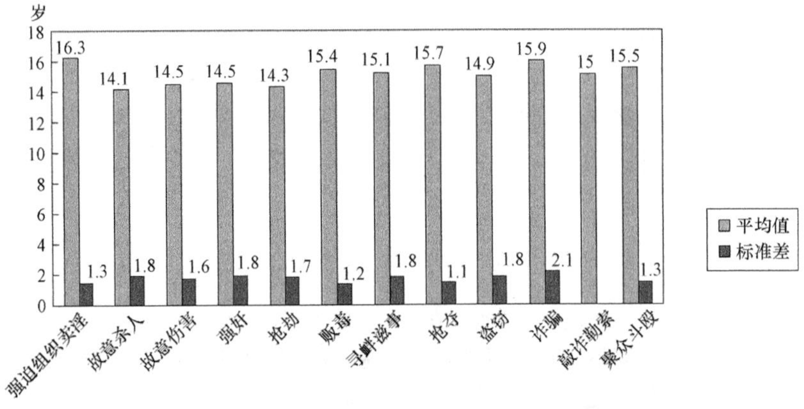


图 3　未成年人犯首次犯罪年龄平均值和标准差②

本图来源：路琦、郭开元、张萌、张晓冰、胡发清、杨江澜：《2017 年我国未成年人犯罪研究报告》，载《青少年犯罪问题》2018 年第 6 期，第 30 页。

综上所述，我国近年来未成年人犯罪总数、犯罪率都呈现下降趋势，未成年人犯罪问题在逐步改善；未成年人犯罪年龄呈现逐年低龄化状态，但平均犯罪年龄以及个别严重暴力型犯罪的首次犯罪平均年龄仍然保持在 14 岁以上。

（三）我国应维持现有的最低刑事责任年龄规定的原因

1. 刑法不应因为个别极端的案例而降低刑事责任年龄

我国刑法理论认为，刑法的制度规则设计应该着眼于大多数人，反映绝大多数人的情况，而不针对极个别特殊的情况，因此，刑法的责任年龄制度也是一样，应该着眼于我国大多数人整体情况和发展水平，认定 14 岁以下的人不具有相应的刑事责任能力，是符合我国整体的发展状况的。

近年来，媒体对 14 岁以下的未成年人实施犯罪行为进行大范围的报道，有些媒体的报道是具有一定程度的宣扬性的，不具有客观性，导致社会大众认为我国未成年人犯罪低龄化趋势明显，已经超出了刑法的控制范围，对 14 岁以下未成年人实施的犯罪行为进行刑罚处罚刻不容缓。退一步讲，就算降低刑事责任年龄，也仍然会有低于最低刑事责任年龄的未成年人实施犯罪行为的个例出现。根据《2017 年未成年人犯罪调查研究报告》显示，我国未成年人犯罪人数总量、犯罪率都是逐年下降的，所以 14 岁以下未成年人实施

① 路琦、郭开元、张萌、张晓冰、胡发清、杨江澜：《2017 年我国未成年人犯罪研究报告》，《青少年犯罪问题》2018 年第 6 期。

② 该图引自：路琦、郭开元、张萌、张晓冰、胡发清、杨江澜：《2017 年我国未成年人犯罪研究报告》，《青少年犯罪问题》2018 年第 6 期。

极端犯罪行为仍然属于个例，而不是社会的普遍现象。

2. 我国目前规定的最低刑事责任年龄是与国际普遍做法相适应的

目前在世界范围内，除了英美法系国家采取恶意补足责任年龄规则，相应地降低了其最低刑事责任年龄之外，大陆法系国家，如日本、德国、意大利与我国都规定 14 岁为最低刑事责任，瑞士规定最低刑事责任年龄为 15 岁，西班牙为 18 岁；从国际上来看，联合国儿童权利委员认为各国应该将最低刑事责任年龄提高到 12 岁以上，所以就目前世界范围内来看，我国规定的 14 周岁是与国际普遍做法相适应的。[①]

3. 降低最低刑事责任年龄并不能解决犯罪低龄化的问题

未成年人犯罪低龄化并不是单纯的刑法问题，只靠刑法降低最低刑事责任年龄，扩大刑法打击的范围，使未成年人过早地进入刑罚的范围，不能对未成年人进行更好的引导，只能导致犯罪率上升，被刑罚处罚的未成年人未来更加难以融入社会，会增加再犯的概率，对未成年人课以与成年人一样的刑罚，不一定能起到更好的预防或矫正效果，很有可能适得其反。马汶·沃尔夫冈教授[②]的少年犯罪跟踪调查，考察了 9 945 名少年的档案，连续跟踪他们与警方打交道的记录，一直到 18 周岁。发现其中有 6%的少年被捕 5 次以上，但这 6%的少年所犯下的杀人、强奸、伤害、抢劫等重罪占到了全部犯罪的 51.9%。这一研究证明，刑罚处罚没能对这一部分未成年人起到相应的威慑作用，反而会使其破罐破摔，增加再犯的可能性。

4. 对于低龄未成年人的刑罚不能实现预防犯罪的目的

刑罚的目的在于人民法院代表国家对犯罪分子适用刑罚从而达到预防犯罪的效果，刑罚的预防目的分为两个方面：一般预防和特殊预防[③]。

特殊预防是指针对犯罪分子本人，适用刑罚，从而起到一定程度上的惩罚作用，防止其再犯新罪，然而对于未成年人的刑罚处罚，是否是预防其再犯新罪的最佳手段呢？平野龙一教授认为："针对人的处罚，并不会具有让该人将来不要再次重复该种人格形成的性质。对其处罚，不是对其他人的人格警告，就是绝对报应刑。"[④]所以对于特殊预防来说，刑罚并不是预防该犯罪人再次犯罪的最佳手段，平野龙一教授甚至认为刑罚并不能起到特殊预防的作用。不论该观点在我国的接受度高低与否，对于未成年人来说，他们处在一个性格养成十分不稳定的阶段，2003 年，根据神经学家 Steinberg 和 Scott 的研究表明，未成年人从神经心理学和神经生物学的层面上，与成年人在情绪调节、控制冲动等方面与成年人有着显著的差异，[⑤]对此阶段的未成年人进行积极地疏导和教育改造才是预防其犯罪的最佳手段。

刑罚的一般预防目的在于，对该犯罪人的刑罚处罚形成对社会一般潜在犯罪人的威慑作用，防止他们走上犯罪的道路。对于 14 周岁以下的未成年人进行刑罚处罚的一般预防

① 曾粤兴、高正旭：《恶意补足年龄规则引入论之反思》，《河北工业大学学报（社会科学版）》2020 年第 2 期。

② 美国宾夕法尼亚大学塞林犯罪学与刑法研究中心主任马汶·沃尔夫冈教授。

③ 高铭暄、马克昌：《刑法学》（第 8 版），高校等教育出版社，2017，第 224 页。

④ 【日】平野龙一：《刑法的基础》，黎宏译，中国政法大学出版社，2016，第 22 页。

⑤ Steinberg L, Scott ES, *Less Guilty by Reason of Adolescence: Developmental Immaturity, Diminished Responsibility and the Juvenile Death Penalty.* 12 American Psychologist 1009, 1018 (2003).

目的在于对于其他14岁以下的潜在犯罪未成年人形成威慑，然而根据我国的实际情况，该目的难以实现。首先，根据我国2017年未成年人犯罪调查报告显示，我国未成年人犯罪大多集中在农村或者偏远山区，对于法律了解的缺失，以及学校和家庭教育的缺失是造成未成年人犯罪的最大因素，所以对未成年人的教育才是预防其犯罪的根本，并非刑罚。其次，即使未成年人接受了相关的普法教育，认识到了犯罪的后果，也未必会起到很好的预防效果，上文提到的神经心理学和生物学的研究，说明未成年人从生理上来说，控制能力也与成年人有较大差距，其实施犯罪行为时往往是不考虑后果的，所以恶意补足责任年龄规则对于14岁以下的未成年人一般预防目的也难以实现。①

对于低龄未成年人实施刑罚，并不是特殊预防的最佳手段，其想要达到的特殊预防目的也因未成年人缺乏普法教育，以及未成年人本身，由于神经学的原因，缺乏一定的情绪控制能力而难以实现。

## 四、结论

恶意补足责任年龄规则根植于英美法系国家，与英美法系的判例法原则、法官具有较大自由裁量权这种传统是相互配套的，贸然将这一带有典型英美法系色彩的弹性制度移植到我国，会出现一系列适用性问题，造成同案不同判的状况，从而影响司法的公信力。

依照目前英美法系国家和地区的实践证明，恶意补足责任年龄规则是否能够实现其原本设定的预防性目的，效果存疑。英国对其进行废止，从某些方面来说，也表明该规则的实用性遭到了质疑。

况且，根据我国的刑法理论基础、社会恤幼的道德传统以及刑法的谦抑性来说，恶意补足责任年龄规则引入论既没有一个统一的适用体系，又与我国的司法实践相背离，对于我国未成年人犯罪的刑法规范的适用，应持谨慎的态度。我国规定的最低刑事责任年龄为14周岁，目前来看是符合我国国情的，与国际上的普遍做法是相吻合的。

① 姜雯：《神经科学对美国少年司法的影响及其启示》，《中国卫生法制》2017年第4期。

# 我国未成年人犯罪惩罚制度的完善

## ——从刑事责任年龄争议谈起

杨　梅*

**摘　要**：未成年人犯罪一直是我国刑法领域的关注要点，近年来未成年人刑事犯罪案件报道的增多引起了社会各界对于降低刑事责任年龄的广泛争论。解决未成年人犯罪的关键在于构建适当的惩罚制度，使未成年人犯罪受到相应处罚，实现刑法惩罚犯罪和预防犯罪的目的。在未成年人犯罪中，刑罚处罚与非刑罚处罚是相互补充的关系。刑事责任年龄制度只是限制了对于未成年人犯罪的刑罚处罚，刑事责任年龄可以降低，但降低刑事责任年龄并不能从根本上解决未成年人犯罪中存在的司法问题。解决未成年人犯罪问题仍需构建相应的非刑罚处罚制度。实行强制性收容教养制度、重新界定收容教养制度的期限和内容、加重监护人的民事责任与行政责任、监护人管教配合社区矫正等是构建未成年人犯罪非刑罚处罚制度的有效手段。

**关键词**：刑事责任年龄、收容教养制度、监护人管教

# The Perfection of Juvenile Crime Punishment System in China

## —From the Age Dispute of Criminal Responsibility

Yang Mei

**Abstract**: Juvenile delinquency has always been the focus of Chinese criminal law. In recent years, the increasing number of reports on juvenile criminal cases has caused a wide debate on reducing the age of criminal responsibility. The key to solve the problem of juvenile delinquency lies in the establishment of appropriate punishment system, so that the juvenile crime can be punished accordingly, and the purpose of criminal punishment and crime prevention can be realized. In juvenile delinquency, criminal and non-criminal punishment are complementary. The age of criminal responsibility only limits the criminal punishment for juvenile delinquency. The age can be reduced, but that can not solve the fundamental problems. At present, China's non-criminal punishment system for juvenile delinquency mainly includes the reception and rehabilitation system and guardian discipline. The effective means to construct the non-criminal punishment system for

---

* 杨梅，对外经济贸易大学法学院硕士研究生。

juvenile delinquency are to implement the compulsory reception and rehabilitation system;redefine its term and content of the system;increase the civil and administrative responsibilities of the guardian;and cooperate with the community correction.

**Key words**: age of criminal responsibility, reception and rehabilitation system, guardian discipline

## 一、我国刑事责任年龄的现状及其引发的问题

刑事责任年龄是法律规定的行为人负刑事责任而必须达到的年龄，我国现行的最低刑事责任年龄是 14 周岁，相对负刑事责任年龄是 14～16 周岁。①司法大数据显示，我国已成为世界上未成年人犯罪率最低的国家之一。2009—2017 年，我国未成年人犯罪数量持续下降。②虽然该数据统计的是我国已满 14 周岁未成年人的犯罪情况，但是也可以在一定程度上说明我国未成年人整体犯罪数量的减少。然而，近年来有关未成年人恶性犯罪的案件报道却不断增多，未成年人犯罪所引起的社会舆论也不断扩大。例如，“2018 年 12 月湖南沅江 12 岁少年持刀杀害母亲”③“2018 年 12 月湖南衡阳 13 岁的罗某锤杀双亲”④以及“2019 年 10 月大连 13 岁男孩杀害 10 岁女童”⑤等未成年人恶性犯罪案件均被广泛报道与讨论。在我国未成年人整体犯罪数量下降的情况下，未成年人恶性犯罪逐渐走入大众视野，很大程度上是由于微信、微博等新媒体平台的发展扩大了舆论的传播范围和影响程度。这些未成年人犯罪者因未达到刑事责任年龄而未受到任何刑罚处罚的事件，在新媒体平台上引起了社会公众的广泛讨论。同时，这些讨论大多集中在是否应该降低刑事责任年龄以及是否应该引进恶意补足年龄制度上。未成年人犯罪的预防和应对一直是我国刑法领域的关注要点，不能仅仅因为部分恶性犯罪个案否定现有法律规定或者进行激进式法律改革。本文试以刑事责任年龄为起点，讨论我国未成年人犯罪惩罚制度的完善。本文中讨论的未成年人犯罪是指因行为人未达到刑事责任年龄而不能受到相应刑罚处罚的案件，至于已满 16 周岁的未成年人犯罪不在本文讨论范围内。

在刑事责任年龄的限制下，部分触刑未成年人犯罪后不能受到相应的刑罚处罚，且有关法律规范的缺失进一步导致了其他未成年人犯罪非刑罚处罚制度的缺位。我国未成年人犯罪整体处于“轻罚”甚至“不罚”的状况，未成年人犯罪后不能受到相应的处罚，刑法惩罚犯罪、预防犯罪的目的并未实现。实际上，在我国未成年人犯罪法律体系中，有未成年人犯罪非刑罚处罚制度对刑事责任年龄制度进行补充，即通过其他的非刑罚制度对于触刑但未达刑事责任年龄的未成年人进行惩罚。目前，我国涉及未成年人犯罪非刑罚处罚的

---

① 高铭暄、马克昌：《刑法学》，北京大学出版社，2017，第 88 页。

② 中国司法大数据服务网：《从司法大数据看我国未成年人权益司法保护和未成年人犯罪特点及预防》，http://data.court.gov.cn/pages/index.html，2020 年 11 月 6 日访问。

③《沅江 12 岁男孩持刀弑母后无罪释放欲返校 未成年人犯罪该何去何从》，http://m.sohu.com/a/281348068_ 120045352，2020 年 11 月 6 日访问。

④《衡阳 13 岁少年锤杀双亲：背后的原因令人唏嘘》，http://www.sohu.com/a/286984868_163351，2020 年 11 月 6 日访问。

⑤《13 岁男孩杀害 10 岁女童 14 岁以下不负刑责该不该修改？》，http://news.ifeng.com/c/7rAYG3Wz35E，2020 年 11 月 6 日访问。

制度主要规定在《中华人民共和国刑法》（以下简称《刑法》）以及《中华人民共和国预防未成年人犯罪法》（以下简称《预防未成年人犯罪法》）等法律规范中，包括监护人管教、收容教养制度与工读学校制度等。然而，我国现有未成年人犯罪非刑罚处罚制度仍然存在法律规定不完善且惩罚力度不足等问题。一方面，涉及未成年人犯罪非刑罚处罚制度的法律规范较少，且涉及具体操作方式的法律规定立法位阶较低、立法年代久远，存在全国法律规定不统一及立法陈旧的问题。另一方面，我国的未成年人犯罪非刑罚处罚制度以引导、管教未成年人为目的，不能满足惩罚未成年人犯罪的要求。正是未成年人犯罪刑罚处罚与非刑罚处罚制度的双重缺失引起了社会公众对于刑事责任年龄制度的质疑。解决我国未成年人刑事犯罪问题，仍需进一步发展和完善未成年人刑事犯罪的相关惩罚制度。下文将从刑事责任年龄及非刑罚处罚制度两方面对未成年人犯罪惩罚制度做进一步探讨。

## 二、应当理性维持目前的刑事责任年龄

在未成年人犯罪问题中，主张较多的观点是降低刑事责任年龄。此外，主张恶意补足年龄制度的引入实际上也是一种刑事责任年龄的降低。降低刑事责任年龄与引进恶意补足年龄制度都是应对未成年人刑事犯罪的方案，但是这些解决方案无法从根本上解决未成年人犯罪中存在的司法问题。

### （一）直接降低刑事责任年龄的弊端

各国在刑事责任年龄的划分上，有二分法、三分法以及四分法，部分国家还制定了特殊的弹性责任年龄制度。二分法将刑事责任年龄划分为无行为能力与完全行为能力；三分法在二分法的基础上增加了相对负刑事责任年龄人的概念；四分法对相对负刑事责任年龄人进行了进一步划分；弹性责任年龄制度又包括刚成年人责任年龄制度以及推定责任年龄制度等，是相对负刑事责任年龄的特殊化处理。我国在刑事责任年龄的划分上采用三分法，同样采用三分法的国家还有泰国、瑞士和朝鲜等。关于最低刑事责任年龄，国际上几乎没有共识，目前来看 14 周岁的无行为能力划分是国际上采用较多的方法。①实际上，《刑法》第 17 条有关刑事责任年龄规定中的 14 周岁、16 周岁以及 18 周岁等并没有统一的标准，仅是一种法律拟制。这些年龄是立法者在立法时根据我国的实际情况以及国民的智力发展水平等综合考虑确定的，同时这些年龄也可以根据我国现阶段的实际情况做出相应改变。例如，2017 年 10 月起施行的《中华人民共和国民法总则》将限制民事行为能力人的最低年龄下降到 8 周岁，改变了《中华人民共和国民法通则》中 10 周岁的规定。目前，我国未成年人犯罪面临着刑罚处罚与非刑罚处罚制度的双重缺失。刑事责任年龄制度制约了对未成年人犯罪的刑罚处罚，但仅降低刑事责任年龄并不能改变我国未成年人犯罪的司法现状。例如，将刑事责任年龄降低到 12 周岁能够让实施了 8 种严重犯罪的 12 周岁以上未成年人获得刑罚处罚，但仍然会存在大量触刑未成年人得不到相应处罚的情况。只有完善未成年人犯罪后的非刑罚处罚制度，使其配合刑事责任年龄制度共同发挥惩罚和预防未成年人犯罪的作用，才能从根本上解决未成年人犯罪问题。

此外，盲目降低刑事责任年龄还存在以下几方面问题。首先，降低刑事责任年龄可能

① 蓝晓蓉：《域外未成年人刑事责任年龄制度》，《人民法院报》2019 年 11 月 8 日，第 8 版。

存在个案否定整体的情况。目前，我国整体未成年人犯罪数量已经在减少，且引起较大社会舆论的未成年人恶性刑事犯罪案件只是个案。中国司法大数据服务网显示，2016 至 2017 两年间未成年人最易犯盗窃罪和抢劫罪。[①]而广泛引起社会舆论讨论的未成年人犯罪案件一般为故意伤害罪、故意杀人罪等，是未成年人犯罪中数量较少的一部分。如果因为这些恶性犯罪个案就降低刑事责任年龄，则不利于保护犯罪未成年人特殊群体的相关权益。其次，刑事责任年龄制度有其特殊的刑法意义，我国的刑事责任年龄设定较为合理。我国刑法很早就涉及了有关刑事责任年龄的规定。一直以来，中国刑法之所以设定刑事责任年龄是为了有效地关注少年儿童的健康成长。我国坚持以教育为主、惩罚为辅的方针处置未成年人犯罪，着重于教育、改造和挽救犯罪未成年人。即使对 8 种严重未成年人犯罪进行处罚，其目的还是为了教育、感化未成年人。此外，从比较法来看，德国、日本等多个国家也将刑事责任年龄起点设置为14周岁，我国选择14周岁作为刑事责任年龄起点较为合理。最后，刑事责任年龄的降低不符合刑法的谦抑主义。谦抑主义下的刑法主张尽可能少地动用刑法对社会秩序进行规制以及尽量采用较低程度的刑罚措施。[②]虽然谦抑主义只是刑法学中的一个理论问题，但仍有一定的参考意义。《刑法》的严厉性使得我们更应关注其理性制约，关注其惩罚力度，防止公权力损害犯罪人权益。降低刑事责任年龄会使我国的刑法典更为严格，不符合刑法的谦抑主义。

（二）引进恶意补足年龄制度的弊端

恶意补足年龄制度规定，如果能够证明未成年人在实施严重犯罪时具备恶意，则视该未成年人已达刑事责任年龄。[③]恶意补足年龄制度是弹性责任年龄制度的一种形式，该制度使得未达刑事责任年龄的未成年人可以承担相应的责任。实行恶意补足年龄制度的有马来西亚、德国、美国、印度和新加坡等国。[④]恶意补足年龄制度相较直接降低刑事责任年龄来说可以在个案中发挥更好的作用，但与直接降低刑事责任年龄类似，恶意补足年龄制度仍然不能完全解决未成年人犯罪中存在的事后惩戒制度不足的问题。此外，恶意补足年龄制度的适用与引进本身存在一定的困难。首先，恶意补足年龄制度在我国法律体系中的适用有一定困难。一方面，恶意补足年龄制度主要是在英美法体系中发展起来的，英美法系大量的判例法立法渊源为恶意补足年龄制度的实际适用提供了标准和参照。相较而言，如果在我国法典化的立法模式中引入恶意补足年龄制度，将很难确定该制度的适用标准和适用空间。另一方面，一种法律制度的适用往往需要多种其他法律制度和相应机构、人员的配合。例如，我国缺少能够对“恶意”进行认定的医学、心理学测试机构。恶意补足年龄制度的适用在我国缺乏完善的法律基础，操之过急地引入恶意补足年龄制度并不可行。其次，适用恶意补足年龄制度要对“恶意”的标准做出定义。在英美法系国家，“恶意”一般由控方收集证据，由法庭根据犯罪者的医学、心理学测试结果或犯罪者犯罪前后的行

① 中国司法大数据服务网：《从司法大数据看我国未成年人权益司法保护和未成年人犯罪特点及预防》，http://data.court.gov.cn/pages/index.html，2020 年 11 月 6 日访问。

② 徐瑶：《论刑法上的谦抑主义》，《法制与社会》2018 年第 22 期。

③ 张颖鸿、李振林：《恶意补足年龄规则本土化适用论》，《中国青年研究》2018 年第 10 期。

④ 蓝晓蓉：《域外未成年人刑事责任年龄制度》，《人民法院报》2019 年 11 月 8 日，第 8 版。

为以及是否有犯罪前科等进行综合认定。[①]一方面，我国缺少相应的认定机构且需确定适当的认定标准。采用医学、心理学测试等方法进行“恶意”认定与“精神病人”的认定一样存在一定的主观因素，很大程度上需要认定人员进行主观判断；另一方面，“恶意”认定由于主观因素较强且会影响到后续相关犯罪人是否需要承担刑事责任，有较大的寻租空间。实际适用恶意补足年龄制度之后，公众未必能对其结果满意。再次，恶意补足年龄制度的适用对于法律从业人员的职业素养提出了更高的要求。我国法典化、抽象化的立法无法为相关法律从业人员提供具体的“恶意”认定标准，法官在“恶意”认定上具有较大的自由裁量权。我国若适用恶意补足年龄制度，需要培养一批具有专业职业素养的法律从业人员或对现有法律从业人员进行培训。最后，恶意补足年龄制度中未成年人的受审能力受到限制。未达刑事责任年龄的未成年人在接受听证或审判时，并不能充分理解庭审中的各种讯问、质证或不能为自己进行辩护。

综上所述，降低刑事责任年龄或引进恶意补足年龄制度均有其弊端，且无法从根本上解决未成年人犯罪存在的司法问题。现阶段，我国仍需理性维持目前的刑事责任年龄，转而从未成年人刑事犯罪非刑罚处罚制度的构建方面解决未成年人犯罪问题。

## 三、未成年人犯罪非刑罚处罚制度的构建

我国目前有关未成年人刑事犯罪的规定不仅使触犯了刑法的部分未成年人没有受到相应的处罚，而且没有起到对于未成年人犯罪的预防作用。从我国的立法现状来看，完善收容教养制度与监护人管教制度是完善未成年人犯罪非刑罚处罚制度的有效手段。

### （一）我国未成年人收容教养制度的现状与完善

收容教养制度主要规定在《刑法》第 17 条，《预防未成年人犯罪法》第 38 条、第 39 条以及司法部劳教局 1999 年制定的《少年教养工作管理办法（试行）》（以下简称《管理办法》）中。收容教养制度是我国对未成年人犯罪者进行教育、感化和矫治的一种强制性保护管束措施。[②]理论上讲，收容教养可以适用的对象应包含全部未达刑事责任年龄且严重破坏社会秩序的触刑未成年人；收容教养的决定一般由公安机关做出，时间一般为 1 至 3 年，方式一般为剥夺人身自由，场所一般为未成年犯管教所；收容教养的主要内容是教育、感化和矫治未成年人。但是，我国目前尚无明确规定收容教养具体条件和内容等的法律规定。此外，我国收容教养实践中收容教养的未成年人数量较少，且多为 14～16 周岁的未成年人。这是由于在司法实践中，收容教养并非法律强制性规定，只有很少一部分未成年人犯罪者被公安机关决定收容教养。收容教养制度是我国一种特殊的非刑罚处罚手段，它对于威慑未成年人犯罪，教育和惩戒触犯刑法的未成年人有很大作用。目前我国仍需进一步完善收容教养制度、制定相关法律规范统一未成年人收容教养制度。2020 年 10 月，《中华人民共和国预防未成年人犯罪法（修订草案）》及《中华人民共和国刑法修正案（十一）草案》分别删除了收容教养的表述，并将相关规定纳入专门教育及专门矫治教育。无论是“收容教养”制度还是“专门教育”“专门矫治教育”制度，都应该进一步完善，

---

① 刘金政：《论“推定刑事责任能力制度”对我国“刑事责任年龄制度”的补充适用》，《法制与社会》2017 年第 35 期。

② 周雄：《收容教养制度研究》，硕士学位论文，西南政法大学，2014。

补充我国未成年人犯罪中非刑罚处罚制度。

收容教养制度的发展和完善可以从以下几个方面入手。

第一，明确收容教养制度的法律依据，提高收容教养制度的法律层级。尽管收容教养制度在我国出现较早，但是长期以来，我国收容教养制度存在着立法进程缓慢以及立法层次较低的问题。实践中，公安部、司法部为保障和促进收容教养工作的正常开展，陆续出台了一些涉及收容教养的审批程序、决定权限、收容期限、收容条件等重大内容的规章制度。[①]但是这些规章制度立法层次不高，内容不够完善。我国可以通过单独立法的形式对收容教养制度进行规定，例如参照《中华人民共和国社区矫正法》（以下简称《社区矫正法》），以法律、行政法规的形式提升现有收容教养制度的立法位阶；也可以通过修改现有《中华人民共和国预防未成年人犯罪法》（以下简称《预防未成年人犯罪法》）或《中华人民共和国未成年人保护法》等进一步完善未成年人犯罪中的一系列制度。此外整理既有的关于收容教养的规章制度也可以起到明确法律依据的作用。

第二，明确收容教养制度的标准和流程，提升收容教养制度的可行性。现行有关规章制度对于收容教养制度中的多项标准及流程规定模糊，实践中给收容教养制度的实行带来了较大的不确定性。例如，针对收容教养的对象，《刑法》《预防未成年人犯罪法》以及公安部的《关于少年犯管教所收押、收容范围的通知》对于应当进行收容教养的对象表述不一。同时也导致了实践中基本不会对14周岁以下未成年人进行收容教养。此外，在收容教养的条件方面，法条规定较为模糊，仅做“必要的时候”“监护人无法管教”等表述，导致实践中收容教养的标准不一。收容教养法律制度应对收容教养的标准做出进一步规定，或提供对监护人管教能力的评估方式。同时收容教养法律制度应对收容教养的决定机关、决定流程以及执行场所、执行方式等做进一步规定。

第三，实行强制性收容教养，完善收容教养后续回访，使收容教养起到威慑未成年人犯罪的目的。目前我国的收容教养制度主要在未成年人严重刑事犯罪时适用，是一种任意性规定，只在“必要时”实行。任意性规范缺乏相应的强制性和惩罚性，导致我国被收容教养的未成年人数量较少。且任意性收容教养制度使得公安机关在收容教养制度中的自由裁量权较大，不适当的自由裁量权容易引发个案不公正以及寻租、腐败等问题。收容教养制度应该改为强制性手段，对于严重触犯刑法又未达到相应刑事责任年龄的未成年人应进行强制性收容教养。同时，收容教养不是未成年人犯罪教育的终点，而是未成年人犯罪教育的起点。应构建收容教养回访制度，对于被强制收容教养的未成年人，在其收容教养期限届满后，有关机构应继续在适当的一段期间内关注其矫正状况。

第四，重新界定收容教养的期限，提升收容教养制度的惩罚属性。公安部《关于少年犯管教所收押、收容范围的通知》规定收容教养的期限，一般为1至3年。而在收容教养的具体期限确定上仅有2000年前后陆续出台的地方性收容教养制度可供参考，公安机关对于收容教养期限有较大的自由裁量权。[②]在收容教养期限的确定上应适当扩大收容教养期限区间，并根据不同情况对收容教养期限进行预设。目前一年至三年的收容教养期限区

① 陈碧梧：《我国未成年人收容教养制度研究》，硕士学位论文，华侨大学，2017。

② 朱帅：《我国收容教养制度合法性研究》，硕士学位论文，郑州大学，2018，第4页。

间较小，可以适当扩大收容教养期限区间。对于行为较轻的未成年人犯罪可以设置一年以下的收容教养期限，而对于类似“大连 13 岁男孩杀害 10 岁女童”等案件中的未成年人应当设置更长的收容教养期限。同时，收容教养的期限应该由有关部门参照《刑法》中刑期的规定，并根据未成年人的犯罪年龄、犯罪类型以及犯罪严重程度等对收容教养的期限做进一步规定。例如，对于杀人、故意伤害致人死亡等恶行犯罪案件中的犯罪未成年人可以规定需收容教养 3 年以上等。

（二）我国未成年人监护人管教制度的现状与完善

根据《刑法》规定，未成年人犯罪因不满 16 周岁不予刑事处罚的，应责令他的家长或者监护人加以管教。可见，我国刑法将监护人管教作为未成年人犯罪中最重要、最普遍的非刑罚处罚手段。但是实践中，监护人管教制度并没有发挥出相应的效果。首先，监护人对未成年人的管教缺乏可行性及合理性。家庭因素本身就是造成未成年人犯罪的重要因素之一，很多未成年人本身即是由于缺少适当的家庭教育或者接受了不合理的家庭教育才进行了违法犯罪活动，这些未成年人犯罪后再由其监护人进行管教明显不合理。其次，监护人本身缺乏相应的管教能力或教育能力。一方面，监护人可能缺乏专业的教育知识及教育经验，无法担负起教育未成年人的责任。另一方面，与收容教养场所中的工作人员相比，监护人往往缺乏足够的时间对触刑未成年人进行教育和监管。此外，根据司法大数据服务网的数据，2016—2017 年农村地区未成年人犯罪人数占比远超全国农村人口占比数，达 82.06%。[①]可见发生在农村的未成年人犯罪相对更多，但农村监护人在教育未成年人上可能缺乏相应的知识与能力，农村相对较多的未成年人犯罪数量也证明了这一点。最后，由监护人对未成年人进行管教缺乏权威性及强制性。事实上，由监护人对未成年人进行教育矫正有其优点和便利性。其一，监护人管教最大限度地节约了相应的社会资源。其二，在监护人管教制度下，触刑未成年人更熟悉其矫正监管人和矫正监管地点，更易接受相应的监管和教育。但同时，监护人管教也存在缺少相应的权威性与强制性的弊端，对于矫正未成年人行为的作用不足。这些问题均导致监护人管教制度不能很好地发挥对触刑未成年人的矫正作用。

监护人管教制度的完善和发展可以从以下几个方向入手。

第一，对监护人进行专业的能力评估、教育培训和定期考核。我国的监护人管教制度中普遍存在监护人监管能力不足的问题，可以通过评估、培训等方式评估并提升监护人管教能力。对于被监护人不需要进行强制收容教养的，可以针对有监管意愿的监护人进行监管能力评估。根据监护人的经济条件、是否有稳定住所、是否有充足时间等综合考察监护人的监管能力。监护人通过监管评估后还应接受相应的监管教育培训，培训后考察合格的监护人才能够担任监管触刑未成年人的责任。鉴于实践中绝大多数监护人不希望被监护人被收容教养，因此对监护人进行的能力评估、教育培训等在提升了监护人监管能力的同时并不会导致大批触刑未成年人不得不进行收容教养的局面。此外，还应建立对监护人的定期评估制度，长期关注监护人是否具有足够的教育监管能力。

---

① 中国司法大数据服务网：《从司法大数据看我国未成年人权益司法保护和未成年人犯罪特点及预防》，http://data.court.gov.cn/pages/index.html，2020 年 11 月 6 日访问。

第二，强化监护人的民事责任。未成年人由监护人进行管教时，可以适当加重监护人的民事责任。根据《刑法》和《中华人民共和国民法总则》等相关的刑事、民事法律规定，未成年人犯罪，父母不承担刑事责任；未成年人犯罪造成他人经济损失的，未成年人的父母或监护人承担民事赔偿责任，监护人尽到监护义务的可以适当减轻其民事赔偿责任。现有规定下，监护人管教制度中没有针对监护人的相应约束和惩罚机制。在监护人管教制度中也可以适当加重监护人的民事责任，督促监护人对未成年人进行相应的教育和监管。例如，未成年人再次犯罪造成他人经济损失的，可以推定监护人未尽到监护责任，承担部分或全部民事赔偿责任。后续回访或评估中发现监护人未尽到监护义务的，可以根据严重程度对其进行不同程度的训诫、罚款等民事处罚。

第三，强化监护人的行政责任。同样的，现有关于监护人管教的规定没有涉及监护人行政责任的条款。在未成年人犯罪中，可以考虑引入监护人的行政责任。行政责任相对民事责任来说，更具惩罚属性，且引入了行政主体。因监护人未尽职履行其监护职责造成未成年人二次犯罪的可以对监护人进行相应的行政处罚。此外，监护人的行政责任可以与收容教养或工读学校制度相结合。未成年人实行不严重的犯罪行为，进行收容教养或送入工读学校的期限较短的，可以在监护人的申请之下由监护人进行管教。此时，应相应加重监护人的行政责任，未成年人再次犯罪的，可以对监护人进行罚款等行政处罚。在监护人管教制度中引入监护人的行政责任既可以督促监护人履行自己的管教义务，也可以促使有关行政主体对监护人履行管教义务的情况进行监督检查。

第四，监护人管教配合未成年人社区矫正。监护人管教中的未成年人没有被判处刑罚，不属于社区矫正的传统矫正对象，但也可以考虑将监护人管教与未成年人社区矫正相结合。社区矫正是针对被判处管制、缓刑、假释以及监外执行的对象所实施的非监禁性矫正刑罚。在监护人管教中引入社区矫正，将触刑未成年人纳入社区矫正范围，并由社区矫正机构统一管理，能够增强监护人管教的管教能力和权威性。此外，监护人管教中的未成年人已经触犯了我国刑法，对此类未成年人进行社区矫正也符合社区矫正使“罪犯”适应并顺利回归社会的目的。

第五，保证监护人管教中被监护人的人身和财产权益。在实行监护人管教的过程中，除了保证被监护人能够得到教育矫正，也应注意保护被监护人的人身和财产权利。一方面，应重点关注监护人的管教方式，防止监护人以暴力、侮辱等非法手段损害被监护人的人身权利。监护人应当维护被监护人的尊严，促使其德、智、体、美、劳全面发展。另一方面，应当保障被监护人的财产权益。对于损害被监护人人身、财产权利的监护人可以考虑剥夺其监护人资格，对其进行民事或行政处罚，情节严重的可以对其进行刑事处罚等。

## 四、总结

未成年人犯罪一直是我国刑法领域的关注要点，刑事责任年龄仅限制了对免予刑事处罚未成年人的刑罚处罚，因此解决未成年人犯罪的关键并不在于刑事责任的年龄的重新界定或恶意补足年龄制度的引进。解决未成年人犯罪问题，必须全面构建针对未成年人犯罪的刑罚处罚和非刑罚处罚制度。只有刑罚处罚和非刑罚处罚制度全面完善互补，才能够实现《刑法》惩罚犯罪和预防犯罪的目的。现阶段，我国拥有较为完善的刑罚处罚体系，但仍需进一步构建针对免予刑事处罚的未成年人犯罪者的非刑罚处罚制度。目前，我国针对未成年人犯罪的非刑罚处罚制度主要包括收容教养制度和监护人管教制度。这两种制度均是我国刑法在未成年人犯罪领域长期实践形成的，有其优点和必要性，且继续发展和完善现有制度也是更节约司法资源和更具效率的手段。因此，构建我国未成年人刑事犯罪非刑罚处罚制度须着力完善收容教养制度和监护人管教制度，弥补这两种制度的现存不足。实行强制性收容教养制度、重新界定收容教养制度的期限和内容、加重监护人的民事责任与行政责任、监护人管教配合社区矫正等均是构建和完善未成年人非刑罚处罚制度的有效手段。

# 未成年人刑事司法制度的完善

尹艺霏*

**摘　要**：当前我国未成年人犯罪形势依然严峻。我国未成年人刑事司法制度的构建与完善虽取得了一定的成果，但仍存在诸多问题和不足：与未成年人人身权利密切相关的未成年人刑事诉讼制度在一定程度上仍依附于传统的刑事法律体系，仍未完全独立；现行的刑事责任年龄设置已不能满足当前惩罚犯罪、保障人权的需求；我国针对未成年人出台的专门立法缺乏强制责任追究机制，所起到的实际作用十分有限；针对未成年人设置的处遇机制不完善等。应完善独立的未成年人刑事诉讼制度，并将相对刑事责任年龄的起点适当下调至 12 周岁，同时健全未成年人保护及预防未成年人犯罪责任机制，构建司法化的罪错未成年人收容教养制度。

**关键词**：未成年人犯罪、刑事司法制度、未成年人保护

# The Perfection of Juvenile Criminal Justice System

Yin Yifei

**Abstract:** The current situation of juvenile delinquency in China is increasingly severe. Although the construction and improvement of the juvenile criminal justice system in China have made certain achievements, there are still many problems and deficiencies: the juvenile criminal procedure system closely related to the personal rights of minors is still attached to the traditional criminal legal system to a certain extent, and still not completely independent;the current age setting of criminal responsibility can no longer meet the current needs of punishing crimes and protecting human rights;China's special legislation for minors lacks a compulsory accountability mechanism, and its actual effect is very limited;the in event of mechanism for minors is imperfect, etc. The independent juvenile criminal procedure system should be improved, and the starting point of the relative criminal responsibility age should be appropriately lowered to 12 years old. Meanwhile, the responsibility mechanism for protection of minors and prevention of juvenile crimes should be improved, and a judicatory system for the custody and education of juvenile criminals should be established.

**Key words:** juvenile crimes, criminal justice system, protection of minors

近年来，未成年人犯罪问题时常引发社会各界的热烈讨论。手段残忍、性质恶劣的未

* 尹艺霏，对外经济贸易大学法学院硕士研究生。

成年人犯罪案件频频发生，致使社会公众对惩处未成年人犯罪的呼声日益加大。[①]与此同时，当前我国司法领域对未成年犯罪的基本政策仍是“教育为主、惩罚为辅”，司法实践中刑事和解、附条件不起诉等有利于未成年犯罪主体的程序被广泛运用。现有司法制度对未成年犯罪主体的保护，与公众要求严惩其犯罪行为的意愿产生严重冲突，特别是未达到法定刑事责任年龄的未成年犯罪主体不负刑事责任制度更加引发公众的抵触情绪。近期，大连13岁少年蔡某强奸未遂后杀害10岁女童王某一案在社会舆论中激起轩然大波。最终，蔡某被处以现行法律规定下最严厉的收容教养三年惩戒措施，但与被害女童鲜活的生命相比，仅仅三年收容教养的处罚令人难以理解和接受。由此，也引起了全社会对刑事责任年龄制度的讨论：是否应当适当降低刑事责任年龄？未成年人属于身心处于成长发育阶段的特殊群体，其实施犯罪除自身主观恶意使然之外，受社会环境不良因素的影响也较大。因此，如何处理未成年人犯罪的核心也不在于应否降低刑事责任年龄，而在于如何完善我国未成年人刑事司法制度，在给予改过自新机会的同时，对其犯罪行为进行必要的惩戒。总体而言，我国未成年人刑事司法制度处于不断完善的进程之中。但与西方一些发达国家相比，我国在这一领域的研究和实践都比较薄弱，从立法到刑事诉讼的各个环节也均存在着诸多问题。应结合域外先进经验，进一步改进、完善我国未成年人刑事司法制度。

## 一、我国未成年人刑事司法制度的概念、起源与现状

### （一）我国未成年人刑事司法制度的概念

合理应对未成年人刑事犯罪问题需依托于未成年人刑事司法制度。未成年人刑事司法制度包含在未成年人司法体系之中，属于未成年人司法体系的一部分。未成年人司法体系与传统司法体系相分离，“是以未成年人的不良行为、违法犯罪行为以及对未成年人的保护处分为内容的诉讼及其教育改造方法的总称”，[②]包含民事、刑事、行政等诸多方面的内容。学界中大多数学者赞同从广义上对未成年人刑事司法制度进行界定，不仅包含未成年人刑事案件的立案、侦查、检查、审判等制度，还包括未成年人福利性司法制度。[③]因此，本文认为未成年人刑事司法制度是指根据未成年人的生理和心理特点，为审判、矫治和教育未成年人犯罪主体所制定和实施的特殊刑事司法制度的总称。[④]

首先，我国的“未成年人”应当是指不满十八周岁的青少年群体。其次，未成年人刑事司法制度重点规制刑事领域中的未成年人犯罪行为。《中华人民共和国预防未成年人犯罪法》（以下简称《预防未成年人犯罪法》）和《中华人民共和国刑法》（以下简称《刑法》）明确规定目前未成年人受法律规制的行为主要有不良行为、严重不良行为以及犯罪行为三种。由于我国《刑法》对未成年人的刑事责任年龄进行了划分，所以也存在未成年人虽触犯刑法但因其年龄低于刑事责任年龄下限而不负刑事责任的情况。我国目前的刑事法律规

---

① 靳高风、王玥、李易尚：《2016年中国犯罪形势分析及2017年预测》，《中国人民公安大学学报（社会科学版）》2017年第2期。

② 孙谦、黄河：《少年司法制度论》，《法制与社会发展》1998年第4期。

③ 姚建龙、宋志军、何挺、吴燕、龙宗智、陈光中、万春、宋英辉：《中国未成年人刑事司法制度的完善》，《国家检察官学院学报》2011年第4期。

④ 肖建国：《我国刑事政策与青少年司法制度的改革》，《青少年犯罪问题》2003第1期。

范对上述未成年人不承担刑事责任的相关规定少之又少，学理上有学者将其称为未成年人触法行为。[①]未成年人触法行为在刑法归责原则的客观阶层上也同样构成不法侵害，因此，本文将其与未成年人需要承担刑事责任的行为统称为未成年人犯罪行为，需运用未成年人刑事司法制度对未成年人犯罪行为的实施主体进行处罚、矫治和教育。

（二）我国未成年人刑事司法制度的起源

相比于美国、日本、德国等发达国家，我国未成年人司法体系的起步较晚，传统观念认为未成年人与成年人没有区别，共同适用同一刑事司法制度。[②]1984 年至 1988 年为我国未成年人刑事司法制度探索的第一个阶段，分别以我国第一个少年法庭的建立和第一个少年刑事审判庭的建立为起点和终点。这一阶段中，未成年人与成年人在本质上是相互独立、完全不同的个体的观点开始萌发，在司法制度中体现为未成年人刑事司法制度与普通刑事司法制度二元论理论的发展。司法实践中，由法院开始领头探索未成年人司法制度的构建。我国在这一阶段中进行了未成年人刑事司法制度的初步试建和探索，并得到理论界和实务界广泛的推广与支持。第二阶段为 1988 年至 1995 年，以最高人民法院“第三次少年审判工作会议”为终点。这一阶段是我国未成年人刑事司法的建立与发展阶段，由最高人民法院主导未成年人刑事审判机构专业化的探索，单独或联合其他部门出台了一系列办理未成年人刑事案件的有关规定，并逐步开始探索其他领域未成年人案件的审判专业化。第三阶段为 1995 年至今，在这一阶段中，我国通过修订刑事立法将未成年人刑事诉讼程序列入法律规范，使得未成年人刑事诉讼制度得到极大的发展与完善。经过近四十年的发展，我国未成年人刑事司法制度的构建与完善取得了一定的成果，但仍面临着诸多亟待解决的问题。

（三）我国未成年人刑事司法制度的现状

目前，我国仍然没有针对未成年人的专门刑事立法。有关未成年人犯罪行为的刑事制度主要集中于《刑法》以及《中华人民共和国刑事诉讼法》（以下简称《刑事诉讼法》）等法律规范之中。除此之外，学界主流观点认为未成年人刑事司法制度应当从广义上进行理解，还应当包括《中华人民共和国未成年人保护法》（以下简称《未成年人保护法》）以及《预防未成年人犯罪法》中有关未成年人犯罪的部分。目前，《刑法》及《刑事诉讼法》对未成年人犯罪的相关规定如表 1。

**表 1　　《刑法》和《刑事诉讼法》对未成年人犯罪的相关规定**

| 《刑法》 | |
|---|---|
| 第 17 条 | 未成年人承担刑事责任的年龄划分，量刑中从轻或者减轻处罚的基本原则以及不予刑事处罚时的管教和收容教养制度 |
| 第 49 条 | 犯罪时为未成年人不适用死刑制度 |
| 第 65 条 | 不满 18 周岁的未成年人不构成累犯制度 |
| 第 72 条 | 符合条件的未成年犯罪分子应当宣告缓刑制度 |
| 第 100 条 | 未成年犯罪分子报告义务免除制度 |

① 冯惠敏、李昊天：《触法少年惩戒制度的合理建构——刑事责任年龄降低说的理论反思》，《青少年犯罪问题》2019 年第 6 期。

② 姚建龙：《中国未成年人刑事司法制度的完善》，《国家检察官学院学报》2011 年第 4 期。

续表

| 《刑事诉讼法》 | |
|---|---|
| 第 277 条 | 教育、感化、挽救的基本方针以及教育为主、惩罚为辅的基本原则 |
| 第 278 条 | 未成年人刑事案件法律援助制度 |
| 第 279 条 | 未成年人社会调查制度 |
| 第 280 条 | 未成年人严格适用逮捕措施 |
| 第 281 条 | 未成年人社会调查制度 |
| 第 282 条至第 284 条 | 未成年人附条件不起诉制度 |
| 第 285 条 | 未成年人犯罪案件不公开审理原则 |
| 第 286 条 | 未成年人犯罪记录封存制度 |

《未成年人保护法》及《预防未成年人犯罪法》均确立了针对未成年人犯罪主体的教育感化为主、惩罚为辅的原则，充分给予未成年人改过自新、回归社会的机会。《未成年人保护法》在第五章“司法保护”中规定了司法机关在处理涉及未成年人的案件时，要充分考虑未成年人身心发展的特点，照顾未成年人尚不成熟的生理和心理状态，给予未成年人以充分的尊重。《预防未成年人犯罪法》首先明确司法机关的义务，包括司法机关在诉讼过程中保障未成年人合法权益的义务、保障未成年人获得法律帮助的义务以及对未成年人进行针对性法制教育的义务，同时特别注重对未成年学生的保护。其次，对于未成年人案件的审理，应当由符合一定条件的审判员或者通过少年法庭进行不公开审理。再次，未成年人在被采取强制措施和执行刑罚期间与成年人相分离，并给予未成年人在执行刑罚期间继续接受相关教育的权利。最后，赋予未成年人监护人以及其他社会机构、团体对不承担刑事责任的未成年人以及未被处以监禁刑的未成年人的帮教义务。

同时，自我国开始探索构建未成年人刑事司法制度以来，在司法实践层面，应对未成年人刑事犯罪问题的改进措施主要体现在设置专门司法组织、专业工作队伍以及多样处遇帮教措施等方面。首先，我国在全国范围内逐步建立起各级少年法庭和未成年人检察专门机构，呈现出未成年人刑事司法组织专门化的特点。[①]在此基础上，部分地区法院开始了少年法庭标准化的探索，未成年人检察机关也在向着职能一体化发展。一些地区的公安机关也成立了办理未成年人案件的专门机构或组织，但相对于少年法庭和未成年人检察工作专门机构的广泛设立，其普及程度和实质效果有待进一步加强。[②]其次，随着司法组织专门化程度的逐步增强，未成年人刑事司法队伍也朝着专业化迈进。最后，针对罪错未成年人的司法处遇制度也逐渐轻缓化和多样化。罪错未成年人的司法处遇制度是指专门针对罪错未成年人设置的处罚、教育等制度，引入多种恢复性司法方案，以实现对未成年人的司

① 骆惠华：《为了孩子幸福为了国家未来——人民法院少年法庭工作辉煌 30 年回顾》，《人民法院报》2014 年 11 月 25 日，第 4 版。

② 王顺安、韩冰：《中国少年司法制度的成就、问题和出路》，《预防青少年犯罪研究》2014 年第 6 期。

法转处和促进未成年人回归社会。[①]我国针对罪错未成年人的司法处遇制度分为刑罚处罚和非刑罚处罚两大类，分别适用于应当承担刑事责任的未成年人和未达到刑事责任年龄的未成年人。实践中，我国针对罪错未成年人的刑罚处罚以从轻处罚和减轻处罚为原则，加大非监禁刑法的适用，使得未成年犯罪主体更快回归社会。非刑罚处罚措施方面，除家庭管教和收容教养制度以外，实践中对未成年人的非刑罚处罚措施也越来越多地融入社会因素，设立了社区矫正制度、回访帮教制度等。

## 二、我国未成年人刑事司法制度存在的问题

### （一）未成年人刑事诉讼制度仍未完全独立

总体来说，我国虽已开始未成年人专门立法的相关探索与实践，但在理念上仍未形成泾渭分明的未成年人刑事司法制度概念，由此也导致未成年人刑事司法制度尚未完全独立，在一定程度上仍依附于传统的刑事法律体系，不可避免地造成未成年人刑事司法制度适用的混乱，这一问题突出体现在未成年人刑事诉讼方面。2012 年，重修《中华人民共和国刑事诉讼法》（以下简称《刑事诉讼法》）时，在第五章第一编中单独规定了未成年人刑事诉讼案件程序，确立了相对独立的未成年人犯罪案件刑事诉讼程序，较之以前的一元制刑事诉讼程序有了显著进步。但我国当前的未成年人刑事诉讼程序，实质上是在普通刑事诉讼程序的基础上增设办案人员专业化制度、强制辩护制度等一系列照顾未成年人特点的特殊诉讼制度。因此，我国现阶段的未成年人刑事诉讼制度仍依附于普通刑事诉讼制度，属于处于一元体制之下的相对独立诉讼制度，自身的独立性有所欠缺。例如，未成年人刑事案件的审判制度以普通审判程序为基础，未成年被告人仍需要经历与成年人相同的一审、二审等审判程序，各阶段的审判期限也与普通程序相差并不大。此外，当前我国未成年人刑事司法制度也呈现出较为笼统的特点，部分涉及未成年人切身利益的规定仍较为粗疏，缺乏对实践的现实指导意义，如《刑事诉讼法》第 280 条规定对未成年犯罪嫌疑人、被告人严格适用强制措施，但没有进一步细化的实施条款，也进一步加剧了未成年人刑事司法制度适用上的无序性和无系统性。

### （二）刑事责任年龄不满足惩罚犯罪需要

现行刑事责任年龄的设置也是当前社会有关未成年人犯罪问题讨论的争议焦点之一。虽划定具体刑事责任年龄并不能从根本上解决未成年人犯罪问题，但刑事责任年龄的设置作为一种政策选择，需要根据社会宏观环境的实际变化及时进行调整，才能发挥正确的价值导向作用。理论上，设置刑事责任年龄的实质原因在于低于一定年龄的行为人不具备刑法上可谴责的辨认能力和控制能力。[②]本文认为，除辨认能力和控制能力外，低于一定年龄的未成年人社会危害能力较低也是设置刑事责任年龄的原因之一。影响行为人辨认、控制以及危害能力的主要因素是知识水平、智力程度以及身体发育状况，而这些影响因素又与生活条件、教育状况以及社会发展程度等社会宏观环境相关联。现行刑法中所规定的刑事责任年龄是我国于 1979 年设定的，至今已经历经了四十多年的社会变迁。根据统计数

① 王贞会：《罪错未成年人司法处遇制度完善》，《国家检察官学院学报》2020 年第 4 期。

② 杨统旭：《现行刑事责任年龄规定的困境及出路》，《青少年犯罪问题》2018 年第 6 期。

据显示，在这四十年中，我国人民物质生活水平、国民普遍受教育程度提升，青少年的身心发育显著提前。[①]因此，从理论上分析，在未成年人普遍提前具备辨认能力、控制能力以及危害能力的今天，四十年前划定的刑事责任年龄已不符合当前惩罚犯罪的需求。而实际上，根据未成年人犯罪趋势的统计数据，我国未成年人犯罪也呈现出明显的低龄化和暴力化趋势。[②]因此，有必要对现行的刑事责任年龄进行一定的调整，以满足当前社会环境下惩罚犯罪的需要。

（三）未成年人专门立法缺乏责任追究机制

《未成年人保护法》及《预防未成年人犯罪法》是我国针对未成年人制定的专门性法律。《未成年人保护法》明确规定了家庭、学校、社会和司法机关等不同主体相应的未成年人保护责任，是我国保护未成年人合法权益的综合性法律，也是我国未成年人保护制度的基石。但一项法律制度在为规制对象提供行为指引的同时，有必要明确相应的法律后果。一方面预先促使相应主体对其行为后果产生合理预期，引导责任主体做出恰当的行为选择；另一方面及时纠偏和惩处违反义务的相关行为，保障法律制度的实际效果。若强制性责任追究制度缺位，则将会导致法律制度自身规则不周延的问题，严重影响其实际效果的发挥。当前，我国《未成年人保护法》就缺乏强制性的责任追究机制，存在这一自身规则不周延的问题。《未成年人保护法》虽规定了家庭、学校、社会和司法机关等保护未成年人的法律责任，但相关条文仅仅是进行一般性、引导性规定，而未赋予相应主体以强制性责任，也并未规定违反未成年人保护义务的相应法律后果。例如《未成年人保护法》第48条既没有明确、细化的行为指南，也没有违反协助教育、挽救义务的法律后果。[③]像这样仅在应然层面上规定相应主体的未成年人保护义务，则未成年人保护制度的实际效果将会大打折扣，这也是《未成年人保护法》最大的缺陷所在。同样的问题也出现在《预防未成年人犯罪法》中，如《预防未成年人犯罪法》第47条也未对“有效的帮教措施”等细节问题进行规定，大大削弱了帮教制度的实际效果，《预防未成年人犯罪法》的既有措施和制度也亟须进一步细化和完善。

（四）未成年人刑事审判机制及处遇机制不健全

经过最近十多年的探索和发展，我国人民法院在未成年人涉罪及犯罪案件的管辖、审判及程序适用等方面积累了一定经验，未成年人刑事审判制度也逐渐呈现出集中管辖、集中审判以及适用简易程序的特点。[④]集中管辖、集中审理不仅有利于减少案外因素对案件的干预，促进案件的审判“去地方化”，更为重要的是能够促进未成年人案件审判思路和法律使用标准的统一。现阶段，尽管我国各级法院均以提高审判水平的专业化为宗旨，对未成年人刑事案件的集中管辖和集中审判模式进行探索和实践，但各个法院的具体做法仍

---

① 张训：《刑事责任年龄确立标准新论——以社会年龄为切入点》，《四川警察学院学报》2010年第4期。

② 张远煌、姚兵：《中国现阶段未成年人犯罪的新趋势——以三省市未成年人犯问卷调查为基础》，《法学论坛》2010年第1期。

③ 《中华人民共和国未成年人保护法》第四十八条 居民委员会、村民委员会应当协助有关部门教育和挽救违法犯罪的未成年人，预防和制止侵害未成年人合法权益的违法犯罪行为。

④ 刘强、刘宗珍：《未成年人刑事审判的实证考察——以法院白皮书公布的司法数据与审判现状为视角》，《预防青少年犯罪研究》2020年第4期。

然不尽相同。如安徽、上海等地的法院已经基本实现未成年人刑事案件的集中管辖，但管辖模式存在较大差异。各审判人员的审判思路和对保护未成年人的认识也存在差异，缺乏统一的标准，导致同案量刑不统一的现象大量存在。甚至即使在同一城市，也存在全市范围对未成年犯的量刑不完全均衡的问题。其次，当前我国罪错未成年人处遇制度以从宽处理和区别对待为基本原则，覆盖罪错未成年人定罪、量刑、刑罚执行以及低龄罪错未成年人处理等各个方面。其中，收容教养制度是专门针对低龄罪错未成年人设置的处遇制度，政府可以在必要的时候对因低于刑事责任年龄而不承担刑事责任的未成年人实施收容教养，以代替刑事处罚，在教育、挽救低龄罪错未成年人方面发挥着重要作用。但在制度层面，我国《刑法》规定在“必要的时候”可以由“政府”收容教养，既没有给出“必要”的定义，也没有明确指定“政府”这一责任主体具体是何部门。实践中，一般由公安机关决定和执行收容教养，未能给予被收容教养人一方以有效的司法救济权利，也没有检察院和律师的监督与参与。此外，我国也并未明确收容教养执行的具体场所，各地区具体执行收容教养的场所也不一致。现阶段，部分地区在未成年犯管教所、先前的劳动教养所等场所执行收容教养，甚至还存在由监狱对未成年人进行收容教养的现象，实际操作十分混乱，难以保障收容教养制度的实际效果。[①]

## 三、我国未成年人刑事司法制度的完善

### （一）完善独立的未成年人刑事诉讼制度

未成年人刑事诉讼制度在原则、方针等方面与普通刑事诉讼存在较大差异，基于此，不少发达国家都制定了专门的少年法，如德国专门制定的《少年法院法》是一部实体法、程序法以及组织法相结合的综合性法典，包含未成年人犯罪案件的审判程序、处理机构以及审判依据等内容，内容紧凑，系统性强，有较强的现实指导意义。我国当前《刑事诉讼法》对未成年人特别刑事诉讼程序进行了专章规定，其余规定散见于《未成年人保护法》《预防未成年人犯罪法》以及司法解释、部门规章等，比较符合我国当前的立法条件和社会背景，但也导致未成年人刑事诉讼制度结构分散、系统性不强，导致其不可避免地依附于普通刑事诉讼制度。因此，可建立专门的未成年人刑事诉讼法，从长远看可以摆脱普通刑事诉讼制定对未成年人刑事诉讼制度的约束，增强未成年人刑事司法制度的独立性和系统性。

### （二）适当降低最低刑事责任年龄

反对降低刑事责任年龄的观点主要认为任何犯罪都有其复杂的社会原因，这一特征在未成年人犯罪方面尤为显著，解决未成年人犯罪问题不能仅靠降低刑事责任年龄这一追求刑法严酷惩罚功能的方法，应剖析更深层次的社会原因，才能真正使得身心未成熟的未成年人得到公平对待。[②]也有观点建议设置弹性刑事责任年龄，引入恶意补足制度，以实现个案正义。[③]不可否认的是，根据现实中的确切数据，当前未成年人犯罪低龄化趋势明显。[④]因此，适当降低刑事责任年龄，扩大入罪年龄范围，能够更好地发挥刑法的震慑和教育作

① 陈梦琪：《不宜将收容教养少年移交监狱》，《检察日报》2014 年 3 月 19 日，第 3 版。

② 林清红：《未成年人刑事责任年龄起点不宜降低》，《青少年犯罪问题》2016 年第 1 期。

③ 张拓：《最低刑事责任年龄弹性化之提倡》，《青少年犯罪问题》2017 第 2 期。

④ 党小学：《降低刑事责任年龄应对“熊孩子”？》，《检察日报》2015 年 7 月 1 日，第 5 版。

用，引导未成年人正确审视自己的行为，恰当预估违法犯罪行为可能导致的严重后果。从理论上分析，在世界范围内，我国设置的14周岁刑事责任年龄起点偏高，如瑞士和美国俄克拉何马州均将刑事责任年龄起点规定为7周岁，因此存在下调刑事责任年龄可以借鉴的域外经验。其次，物质和信息的丰富往往促使当前未成年人提前具备辨认、控制以及危害能力，适当降低刑事责任年龄有利于实现平等处罚原则，也能安抚被害人及其家属。近期发布的我国《刑法修正案（十一）（草案）》也进一步规定12至14周岁的未成年人，犯故意杀人、故意伤害罪致人死亡且情节恶劣的，经最高人民法院核准后也应当承担刑事责任。可进一步扩大12至14周岁未成年人的刑事责任能力范围，参照《民法总则》下调2岁年龄区间的做法，将相对刑事责任年龄的起点下调至12周岁，完全刑事责任年龄仍保持不变。这样在不改变16周岁以下的未成年人免于承担较轻罪行刑事责任的情况下，扩大了相对刑事责任年龄的范围，仅使得犯有严重罪行的未成年人受到刑法处罚。

（三）健全未成年人保护及预防未成年人犯罪责任机制

首先，应当明确相应责任主体的具体职责和义务，细化其违反相关义务应当承担的责任条款。其次，在《未成年人保护法》中增加对未成年人的行政保护制度。现行《未成年人保护法》中并未专门赋予行政机关对未成年人进行保护的相关责任，我国行政机关作为国家行政职能机关，在维护社会秩序、落实公共政策等方面发挥着重要作用，应当介入未成年人的权益保护之中。因此，应当在现有保护措施的基础上，增设政府保护未成年人的专门制度，促进各级政府做好未成年人保护工作。可参照全国老龄工作委员会以及中国老龄协会的做法，在县级以上人民政府中增设未成年人保护专门部门作为执法主体，明确其统筹、协调、监督、指导有关部门做好本地区未成年人保护工作的职权与责任，监督相关主体切实履行未成年人保护义务。[①]最后，建立社区预防未成年人犯罪制度。现行《预防未成年人犯罪法》规定了居委会、村委会对未成年人的帮教制度，但单纯依靠居委会、村委会的力量进行帮教，实际作用和效果十分有限。一般来说，未成年人活动、交往、居住等都在一定的社区内，社区的环境、文化建设、道德风气等对未成年人的成长和发展有着重要影响。可以借鉴美国重视家庭和社区对未成年人的矫治作用，让社会力量共同参与未成年犯罪治理的成功案例，建立社区预防未成年人犯罪制度。一是可以设置专门的政府机构，对社区的功能建设和文化建设进行监督和指导，完善社区帮教制度；二是在社区中广泛宣传预防未成年人犯罪相关知识，弘扬正确的价值观念；三是社区与社会法制机构、法制建设队伍合作，组织合适的社会志愿者队伍定期进行社区帮教志愿服务。

（四）构建司法化罪错未成年人收容教养制度

收容教养制度作为处理低龄未成年人罪错行为的刑罚替代措施，其存在价值一直以来都备受争议。但当前，主流观点仍认为收容教养制度有利于解决个别低龄未成年人实施严重危害社会行为等问题，主张保留收容教养制度并加以规范和完善，《刑法修正案（十一）（草案）》也将收容教养制度改为专门矫治教育制度并予以保留。[②]收容教养制度的重要功

① 姚建龙：《〈未成年人保护法（修订草案）〉述评与完善》，《预防青少年犯罪研究》2020年第2期。

② 孙少龙、罗沙：《如何更好预防、矫治未成年人严重暴力犯罪？——全国人大常委会组成人员热议预防未成年人犯罪法修订草案》，http//www.npc.gov.cn/npc/c30834/201910/6ca5ccd7daea41ecbc87a5d2e53dd651.shtml，2020年9月12日访问。

能在于实现非刑罚处罚方法与刑罚措施之间的有效衔接，因此亟须改变公安决定收容教养模式，促进收容教养制度司法化的转变。[①]首先，应当明确收容教养制度的适用范围，可依据未成年人的年龄以及罪错行为的客观危害程度进行确定，如12周岁至14周岁的未成年人实施八类严重犯罪的，则应当适用收容教养制度。其次，应当对收容教养制度进行司法化改造，由法院决定收容教养制度的适用与否，明确未成年人及其法定代理人在收容教养程序中的各项权利。[②]最后，应当选定恰当的罪错未成年人收容教养执行场所，及时叫停目前实践中在看守所、拘留所等场所执行收容教养的做法，保障收容教养的教育矫治和强制矫治功能。[③]

① 宋英辉、苑宁宁：《准确把握未成年人收容教养制度改革走向》，http://theory.gmw.cn/2019-09/29/content_ 33198633.htm，2020年9月12日访问。

② 王贞会：《罪错未成年人司法处遇制度完善》，《国家检察官学院学报》2020年第4期。

③ 路琦、王贞会：《〈预防未成年人犯罪法〉专家建议修订稿座谈会综述》，《预防青少年犯罪研究》2019年第3期。

# 《民法典》时代的个人信息保护：性质、范围与侵权责任

孙　玲　叶雄彪*

**摘　要**：《民法典》中个人信息的相关规定对于从司法角度保护个人信息具有重要意义，也对此前的一些学说争议做了回应。《民法典》将个人信息置于人格权编中，且与隐私权作了区分，这一体系安排印证了个人信息作为新型人格权的法律地位。《民法典》借鉴了其他立法经验，采取可识别规则为核心的个人信息定义方式，在实际适用中有进一步限缩的必要，应当将民法所保护的个人信息限缩至与个人紧密联系、具有人格意义的部分信息。而在个人信息受到侵害时，可以采取的责任承担方式包括恢复原状、停止侵害、赔礼道歉、赔偿损失等责任形式。

**关键词**：个人信息、法律性质、界限范围、责任形式

# Personal Information Protection in the Era of Civil Code: Nature, Scope and Tort Liability

Sun Ling　Ye Xiongbiao

**Abstract:** The relevant provisions of personal information in the Civil Code are of great significance for the protection of personal information from the perspective of justice, and also respond to some previous theoretical disputes. The Civil Code places personal information in the code of personality and distinguishes it from the right of privacy. This system arrangement confirms the legal status of personal information as a new type of personality right. The Civil Code draws lessons from other legislative experience and adopts the definition of personal information with the core of identifiable rules. In practical application, it is necessary to further limit the personal information protected by civil law to some information closely related to individuals and with personality significance. When personal information is infringed, we can take the form of responsibility, including restoring the original state, stopping the infringement, apologizing and compensating for the loss.

**Key words:** personal information, legal nature, scope of personal information, form of liability

---

* 孙玲，吉林省高级人民法院四级法官助理，中国人民大学法学院硕士研究生；叶雄彪，对外经济贸易大学法学院博士研究生。

近年来，随着大数据、人工智能等技术的不断突破与实际应用，人类已经迈入了数字经济时代，而随着而来的则是新兴社会问题、法律问题不断涌现，不断冲击既有的法律体系，并与传统法学理论产生了巨大张力。就民法领域来说，互联网对理论的冲击主要集中在虚拟财产的性质、人工智能物的法律定位、个人信息的私法保护等问题，而近年来学界“泼墨”最多的当属个人信息问题。对个人信息的极大兴趣催生了众多“理论猜想”，学者们陆续提出了个人信息的“财产权说”①“人格权说”②“人格权兼财产权说”③等理论，在很大程度上填补了信息理论的空白，为个人信息利益保护提供了参考。但需要思考的是，在《民法典》颁布后，这些立法论视角的研究能在多大程度上契合法典的规定，又能在多大程度上承担起法典时代个人信息保护的重任？

毫无疑问，《中华人民共和国民法典》（以下简称《民法典》）的颁布对于学术研究意义重大，它意味着研究视角和研究方法的转向：理论研究需要从立法论转向解释论，转向对《民法典》规定的适用问题探讨。鉴于此，本文尝试以《民法典》中个人信息的相关规定为基础，从解释论的视角切入，探讨法典时代的个人信息保护问题。具体而言，本文将讨论以下问题：第一，《民法典》中的个人信息法律性质问题；第二，《民法典》所保护的个人信息范围问题；第三，侵犯个人信息的责任承担问题。

## 一、个人信息法律性质定位

个人信息应当如何进行法学理论构造和法律体系安排，一直是学界的关注重点，经过一段时间的讨论与沉淀，逐步形成了以“人格权说”和“财产权说”为主线的理论学说。④这些学说在丰富学术理论和支撑立法实践方面都起到了重要作用，但学说的芜杂也有可能将人带入“乱花渐欲迷人眼”的窘境，特别是在《民法典》颁布后，任由理论“生长”并不利于法典的适用与个人信息的保护。因此，下文将尝试对几种理论学说进行分析研讨，然后结合《民法典》的规定，对法典时代的个人信息性质做一定的分析。

### （一）个人信息的学说检讨

当前，个人信息已不再简单起到标记个体、促进沟通等社会作用，大数据技术的发展和应用促使个人信息的经济价值显现，同时个人信息又天然地与人格利益紧密联系，学界关于个人信息性质的讨论正是在这样的背景下进行的，并逐步产生了多种学说，以下将主要检讨个人信息的法益说和财产权说，指出这两种学说与《民法典》规定之间的冲突。

#### 1. 个人信息法益说

个人信息的法益说认为，基于个人信息的基本属性以及促进信息流通利用等原因，不宜采取过于刚性的手段将其权利化，而应当将个人信息视为一种民事法益来加以保护。⑤法益说一方面赞同个人信息应当得到民法的保护，另一方面又无法准确界定个人信息的法

① 洪海林：《个人信息财产化及其法律控制研究》，《四川大学学报（哲学社会科学版）》2006年第5期。

② 王利明：《论个人信息权的法律保护——以个人信息权与隐私权的界分为中心》，《现代法学》2013年第4期。

③ 刑会强：《大数据交易背景下个人信息财产权的分配与实现机制》，《法学评论》2019年第6期。

④ 关于个人信息性质的理论学说很多，本文不再详细梳理，具体可以参见梅夏英：《在分享和控制之间：数据保护的私法局限和公共秩序构建》，《中外法学》2019年第4期。

⑤ 季平平：《互联网追踪行为中的个人信息保护》，《南通大学学报（社会科学版）》2018年第3期的。

律性质，故而提出这种了这种折中办法，期望能衡平各方利益。《中华人民共和国民法总则（以下简称《民法总则》）第 111 条的规定在很大程度上支持了法益说的观点，因为该条尽管被安排在了“民事权利”这一章，但却并没有直接以“个人信息权”的字样来表述个人信息，这就给支持个人信息法益说的论者留下了极大的想象空间。

但需要指出的是，虽然《民法总则》第 111 条较为含糊的表述为法益说提供了解释空间，同时《民法典》第 111 条也延续了这样的规定，然而《民法典》却并不能继续为法益说提供“生存土壤”，从《民法典》中无法解释出个人信息是一种法益。理由主要在于以下几点：第一，从体系解释的角度出发，个人信息是被放在《民法典》人格权编下的，这一编的内容应当全部属于人格权的内容，并且个人信息的规定是与隐私权并行规定的，可以认为隐私权与个人信息在性质上具有一致性，都属于人格权的一种，而不仅仅是一种法益。第二，从我国立法传统来看，尽管民事立法中有过关于民事法益受到法律保护的规定，但却从未有过大篇幅的规定，只在《中华人民共和国侵权责任法》（以下简称《侵权责任法》）第 2 条提及民事权益受到法律保护。但《中华人民共和国民法典》（以下简称《民法典》）用了 6 个条文详细阐述个人信息的定义、利用规则等事项，足见个人信息并不单纯是一种民事上的法益，而是内涵清晰、规则明确的民事权利。综上所述，个人信息的法益说与《民法典》的规定并不契合，对个人信息的保护应当考虑更为刚硬的权利模式。

2. 个人信息财产权说

对企业而言，个人信息可以被深度挖掘产生巨大的经济利益，因而有学者提出个人信息具有财产属性，应当被设计成一种财产权。[①]该理论认为，根据科斯定理，在各方当事人都愿意交易的情况下，采取任何归责都是可行的，而从交易成本角度考虑，采取财产权的模式对个人信息进行保护更为有效。[②]

将个人信息设计成财产权，借助市场的力量来调整个人信息流动与利用，通过付费交易的方式允许个人与企业之间合法交易数据，这种模式可以有效解决一个当前社会普遍存在的矛盾，即信息来源于个人，但利用数据产生的收益却归属于企业。但从我国立法趋势和当前《民法典》的规定来看，将个人信息设计成一种财产权还存在较大障碍。

首先，尽管学界呼吁个人信息财产化的声音不在少数，这方面的研究也已经较为丰硕，产生了包括个人信息物权化[③]、个人信息新型财产权说[④]等理论，总体而言，这些财产权的设计方案是沿着允许个人信息自由交易的方向在前进。但实际上，从目前我国的立法现状和立法趋势来看，法律和政策并不鼓励信息的买卖交易：《中华人民共和国网络安全法》（以下简称《网络安全法》）第 44 条禁止非法出售或者向他人提供个人信息，《中华人民共和国刑法》（以下简称《刑法》）第 253 条更是将出售、非法向他人出售个人信息的行为规定为犯罪。这些规定无疑表明了立法者对个人信息的一个基本态度，即要加强保护，控制无序流动，严禁买卖交易。因而，个人信息财产权说试图将个人信息构造成一种可以自由流通、交易的财产尚存在制度障碍。其次，从当前《民法典》关于个人信息的体系安排来

① 龙卫球：《数据新型财产权构建及其体系研究》，《政法论坛》2017 年第 4 期。

② 刘德良：《个人信息的财产权保护》，《法学研究》2007 年第 3 期。

③ 周林彬、马恩斯：《大数据确权的法律经济分析》，《东北师大学报（哲学社会科学版）》2018 年第 2 期。

④ 龙卫球：《再论企业数据保护的财产权化路径》，《东方法学》2018 年第 3 期。

看，个人信息是被安排在人格权编这一部分的，也就是说立法者更偏重于个人信息的人格属性，有意将个人信息推向民法的人格权体系中。民法理论历来遵循物权、债权、人格权的体系划分，人格权属于与人身、身份有关的权利，尽管肖像权等人格权因其利用价值逐步发展出了财产属性，但总体而言人格权与财产权具有较为明显的界限。从体系的角度来看，既然个人信息被安排在了《民法典》的人格权编中，则不宜认为个人信息属于财产权。最后，财产权讲求客体明确、主体特定，但尝试将个人信息构造成人格权，却并不符合这样的基本要求。个人信息作为交流沟通的要素，难以固定，没办法说作为财产的个人信息的标的是什么；而个人信息所天然具有的流动属性又决定了很多人都可以获取它，难以解决作为财产的个人信息的主体是谁。

（二）本文的观点：个人信息是一种新型人格权

当前学界普遍认为民法应当对个人信息保护有所作为，但对于采取何种形式进行保护还存在一定的争议，上文已经简要分析了《民法典》颁布后法益说与财产权说的不可行性，可供选择的只剩下个人信息的人格权说理论。本文赞同将个人信息看作一种人格权，并且是一种与隐私权等传统人格权所区分的、具体的新型人格权，以下做具体分析。

第一，将个人信息理解成一种新型人格权有实定法的支持。法学作为一门实践性极强的社会科学，理论研究需要与社会实践保持紧密联系，如果理论的提出不切实际，与社会现实相去甚远，则理论的研究难免成为无本之木。本文认为将个人信息理解成一种新型人格权是有实定法支持的，理由在于：其一，按照《民法典》编纂的基本要求，只有符合社会发展要求、契合人民利益的规定才会在《民法典》中予以保留。既然《民法典》第111条延续了《民法总则》第111条的规定，依然在民事权利部分写入了个人信息保护的内容，那么无疑，立法者是肯定了个人信息作为民事权利的地位。其二，个人信息是否构成一种新的人格权的主要障碍在于《民法总则》并未采用“个人信息权”这样的表述，缺少一个“权”字造成了理解上的分歧。但《民法典》颁布后，即便是依然不采取“个人信息权”的表述也不应视为一种障碍，因为从体系安排上，个人信息保护的内容已经被安排在了人格权编中，已经在大的方向上被定型成了一种新的人格权。

第二，个人信息是一种具体人格权，而非抽象的一般人格权。在《民法典》出台之前，有学者提出个人信息有别于肖像权、姓名权等具体人格权，而是一种抽象的框架性权利，[①]司法实践中亦有裁判采取这一观点，认为对个人信息的侵犯属于侵犯了个人的一般人格权。[②]本文认为，个人信息的一般人格权说本质上是一种观点上的折中与司法手段的妙用：其一，在理论上对个人信息存在诸多争议，且个人信息展现出较为浓烈的人格权色彩时，将个人信息定性为一般人格权，可以暂时搁置争议，同时完成个人信息人格权保护的理论使命；其二，在立法上欠缺明确规定、理论依据尚显薄弱的情况下，司法机关为了完成个人信息保护的任务，以侵犯一般人格权为由进行司法审判，为支撑个人信息保护的“初衷”寻找法律支持，也是无可厚非。但《民法典》出台基本宣告了个人信息一般人格权说的失败，理由在于：人格权编以“一般规定”和具体人格权式的总分结构呈现，“一般规定”对人

① 李承亮：《个人信息保护的界限——以在线评价平台为例》，《武汉大学学报（哲学社会科学版）》2016年第4期。

② 参见上海市浦东新区人民法院（2010）浦民一（民）初字第22483号民事判决书。

格权的定义等抽象内容做了规定，其后的部分对各种具体人格权做了细化规定，而个人信息是被安置在“隐私权和个人信息保护”部分的。按照体系解释的规则，既然姓名权等被理解成一种具体人格权，那么无疑个人信息也应当看作是一种具体人格权。

综上所述，《民法典》已经为个人信息的性质争论提供了答案，法益说、财产权说等学说均不符合法典的精神，个人信息应当被理解成一种新的人格权。

## 二、《民法典》所保护的个人信息范围

上文简要分析了法典时代个人信息新型人格权的法律属性，既然个人信息属于一种新型人格权，那么就应当受到侵权法的保护，但问题是究竟哪些个人信息应当受到民法的保护，以下将对此展开分析。

### （一）对《民法典》第 1034 条规定的剖析

个人信息的定义和范围一直都是理论探讨的重点，经过一段时间的讨论，学界基本形成了以“可识别规则”为核心的个人信息定义模式，《民法典》第 1034 条也采纳了这一学说，明确规定“个人信息是以电子或者其他方式记录的能够单独或者与其他信息结合识别特定自然人的各种信息”。[①]

通过对资料的检索，可以看到，该定义并不是民法学者的首创，而是对其他立法经验的吸收和借鉴。而通过对其他立法中关于个人信息定义的梳理，可以发现，我国关于个人信息范围的立法存在以下特征：第一，各个部门对个人信息的界定并不统一，而是根据部门的业务内容、规范的重点对所保护的个人信息进行界定。举例来说，中国人民银行 2005 年颁布的《个人信用信息基础数据库管理暂行办法》对个人信息的界定侧重于个人信用信息，国家邮政局 2014 年颁布的《寄递服务用户个人信息安全管理规定》所规定的个人信息就侧重于个人的邮寄信息。[②]第二，对于个人信息的界定存在一个不断认识加深的过程。早期的立法，对个人信息的界定多采取列举的方式，随着认识的加深，后续的立法逐步采纳了可识别规则，以概括的方式界定个人信息。同时，在采纳可识别规则后，随着研究的深入，进一步演化出了直接识别规则和间接识别规则，近年出台的关于个人信息保护的规定，基本采纳了直接识别与间接识别结合的模式界定个人信息，《民法典》第 1034 条即为著例。

尽管《民法典》第 1034 条的规定是对当前学术理论与立法经验的吸收与借鉴，符合当前的主流观点，但本文认为，这样的规定并非无懈可击，以下试做分析。

第一，可识别规则的困境。从立法和理论研究的成果来看，当前主流的观点赞同以可识别规则为核心来界定个人信息，其中可直接识别的信息是指较为直观、符合大众认知思

---

① 参见《民法典》第 1034 条。

② 中国人民银行 2005 年颁布的《个人信用信息基础数据库管理暂行办法》第 4 条规定，个人基本信息是指自然人身份识别信息、职业和居住地址等信息；个人信贷交易信息是指商业银行提供的自然人个人贷款、贷记卡、准贷记卡、担保等信用活动中形成的交易记录；反映个人信用状况的其他信息是指除信贷交易信息之外的反映个人信用状况的相关信息。国家邮政局 2014 年颁布的《寄递服务用户个人信息安全管理规定》第 3 条规定，寄递服务用户个人信息，是指用户在使用寄递服务过程中的个人信息，包括寄（收）件人的姓名、地址、身份证号码、单位名称，以及寄递详情单号、时间、物品明细等内容。

维的部分信息，最典型者如姓名、出生日期、身份证号码、电话号码、电子邮箱等。尽管一般意义上，这些信息与个人紧密相连，且在日常生活中确实具有标记个体、区分个人的作用，但如果严格考察，则会发现这些信息似乎也不能完全做到与个体一一对应。就姓名来说，重名现象时有发生，作为社会接受度最广的符号实际上并不能起到区分个体的作用；而出生日期、家庭住址更是存在重合者，也难以做到区别个人。真正可以做到对应个人的只有身份证号码这种与个人牢牢绑定的代码，但这些代码单独来看又并没有多大的意义，因为如果不能将身份证号码与个人的其他信息对应，身份证号码也就无非是一串数字组合，并不具有多少社会意义，更谈不上法律上的人格意义。因而从这个角度分析，目前被普遍接受的直接识别信息，实际上也难谓直接信息，只有多种信息结合，才可能让被定位的个体“立体”“丰满”起来，具备社会意义和人格价值。

当然，目前越来越多的立法开始关注到个人的生物信息，《民法典》第1034条也采纳了这一进步思想，通过举例的方式将个人生物信息纳入个人信息的范畴中，这一做法无疑是科学技术对理论和立法的深刻影响，也体现了立法对社会新问题的回应。但本文认为，个人的生物信息本质上与前文所述的身份证号码信息一样，尽管在一定条件下可以做到准确定位个人，但脱离了其他信息的辅助，无非是一份生物样本检测结果，不具有人格权意义上的研究价值和法律上的保护必要。

总的来说，单一信息并不具有多少识别个体的价值，可识别规则所要求的是一个信息群，这样的信息群通过相互“帮助”的方式，合作完成个人身份的识别。从这个意义来看，直接识别规则与间接识别规则的划分也就没有必要了，本质上都是间接识别。

第二，本条对个人信息的规定并不符合民法保护个人信息的初衷。上文已经简要阐述了其他立法在界定个人信息时一般遵循范围与目的相匹配的基本规律，即不同的立法界定个人信息需要与该法所欲达到的效果相一致，但从《民法典》第1034条的规定来看，该条所规定的个人信息的范围过于宽泛，并没有做到立法目的与个人信息范围相匹配的基本要求。通过对个人信息理论性质的分析，结合当前《民法典》对个人信息的体系安排，本文认为立法者有意将个人信息塑造成一种新的人格权，通过人格权的方式对个人信息进行保护。也就是说，在《民法典》颁布后，对个人信息的民法定位应当聚焦在个人信息的人格权意义上，而民法对个人信息的保护也应当侧重于个人信息的这一基本定位。如果这一点可以成立，那么民法对个人信息的界定就应当围绕个人信息的人格权属性展开，挖掘那些具有人格权意义的个人信息，保护这些具有人格权意义的个人信息。遗憾的是，从目前法律的规定来看，《民法典》第1034条对个人信息的范围的界定明显超出了民法应当保护的个人信息的范畴，呈现出“网罗”全部信息的姿态。《民法典》第1034条对个人信息范围的界定，在立法上无疑超出了民法所应关注的个人信息的范围，而从司法适用的角度来看，这样的立法也可能会导致侵害个人信息类诉讼的泛滥，给裁判机关带来难题和诉讼压力。

（二）对《民法典》个人信息范围的再探析

上文对《民法典》第1034条所规定的个人信息范围做了简要分析，指出了该条对个人信息范围的规定过于宽泛，超越了民法所应保护的个人信息范围，因而有必要对该条所规定的个人信息范围作一定的限缩。

第一，民法保护的个人信息必须是具有一定人格意义的信息。从立法和司法的角度来看，民法对个人信息的保护只有置于人格权领域才有意义，且实践也确实是这么做的。前文已经较为详尽地分析了个人信息人格权理论定位，《民法典》的体系安排也无疑支持了这一结论，因而从法律解释角度来看，对《民法典》第 1034 条个人信息的范围解释也应当遵循个人信息属于人格权的基本前提。而从司法经验来看，法院也倾向于将侵犯个人信息与隐私等人格利益挂钩，通过对人格权的侵犯来认定对个人信息的泄漏构成侵权。①王泽鉴先生提出，人格权可以从以下方面考虑：人格权的主体是"人"；人格权以人的存在为基础；人格权体现人的自主性与个别性；提出人格权的目的在于促进人性尊严及人格自由发展。②本文认为这四个方面对于理解人格权具有重要意义，而判断哪些信息属于民法所保护的个人信息也应当从这些方面考虑，逐步甄别出民法所保护的个人信息的范围。

第二，民法保护的个人信息应当是与个人紧密联系的信息。在大数据技术之下，各种与个人没有直接联系的信息，通过一定的组合都可能识别出个体，那么以可识别规则为标准的个人信息范围无疑是宽阔无边的。但这些可以识别个体身份的间接信息并不具有相当的重要性，即便是识别出了个体，也并不具有民法上的意义，对这些信息的保护并不符合民法保护个人信息的初衷。因而，在确定民法保护的个人信息范围时，本文主张应当作一定的限缩，限制在那些与个人具有紧密联系的信息中，避免法律过度干涉信息流动与利用。至于哪些信息属于与个人紧密联系的信息，这一点还有待社会共识的达成，目前《民法典》第 1034 条所列举的姓名、家庭住址等信息，就属于当前社会所广泛认同的个人信息，而随着社会的发展，这样的共识还会进一步形成。

综上所述，《民法典》第 1034 条所规定的个人信息范围尽管吸收了其他立法的经验，但在范围上过于宽泛，并不契合民法保护个人信息的初衷，有必要在解释上对此进行一定的限缩，应当在可识别规则之下，将民法所保护的个人信息限制在与个人紧密相连的、具有人格权意义的信息。

## 三、个人信息的侵权责任

对于侵犯个人信息是否需要承担民事责任以及如何承担民事责任，此前探讨较少，这一方面是因为理论上对个人信息的民事性质不甚明确，另一方面在于欠缺实定法的规定，但在《民法典》对个人信息做了明确规定之后，就有必要对个人信息的侵权责任问题进行深入研究。在这一部分，本文将以《民法典》的规定为基础，对相关规定做一个解释论上的分析，探讨侵犯个人信息的民事责任。

《民法典》第 995 条规定"人格权受到侵害的，受害人有权依据本法和其他法律的规定请求行为人承担民事责任。"依据该条的规定，侵犯个人信息需要依据《民法典》及其他法律的相关规定进行民事责任认定。在这个意义上，该条规定是一个指引性的条款，将个人信息侵权责任承担问题转接到法律关于侵权责任承担方式的相关规定上去。此前，《侵权责任法》第 15 条详细规定了我国的侵权责任承担方式，《民法典》第 179 条对此予以了

① 参见北京市第三中级人民法院（2020）京 03 民终 2049 号民事判决书。

② 王泽鉴：《人格权法》，北京大学出版社，2013，第 43 页。

继承，明确规定了停止侵害、排除妨害、消除危险等责任承担方式。但正如有的学者指出的，我国侵权法对于侵权责任的规定采取的是一种“大侵权”的模式，将侵犯人格权的责任承担方式吸收在了一般的侵权责任承担方式中，但鉴于人格权的特殊性，有必要对侵犯人格权的责任承担方式作一定的区分，采取“区分模式”。[①]尽管在立法上，《民法典》没有采纳这一观点，但在司法适用中仍应当注意区分一般侵权责任承担方式与侵害人格权责任承担方式之间的区别，尤其是对于个人信息侵权问题来说，有必要探讨合理的侵权责任承担方式。

理论上将侵权责任形式分为防止性的责任形式、回复性的责任形式与补救性的责任形式。[②]防止性的责任形式包括排除妨害、消除危险，这两种责任承担方式是在权利受到侵害之前，当事人可以采取一定的手段，防止可能的损害发生。但就个人信息权益来说，本文认为防止性的责任形式难以有适用的空间，因为基于信息流动的基本属性和各大企业收集利用个人信息的基本社会现状，在个人信息利益被切实侵害之前，当事人很难发现自己的利益受到了侵害，因而防止性责任形式对个人信息来说，或许在理论上可以适用，但在现实操作上并没有多少意义。

就回复性责任形式而言，主要包括返还财产、恢复原状、恢复名誉、消除影响，这些责任形式也不能全部适用于侵害个人信息。由于个人信息并不是财产，也就自然无法适用返还财产这一责任形式了；而恢复名誉、消除影响主要适用于侵害名誉权，也无法适用于侵害个人信息的情形。至于恢复原状，是指将权利恢复到受侵害之前的状态，这一责任形式对个人信息来说是可以适用的，譬如在未经他人同意的情况下，擅自收集个人信息，受害人就有权要求对方删除被收集的信息。

补救性的责任形式是在侵权行为发生之后，具有补偿或者救济功能的责任承担方式，包括停止侵害、赔偿损失和赔礼道歉。就停止侵害而言，这一责任形式对于阻止侵权行为的继续具有重大意义，可以在侵权发生以后，阻却侵权的继续，避免损害的扩大，因而对于侵害个人信息而言也是适用的。就赔礼道歉这一责任形式而言，尽管其借由《侵权责任法》实现了由道德范畴向法律范畴的蜕变，但从司法实践情况来看，当事人主张赔礼道歉较难得到支持，在执行中更是难以得到执行，[③]在一定程度上只能是停留在纸面上的法，难以切实承担起救济受害人的重任。但就本文看来，赔礼道歉这一责任形式极具中国特色，属于道德与法律的结合，虽然在实际运行中还存在一定的障碍，但仍不应否定其作为侵犯个人信息的责任承担方式。这一责任方式在实际运行中可以切实慰藉受害者的心灵，与其他责任方式配合，能起到外在修复填补、内在温暖抚慰的效果，在侵害人格权案件中救济受害人，缓和社会矛盾。就损害赔偿而言，这一责任承担方式最具实效，但也最具争议、最难操作。在侵权之后采取金钱的方式真实地填补了受害人的损失，这样的弥补效果最为直接有效，可以让受害者真切地感受到损害得到了补偿；但这一责任方式也最为复杂，因为在具体案件中损害赔偿的数额并不容易计算，并且法律明确规定了侵害人格权可以主张

---

① 王利明：《论人格权请求权与侵权损害赔偿请求权的分离》，《中国法学》2019年第1期。

② 马骏驹、余延满：《民法原论》（第四版），法律出版社，2010，第1026页。

③ 姚辉、段睿：《“赔礼道歉”的异化与回归》，《中国人民大学学报》2012年第2期。

精神损害赔偿，因而在实际操作中如何计算侵害人格权的损害赔偿数额是一个难点。从之前发生的侵害个人信息类案件来看，有的法院支持了受害人的损害赔偿请求，[①]这一做法无疑是符合法律规定的，也符合社会大众的一般认知，但在具体的数额计算上则还有待推敲。因而，在侵犯个人信息案件中，受害人请求赔偿损失的应当予以支持，但在赔偿数额的计算上则还需要进一步的研究。

综上所述，尽管《民法典》第179条详尽地规定了各种侵权责任承担方式，但对于侵犯个人信息案件来说，因为其性质上的特殊性，只能适用其中的部分责任形式，包括恢复原状、停止侵害、赔礼道歉、赔偿损失。

## 四、结语

信息作为数字经济时代的“石油”，其重要性已经不言而喻，且日益发挥着推动经济发展的重要作用，这也导致了企业疯狂“收割”个人信息的社会乱象，《民法典》从保护个人权益的角度出发，对这一社会热点问题做了相应的规定。从解释论的角度出发，将个人信息理解成一种新型人格权符合立法初衷，可以切实保护个人的信息利益。而从民法与其他法律的分工及促进数据流动利用的角度考虑，民法上所保护的个人信息应当有所限制，而限制在与个人紧密联系、具有人格权意义的范围内较为合适。从切实保护个人信息的角度来看，侵犯个人信息可以选择恢复原状、停止侵害、赔礼道歉、赔偿损失的责任承担形式。

① 参见北京市第三中级人民法院（2020）京03民终2049号民事判决书。

# “风险与利益相一致”视角下的买卖合同中的“风险回跳”规则

## ——以《民法典》第 610 条的适用范围为核心

袁炜娜*

**摘　要**：我国《民法典》第 610 条规定了买卖合同价金风险规则的例外，同时也免除了解除后清算关系中买受人的价值偿还义务，因而被形象地称为“风险回跳”。“风险回跳”的内在正当性在于，因出卖人的违约行为，致使占有标的物对于买受人无经济利益，从而应将标的物连同用益终局地返还给出卖人。“质量不符合约定”仅是使标的物终局返还给出卖人的一种情形，因此解释第 610 条第 1 句时应当进行目的性扩张，从而包括所有因出卖人之违约行为致使买受人占有标的物毫无利益的情形。其既包括法定解除权条件成就且除斥期间未满，亦包括主张替代给付损害赔偿。同时，第 610 条第 1 句“拒绝接受”的情形应包括：若不终局地返还该标的物，则合同目的不能实现。从而当出卖人给付的标的物存在根本瑕疵及异物给付情形下，由于占有该标的物对买受人毫无利益，此时也应当承认风险回跳（或认为风险自始不移转）。尽管此时买受人可以主张更换请求权，而无法定解除权，但由于买受人不欲享有意外进入其风险领域的标的物的利益，所以也不应当让其承担风险。最后，基于诚实信用原则，应认为在买受人知悉风险回跳的前提事实后，应当不再享受标的物的利益。如果买受人依然使用该标的物，则其在享受利益同时一并承担风险，风险自然仍停留在买受人处。

关键词：风险与利益相一致、风险回跳、价金风险、瑕疵履行、合同解除、拒绝接受

# The “Passing Back of Risks” Rule in the Sales Contract from the Perspective of “Alignment of Risk and Benefit”

## —Based on the Scope of Application of Article 610 of the Civil Code

Yuan Weina

**Abstract:** Article 610 of the Civil Code of China, is the exception to the rule of the price risk of the sale contract, which relieves the buyer of the obligation to reimburse the value of the liquidation of the relationship after the liquidation, and thus it is figuratively called “passing back of risks”. The inherent legitimacy of “passing back of risks” lies in the fact that, as a result of the

* 袁炜娜，华东政法大学硕士研究生。

seller's default, there is no economic benefit to the buyer in taking possession of the goods, so that the goods should be returned to the seller with the benefit of finality. "Quality non-conformity" is only one circumstance that results in the final return of the goods to the seller, and therefore the first sentence of article 610 should be interpreted purposively so as to include all cases in which the buyer has no interest in possessing the goods as a result of the seller's default. This includes both the fulfilment of the conditions for a statutory release and the unexpired exclusion period, as well as claims for substitute damages. At the same time, the "refusal to accept" in the first sentence of article 610 should include the situation where the purpose of the contract cannot be achieved without the final return of the goods. Thus, in the case of fundamental defects in the goods offered by the seller and in the case of a payment in a foreign object, since possession of the goods is of no interest to the buyer, it should also be recognized that the risk passes back (or that the risk does not pass from the beginning). Although the buyer may then assert a right of substitution rather than a statutory right of rescission, he should not be put at risk because he does not want the benefit of the goods that has accidentally entered its field of risk. Finally, based on the principle of good faith, it should be assumed that the buyer should cease to enjoy the benefit of the goods after he becomes aware of the fact that the risk jumped back. If the buyer still uses the goods, he enjoys the benefits and assumes the risk at the same time, and the risk naturally remains with the buyer.

**Key words:** risks and benefits, passing back of risks, price risk, defective performance, contract termination, rejection

## 一、问题的提出

《中华人民共和国民法典》（以下简称《民法典》）第 610 条[①]规定：“因标的物质量不符合质量要求，致使不能实现合同目的的，买受人可以拒绝接受标的物或者解除合同。买受人拒绝接受标的物或者解除合同的，标的物毁损、灭失的风险由出卖人承担。”该条文第一句涉及因物上瑕疵而产生的买受人法定解除权和“拒绝接受”，第二句则涉及因物上瑕疵而导致的“风险回跳”规则。该条文在一定意义上系对《民法典》第 604 条（内容同《中华人民共和国合同法》第 142 条）的例外规定，即交付作为风险移转的临界点在此时被突破。

从《民法典》第 610 条的文义出发，当物上瑕疵严重性达到致使“合同目的不能实现”的程度时，风险跳回至不占有标的物的出卖人。此时，该规则并不单纯意味着价金风险的分配，而同时包含了合同法定解除后的买受人价值偿还义务的存灭：若买受人拒绝接受标的物但不解除合同，则出卖人无权要求买受人支付价金；若买受人解除合同，则他无须对毁损、灭失的标的物进行价值偿还。

①我国自 2021 年 1 月 1 日起施行的《民法典》第 610 条的内容与《合同法》第 148 条完全相同，《民法典》也维持了《合同法》的买卖合同风险负担规则，因此本文要讨论的问题在《合同法》和《民法典》中是一样的。在笔者定稿时，现有判决、文献都是围绕《合同法》第 148 条的，因此下文讨论现有文献和判决时，依然会提及《合同法》第 148 条。

尽管在立法上此种“风险回跳”制度并非孤例，[①]其背后的正当性何在，价值观是否值得赞同，无论在中国法上还是比较法上一直备受争议。司法实践中，已经有适用《合同法》第148条第2句的案例出现，但其适用尚且不是很统一，有些判决承认风险回跳，[②]而有些则持反对态度，认为交付移转风险仍然是原则。[③]

同时，目前国内学界对此的研究还未尽深入——或聚焦于《民法典》第610条第1句“拒绝接受”与受领义务之间的联系，而不涉及风险负担问题；[④]或论证了风险回跳的正当性及适用范围，但对于“风险回跳”的反对说回应则略有不足。[⑤]与此同时，《民法典》第610条的适用范围和解释路径，与此密切相关。至少，作为风险回跳前提的包含的范围，“拒绝接受”含义为何，以及风险回跳规则究竟是否应该限缩适用，抑或应扩张适用于其他违约形态所致之“合同目的不能实现”的情形，应当予以探讨。而本文的用心，就是试图在下文中回答上述问题。

为了说明上述问题，本文先举三例，并且试图在后文中回应三个案例中的甲是否应当承担价额偿还义务。[⑥]

［案例1］甲以高价购置乙之名马，用于参加赛马比赛，甲受领该马后，发现其并非纯血统之马，遂以合同目的不能实现而解除合同。其后该马因意外死亡。

［案例2］甲以高价购置乙之名马，用于参加赛马比赛，甲受领该马后，乙声称该马之血统证书已经丢失，甲以合同目的不能实现而解除合同。其后该马因意外死亡。

［案例3］甲以高价购置乙之A马，用于参加赛马比赛，乙误将B马交付于甲，甲受领B马后发现错误交付，遂将B马置于马厩，并通知乙更换。其后该马因意外死亡。

## 二、风险负担的一般规则及其原理

如上文所言，既然《民法典》第610条在一定意义上系对第604条的例外规定，那么在对第610条作为风险负担的例外规定的正当性考察之前，本文首先需要厘清一般原则——交付作为价金风险移转时点的理由。

在诸多支持交付移转风险的理由中，“风险利益一致说”是买卖合同中交付移转风险

---

① 在比较法上，《美国统一商法典》（以下简称“UCC”）第2－510条、《联合国国际货物销售合同公约》第70条（以下简称“CISG”）、《德国民法典》第346条第3款第1句第3项及其通说，当买卖合同中的出卖人违约至某种程度，尽管标的物在买受人处因不可归责的原因灭失，其不利后果由并不占有标的物的出卖人承担。

② 参见南阳市宛城区人民法院（2013）宛民初字第642号民事判决书：“因被告销售的货物质量不符合质量要求，致使不能实现合同目的的，原告在要求调换货未果的情况下，要求解除合同，其请求于法有据，本院予以支持。货物因过保质期的损毁责任由被告承担。”

③ 相反意见参见宁夏回族自治区固原市原州区人民法院（2013）原民初字第3147号民事判决书：“且《中华人民共和国合同法》第一百四十八条也明确规定，因标的物质量不符合质量要求，致使不能实现合同目的的，买受人可以拒绝接受标的物或者解除合同。第一百四十二条规定，标的物毁损、灭失的风险，在标的物交付之前由出卖人承担，交付之后由买受人承担。因此被告以将该批土豆折价处理，货款用于抵偿损失的抗辩亦不能成立。故对原告要求支付土豆款的诉讼请求本院予以支持。”以及金华市中级人民法院（2019）浙07民终5517号民事判决书，法院认为承运人导致的买受人退还瑕疵物受损，由买受人承担不利后果，标的物减损的价值应在出卖人返还的价款中扣减。

④ 武腾：《拒绝受领瑕疵物的法定条件——兼论〈合同法〉第148条中拒绝接受制度的出路》，《法学》2015年第8期。

⑤ 刘洋：《根本违约对风险负担的影响》，《华东政法大学学报》2016年第6期。

⑥ 案例均参考王泽鉴：《债法原理》（第二版），北京大学出版社，2013。

最有力的论证，也为国内大部分学者所支持。①该学说认为，买卖合同中的标的物交付之后，合同的经济效果已经实现，买受人对于标的物拥有可以对抗出卖人的物之用益权，既然标的物所生之利益归于买受人，同时风险也一并由买受人承担，②在立法上有《德国民法典》第446条第1句和第2句和我国台湾地区“民法”第373条相佐证。在我国《民法典》中，第630条中“交付之后产生的孳息，归买受人所有”，再结合第604条的交付移转风险，其解释径路也应当与德国和我国台湾地区相同。同时，交付并不限于现实交付，亦可能包含交付的替代方式。尽管以占有代替交付能否移转价金风险尚存争议，但是国内见解认为在买受人取得标的物之用益的情形下，风险即由买受人承担，③由此另一个推论是，直接占有并非判断风险的硬性标准，而只是风险利益归属的一种外观，而背后的核心思想依然是取得利益的人承受风险。

同时，在买卖合同被解除的场合，合同双方当事人应当返还已经受领的给付，若返还义务人不能返还标的物，则应当进行价值偿还。④由于我国采合同风险负担和法定解除并存模式，在两者竞合时风险负担规则和合同解除制度可以择一适用，但是解除后的风险分配应当符合原合同的风险分配，否则合同解除会使得风险负担规则悬置。⑤也就是说，当风险已经由买受人承担后，即使他行使解除权，风险的不利后果由他承受的结果不会改变，在解除后的清算关系中，原则上他应当对因风险毁损、灭失的标的物进行价值偿还。

小结：交付移转对待给付风险，乃基于“利益之所在风险之所在”之原则。买卖合同中，交付之后的买受人是标的物利益的享有者，他同时也应承担风险，而这种风险分配规则通常不因合同被解除而改变，形式上则表现为清算关系中的价值偿还义务。下文对该原则的突破的说理，亦以此为基础而展开。

## 三、比较法上的“风险回跳”的内在正当性学说及其争议

我国《民法典》第610条是交付移转风险之例外，其背后正当性究竟何在，比较法上同样充满了争议，对此也不乏反对意见，比如，史尚宽先生就认为，物之瑕疵并不阻止风险移转，此时买受人主张瑕疵担保责任则已足以救济买受人。⑥本文将在这一部分梳理现有对风险回跳正当性的论证及其相应的质疑，最后提出本文自己的观点。

### （一）CISG：救济非违约方说

以救济非违约方为由而支持风险回跳，这种观点出现在几乎所有的立法例学说中，同时，尤其在CISG（《联合国国际货物销售合同公约》）的文献中，这种学说几乎占到主流。

① 吴香香：《〈合同法〉第142条（交付移转风险）评注》，《法学家》2019年第3期。文中已经对交付移转风险的诸多学说一一比较，本文不再赘述。

② 吴香香：《〈合同法〉第142条（交付移转风险）评注》，《法学家》2019年第3期。

③ 吴香香：《〈合同法〉第142条（交付移转风险）评注》，《法学家》2019年第3期。

④ 赵文杰：《论不当得利与法定解除中的价值偿还——以〈合同法〉第58条和第97条后段为中心》，《中外法学》2015年第5期。

⑤ 周江洪：《风险负担规则与合同的解除》，《法学研究》2010年第1期。

⑥ 史尚宽：《债法各论》，中国政法大学出版社，2000，第63页。

这主要是因为 CISG 自身的构造——将买受人宣告合同无效（第 49 条）[①]及交付替代物（第 46 条第 2 款）置于“出卖人违约时买受人救济”的部分。

根据 CISG 第 82 条第 1 款，如果买受人因其行为致标的物毁损灭失，他丧失了合同解除权及交付替代物的权利。但第 82 条第 2 款（a）项设有例外，如果标的物因意外而灭失，买受人则亦可主张解除及交付替代物。再结合 CISG 第 70 条，在出卖人根本违约时且发生风险时，买受人有权解除合同、要求交付替代物。学说认为，既然买受人得以行使此种救济，他自然不承担风险，相反，风险自应由出卖人承担。[②]

学说认为，此种风险回溯之所以正当，是因为解除合同和要求交付替代物的权利之发生，本质上由出卖人自身的违约行为而引发，[③] 解除和要求交付替代物乃买受人对于出卖人之权利，承担这样的后果亦是出卖人对于买受人义务。出卖人对于买受人的义务不得因为风险发生而被免除，而买方的救济也不得因此而减损，[④]结合语境来看，这种减损表现为，买受人例外有解除权，且对标的物的毁损、灭失没有价值偿还义务。

本文认为，CISG 之所以能够相对自洽地解释“风险回跳”，这是因为其将买受人宣告无效和主张代替物的权利作为违约救济的一部分[⑤]，从而结合第 70 条、第 82 条第 2 款（a）项进行解释。[⑥]然而，在 CISG 解除后的清算关系中，双方必须以受领之原状返还，若不能原状返还，则解除权、宣告合同无效的权利原则上消灭。其并不存在像我国《民法典》合同编、《德国民法典》《国际商事合同通则》（PICC）及《欧洲合同法原则》（PECL）中，返还后不能价值偿还的可能[⑦]。这样就不必讨论买受人是否应该价值偿还。目前对于 CISG 第 70 条风险回跳的讨论，实际上都是建立在非违约方在解除合同后当然无须价值偿还的基础上。

对于《民法典》第 610 条而言，对风险回跳的正当性仅借鉴 CISG 的解释恐怕是不足的，因为我国《民法典》和 CISG 的解除制度存在差异。首先，我国《民法典》将合同解除放置在“合同权利义务终止”章下，其遵循双务合同的存续的牵连性，旨在将守约方从事实上死亡的合同的拘束中解放；[⑧]其次，《民法典》解除权的要件以“合同目的不能实现”为核心，与解除权人是否能够返还其受领之所得无关，若不能原状返还，则可以价值偿还。[⑨]对于我国《民法典》而言，单纯从救济非违约方的角度，无法回答为何买受人同样不需要对毁损、灭失的标的物进行价值偿还。况且，风险本身意味着不可归责于双方当

---

① CISG 的措辞是“avoid the contract”，中文通常翻译为“宣告合同无效”，其内涵和我国法上的解除一致，以下为了行文流畅，一律称之为“解除”。

② Vgl. Schlechtriem/Schwenzer/Schroeter, Kommentar zum UN-Kaufrecht (CISG) 7. Aufl., 2019, Art. 70, Rn. 4

③ Vgl. Schlechtriem/Schwenzer/Schroeter, Kommentar zum UN-Kaufrecht (CISG) 7. Aufl., 2019, Art. 70, Rn. 3, 10.

④ Vgl. Schlechtriem/Schwenzer/Schroeter, Kommentar zum UN-Kaufrecht (CISG) 7. Aufl., 2019, Art. 70, Rn. 3.

⑤ Vgl. Schlechtriem/Schwenzer/Schroeter, Kommentar zum UN-Kaufrecht (CISG) 7. Aufl., 2019, Art. 70, Rn. 5.

⑥《德国民法典》（2002 年债法修正前）第 350 条规定：“若解除权人受领的标的物因意外而灭失，则其解除权并不因此消灭。”其旨趣似乎与 CISG 相同。

⑦ Vgl. Schlechtriem/Schwenzer/Schroeter, Kommentar zum UN-Kaufrecht (CISG) 7. Aufl., 2019, Art. 81, Rn. 17, 18; Art. 82, Rn. 4.

⑧ 赵文杰：《〈合同法〉第 94 条（法定解除）评注》，《法学家》2019 年第 4 期。

⑨ 韩世远：“中国合同法与 CISG”，《暨南学报（哲学社会科学版）》2011 年第 2 期。

事人，风险负担本身是一种中立的规则。CISG在根本违约时设置风险回跳的规则，即例外给予买受人解除权且不使他负担价值偿还义务，令违约方承受了和违约无关的风险，其实是对违约方的惩罚。假设不接受惩罚违约方的价值观，即也无法解释《民法典》第610条风险回跳的正当性。这些恐怕是救济非违约方说难以回应的。

（二）《德国民法典》：法定解除权人的优待及信赖保护说

该种学说主要出现在《德国民法典》第346条第3款第1句第3项的解释中，法定解除权之发生是因为解除相对人的义务违反而发生的，而法定解除权人信赖自己是标的物终局的所有权人，从而对该标的物进行处置。与允许信赖取得之终局性的法定解除权人相比，解除相对人不那么值得保护。因此，解除权人因意外或轻过失（即“尽到对自己事务之注意”）而无法返还标的物时，无须负价值偿还义务。此种解释的结果便导致了事实上的风险的跳回（Rückspringen der Gefahr）。[①]

但是这种说理依然有其局限：首先，在《德国民法典》第346条第3款第1句第3项的解释中，核心理由仍然源自解除相对人的义务违反，因而义务违反的人不值得受保护，并给予法定解除权人优待。但与上文反驳CISG的相同理由，若认为价值偿还与风险负担是价值中立的规则，则该说理略显单薄。其次，在基于法定解除权人的善意信赖的解释来源于和《德国民法典》第989条恶意的得利人状况的比较：既然恶意得利人都不需要为意外负责，善意得利人当然也无须为意外负责，善意的法定解除权人亦是如此，但是第989条规定的是恶意得利人的以过错为前提的损害赔偿责任，但是未涉及双务合同中和过错无关的价值偿还义务。[②] 这种依赖于善意信赖解释仅能说明，善意的法定解除权人对标的物的毁损、灭失不应当负有损害赔偿责任，因此该学说未能回答为何善意的法定解除权人可以突破双务合同的牵连性，在解除后有权要求返还自己的对待给付的同时，无须对受领后毁损、灭失的标的物进行价值偿还。另外，《德国民法典》第346条第3款第1句第3项的“尽自己事务之注意”作为解除权人价值偿还义务存灭的界限也应被质疑，法定解除权人自以为是所有权人，对其事务当然是尽到如同自己事务之注意，甚至在他有意识地损毁或抛弃该物的时候，都是合理的。[③] 因此，在标的物因意外毁损灭失的情形下，单纯基于法定解除权人的信赖，是否能够突破交付移转风险之规则，当然举重以明轻从而免除解除权人的价值偿还义务，[④]笔者表示怀疑。

弗卢梅就对此种学说持反对意见，根据他的“财产决定说”，在不当得利返还关系中，如因意外导致标的物的返还不能，得利人是否对此负价额偿还责任，真正判断标准是看导致得利丧失的事由是属于基于取得财产而做出的特别财产上决定，还是与取得财产无关的

---

① Vgl. Dirk Looschelders, Schuldrecht Allgemeiner Teil, 17. Aufl., Verlag Franz Vahlen, 2019, §40 II 3 c, Rn. 23~24.

② 赵文杰：《论不当得利与法定解除中的价值偿还——以〈合同法〉第58条和第97条后段为中心》，《中外法学》2015年第5期。

③ Vgl. Hans Josef Wieling, Bereicherungsrecht, 4. Aufl., Berlin [u.a.], 2007, §5 I 4 c ee.

④ Vgl. Werner Flume, Die Saldotheorie und die Rechtsfigur der ungerechtfertigten Bereicherung, AcP, 194 (1994), S. 444~446. 中文文献参见赵文杰：《论不当得利与法定解除中的价值偿还——以〈合同法〉第58条和第97条后段为中心》，《中外法学》2015年第5期。尽管德国2002年债法修订后删去了第350条，且其后对于风险回跳的正当性论证不再强调解除权人的可归责性，但对于解除权人的处置行为和信赖的论证也还是不变的。

一般财产上决定。弗卢梅认为，在意外引起标的物返还不能时，风险原则上仍由占有标的物的返还义务人承担。[①] 在这种学说下，合同法定解除时，为了保持法律评价的一致性，对此应作同一处理，不应该贸然免除法定解除权人的价值偿还义务。也有学者在此基础上认为，《德国民法典》第 346 条第 3 款第 1 句第 3 项是债法改革失败的条文。[②]

综上所述，《德国民法典》第 346 条第 3 款第 1 句第 3 项已经明文规定了“风险回跳”，但是其法政策上依然有太多的争议。德国通说对“风险回跳”的正当性论证要么是对无义务违反一方的优待，依然是旨在保护非违约方、惩罚违约方的价值观；要么是基于一种善意信赖保护，但细究之后该种信赖仅能排除法定解除权人的损害赔偿责任，而并不当然能够免去其价值偿还义务。

（三）UCC：返还关系说

《美国统一商法典》（UCC）第 2－510 条第 1 款规定：“当提示交付或交付的货物不符合合同，致使买方有权拒收时（gives a right of rejection），在卖方做出补救或在买方接受货物前，风险仍由卖方承担。”第 2－510 条第 2 款规定：“如果买方正当地撤销对货物的接受（rightfully revokes acceptance），他可以就自己有效保险之不足部分，视损失风险从开始即一直由卖方承担。”概括说来，货物存在瑕疵时，买受人行使拒收权，风险不移转，或者买受人撤销接受，则风险拟制自始由出卖人承担。从第 2－510 前两款的文义和法律效果，似乎与我国《民法典》第 610 条相似。

值得注意的是，UCC 风险例外由出卖人承担的前提条件，和我国《民法典》合同编中的规定并不相同。UCC 中货物存在任何不符，买受人都可以行使拒绝权，从而风险停留在出卖人处的门槛很低。[③]第 2－510 条第 1 款中“拒绝权”前提规定在第 2－601 条中，只要出卖人存在非过于轻微之违约行为（non-conforming）[④]，买受人即享有拒绝权（gives a right of rejection），使得风险停留（remain）在出卖人处。[⑤]相比之下，我国《民法典》第 610 条风险回跳的前提是，瑕疵物导致合同根本目的不能实现。两者存在差异。

---

① 赵文杰：《论不当得利与法定解除中的价值偿还——以〈合同法〉第 58 条和第 97 条后段为中心》，《中外法学》2015 年第 5 期。

② Vgl. Hans Josef Wieling, Bereicherungsrecht, 4. Aufl., Berlin [u.a.], 2007, §5 I 4 c ee.

③ See Douglas. J. Whaley, *Tender, Acceptance, Rejection and Revocation, the UCC's TARR –Baby,* Drake Law Review Vol.24, 1974, pp.52~78. UCC 中的拒绝权作为风险回跳的前提，和中国民法体系的制度差异巨大，为了不偏离文章关于风险回跳的主旨，本文对拒绝权介绍尽可能简略。

④ UCC 第 2－601 条在文义上奉行“完美给付原则”（perfect tender rule），但是司法判例不约而同地对该种“苛求”进行限制，认为违约至少实际损害了买受人，买受人方能行使拒绝权。See Douglas. J. Whaley, *Tender, Acceptance, Rejection and Revocation, the UCC's TARR –Baby,* Drake Law Review Vol.24, 1974, p.54.

⑤ See James J, White & Robert S. Summers, *Uniform Commercial Code*, Sixth Edition, Horn Books, Hornbook Series, West, a Thomson Reuters business, 2010, p.259.

与此同时，第2－510条第2款中的撤销接受①，其定义在第2－608条中②，本质上是拒绝权的延伸，即买受人由于种种正当的原因未行使拒绝权，而是接受了（accept）货物，UCC在此时给予买受人一次反悔的机会，UCC为了限制买受人轻率反悔，将撤销接受的门槛提高到存在重大瑕疵的地步。一旦买受人正当地撤销接受之后，其效果无论在风险负担方面（第2－510条），还是在违约救济方面（第2－711条），和行使拒绝权的法效果相同。只不过，UCC中的“撤销接受”的概念既无法对应《民法典》第610条中的“拒绝接受”，也和解除制度本身不太一样。

虽然从渊源上说，《民法典》第610条系借鉴《美国统一商法典》（UCC）第2－510条而来。③但是，作为风险由出卖人承担的前提——前者中的因合同根本目的不能实现而产生的“拒绝接受”和解除权，和UCC中的“拒绝权”与“撤销接受”，两部立法中的含义不仅不能一一对应，甚至可以说完全不同。另外，UCC的拒绝权和撤销接受也是合同解除的中间桥梁，其解除权的门槛之所以设置较低，可能是因为与大陆法系不同，英美法系并未将补正履行（Nacherfüllung）设定为买受人的权利。具体在UCC中，第2－716条表明买受人仅能在一定条件下主张特定履行（specific performance），瑕疵治愈（cure）表现为出卖人的权利（甚至都不是出卖人的义务！）。④从而UCC将拒绝权、解除权的门槛降低，在苛以出卖人不利后果的同时，督促出卖人自行选择是否治愈瑕疵，以此平衡买受人的权利。

在研究UCC的学说中，有一种学说认为，UCC这两种情形由出卖人承担风险的正当性在于：买受人本来就无须保有该货物。⑤换句话说，买受人本不应该获得瑕疵物的占有，从而他有权返还该货物。结合第2－602条第2款a项，买受人行使拒绝权之后，任何行使所有权的行为构成对出卖人的不当行为。⑥推论是，买受人拒绝货物后，货物的利益便不属于他，既然他不愿且不应享有该货物之利益，也不应当承担该货物之风险。

---

① UCC这一款尚涉及保险问题，其本身争议也很大，文献争论主要集中于买受人是否还享有保险利益，或该种规定是否会干扰当事人的保险安排。See F. Carlton King, Jr., *UCC Section 2－510— A Rule without reason*, Commercial Law Journal, August 1972, pp.272~279.

② 第2－608条 全部或部分撤销对货物的接受

1. 如果买方已接受的一宗或某一商业单位货物不符合合同，致使货物对买方的价值严重降低，买方可以撤销对这些货物的接受，只要他作出的接受系因：

a. 有合理理由假定不符合合同之处将得到补救，但实际上未得到及时补救；或

b. 未发现此种不符；在这种情况下，他的接受必须是合理地因为，在接受货物前难以发现此种不符，或卖方曾作出有关保证。

2. 买方撤销对货物的接受，必须在买方发现或应该发现撤销理由后的合理时间内提出，且必须在货物状况发生实质改变之前提出，但货物由于自身缺陷而发生改变的除外，并且在买方通知卖方之前，买方的撤销不生效力。

③ 胡康生：《中华人民共和国合同法释义》（第3版），法律出版社，2013，第254页。

④ See Douglas. J. Whaley, *Tender, Acceptance, Rejection and Revocation, the UCC's TARR-Baby*, Drake Law Review Vol.24, 1974, p.56.

⑤ Cf. David Frisch, *Lawrence's Anderson on the Uniform Commercial Code*, Third Edition, A Thomson Reuters business, 2018, § 2－510: 10.

⑥ “after rejection, any exercise of ownership by the buyer with respect to any commercial unit is wrongful as against the seller.”

综上所述，《民法典》第610条虽借鉴了UCC第2－510条，但其有意或无意地对其进行了全新的改造和变形，相比UCC第2－510条，第610条第1句增加合同目的不能实现之限制，以致两者在风险回跳的适用前提上截然不同。因此UCC中的“返还关系说”尽管有道理，但对于我国《民法典》第610条的解释而言，可能依然存在一些待解决的问题。首先，我国《民法典》第610条上的风险回跳的前提是不能直接参照UCC的，否则就可能导致标的物有任何一种轻微瑕疵，买受人都会主张返还标的物，从而回跳风险，这与第610条的文义是完全不相符的。其次，返还只是一种表象，比如假设买受人主张修理、更换时，假设双方合意履行地不在买受人处，而选择以寄送的形式，或者在出卖人处修理时，也可能导致买受人暂时没有直接占有标的物。但此时根据《民法典》第610条的文义，也很难肯定此时风险的回跳。应然的占有重新回到出卖人的只是外观，其背后还需要更深层次的说理。

（四）违约所致的终局性返还——回归“风险与利益相一致”

在上一部分中，本文梳理了救济非违约方说、法定解除权人优待及信赖保护说、返还关系说及其争议，由于各立法例的外部体系存在差异，其各自对于内在正当性论证的学说主流才会有不同的侧重点。这对于解释《民法典》第610条的启示可能是，无论采用何种论证风险回跳的内在正当性的学说，应当使其与法律外部体系保持一致。当然经过上述梳理后，我们会发现目前对于风险回跳的正当性论证中，虽然都有一定合理性和说服力，但仔细推敲尚有些许的不自洽之处。

本文尝试综合借鉴三种学说，尤其是在返还关系说的基础上，提出自己的观点：既然交付移转风险的核心价值观在于风险与利益相一致，那么对于该原则的突破不如由此入手，从而阐明风险回跳背后的道理。在买卖合同中，尽管物上瑕疵本身不会导致标的物毁损、灭失的风险增加，但是这种情况下，占有标的物对买受人既无利益可言，也并不符合其意愿，一方面标的物对他已经无使用价值，另一方面，他也欲通过法定解除或拒绝接受的方式将标的物及其用益返还于出卖人，既然他不愿享有标的物之经济利益，那么自然也不应该承担买卖合同中的对待给付风险。从而，对待给付风险由出卖人承担。因此，对于《民法典》第610条而言，物上瑕疵所致的风险回跳的标准在于：标的物是否因出卖人的违约行为而应当终局地回到出卖人处，及对于该标的物买受人是否愿意终局性地享有该标的物上的利益，进而决定究竟是买受人抑或是出卖人承担买卖合同中的对待给付风险。

此外，《民法典》第610条的规则使得风险承担人和标的物占有人并非同一人，但是这种规则在现行法体系中是被呼应的。《民法典》第605条、第608条的受领迟延规则和第570条、第573条提存，其原理在于，债务人已完成所有的给付义务，债权人不为受领等协助行为使债务人本可以实现的清偿效果竹篮打水一场空，那么不利后果应当由债权人承担。[①]另外与《民法典》第610条相同的一点是，此时风险也并不是由债权人导致的。

沿着这一思路考察《民法典》第610条，当标的物上存在根本瑕疵以致合同目的不能实现时，因为出卖人的原因（即违约程度严重），致使买受人有权解除合同，其后返还标的物。标的物虽然被买受人占有，这种用益可能性形式上依然在买受人处，但是根本瑕疵

① 刘洋：《根本违约对风险负担的影响》，《华东政法大学学报》2016年第6期。

使得标的物用益可能性对买受人已经无意义，从而标的物的毁损、灭失的风险本来不应该进入买受人的风险领域致使买受人有权解除合同，其后返还标的物。此时法律也如受领迟延一样，应设有特殊规则，否则对买受人不公，既然买受人不应也不愿承担风险，那么法律即规定风险由出卖人承担。在上文案例 1 中，由于出卖人乙提供的 A 马不符合合同约定致使合同目的不能实现，风险回跳至出卖人乙处，买受人甲无须对 A 马进行价值补偿。

## 四、《民法典》第 610 条的适用范围的目的性扩张与目的性限缩

### （一）目的性扩张：因“合同目的不能实现”所致之解除权条件成就

1. 不限于物上瑕疵的违约形态致“合同目的不能实现”

首先，若标的物存在物上瑕疵，导致合同目的不能实现，买受人得解除合同（或符合合同解除意义上的退货①），这当然在《民法典》第 610 条第 1 句第 2 句的文义内。其次，尽管第 610 条的文义限于“质量不符合约定”（即物上瑕疵），但是在出卖人其他义务违反导致买受人行使《民法典》第 563 条第 2、3、4 项（内容同《合同法》第 94 条）之法定解除权的情形（比如违反从给付义务、附随义务）②，不妨对其文义进行目的性扩张，③从而使风险发生回跳。在上文所提及的立法例中（CISG、《德国民法典》和 UCC），“风险回跳”并不限于物上瑕疵，相反，只要出卖人违约达到致使买受人在其法律体系下获得法定解除权，风险都会回跳。其原理亦是，由于出卖人义务违反导致法定解除权产生，从而标的物应由出卖人占有，或者说，本应返还给出卖人。同时，法定解除权条件达成且未过除斥期间，但尚未行使解除权的情形，也应当囊括在内。法定解除权人同样值得保护，这与是否事实上行使了解除权无关。此时，应当以“合同目的不能实现”为核心，对《民法典》第 610 条进行目的性扩张。

具体在上文案例 2 中，如果违反从给付义务致合同法定解除权条件成就，买受人得解除买卖合同，从而引起风险回跳，买受人因此对标的物的毁损、灭失不再负有价值偿还义务。

2. 不影响合同目的实现的违约行为

当出卖人存在非根本违约时，根据《民法典》第 610 条，买受人承担标的物毁损、灭失的风险，即在标的物毁损、灭失时，买受人仍然应当支付价款，但可以主张损害赔偿。通常，在标的物存在非根本瑕疵时，买受人得以主张继续履行请求权，即修理或更换。在买受人主张修理或更换的情形下，尽管买受人也可能将标的物暂时交给出卖人，但他仅仅是一时不能或不便使用标的物，仅是一时不享受标的物的使用利益，但用益依然归属于买受人，这种不能使用的状态并不具有终局性。同时，买受人主张修理、更换的目的在于希望实现该标的物上的履行利益，本质上仍是实际履行的变形，④从而此时风险应当由买受人承担。另外，鉴于通常情况下，修理、更换既可以伴随返还占有，如买受人将标的物交给出卖人修理、更换，也可能是买受人保持对标的物的占有，如出卖人上门修理更换，因

① 崔建远：《退货、减少价款的定性与定位》，《法律科学》（西北政法大学学报）2012 年第 4 期。

② 赵文杰：《〈合同法〉第 94 条（法定解除）评注》，《法学家》2019 年第 4 期。

③［德］卡尔·拉伦茨：《法学方法论》，陈爱娥译，商务印书馆，2003，第 273 页。

④ 缪宇：《论买卖合同中的修理、更换》，《清华法学》2016 年第 4 期。

此在此种情况下，不可能因修理、更换的形式不同，而使得风险回跳的结论变得不同。结合《民法典》第610条“致使不能实现合同目的”的文义和背后的利益衡量，尽管修理更换也可能产生标的物返还至出卖人处，但其无论在教义学上还是在利益衡量上都应认为，此时风险依然由买受人承担。

不过此时在风险发生后，买受人可以依据《民法典》第611条（内容同《合同法》第149条）主张其他违约责任。比如，当有轻瑕疵标的物因意外损坏而未完全灭失时，当原本就存在非根本瑕疵且修理尚且可能时，买受人可以要求出卖人修理非因风险而产生的瑕疵。若有轻瑕疵的标的物因意外而灭失时，此时不妨适用“质的不能”的规则，从而买受人依然可以主张相应的替代给付损害赔偿。若合同因不可抗力而解除时，买受人应当承担的价额偿还义务应当是有瑕疵的标的物的价值，而其数额当然低于无瑕疵标的物的价值，对风险发生之前因出卖人违约而产生的损害，买受人可以主张损害赔偿。

（二）目的性扩张：若不返还该标的物则无法实现合同目的的“拒绝接受”

1.“拒绝接受”非“拒绝受领”之规范基础

除了行使法定解除权外，《民法典》第610条第1句第1种情形的“拒绝接受”，作为风险回跳的前提，究竟其含义为何、如何解释，同样需要澄清。上文三、（三）中已经阐明，《民法典》第610条虽然借鉴了UCC第2－510条第1款和第2款，但相比UCC的条文，我国的条文中增加了“合同目的不能实现”的限制，这使得其与UCC存在实质上的差别。

因此，将第610条第2种情形作为因物上瑕疵所导致的法定解除权的规范基础，其作为解除权的完全法条①，与《民法典》第563条之“不能实现合同目的”的精神保持一致，尚且不产生评价矛盾问题。②与之形成对比的是，第610条第1句第1种情形的“拒绝接受”和体系产生了一定的分裂，这给风险回跳的范围带来了解释的难题。首先，如果认为拒绝接受的文义包括交付之前的“拒绝受领”，则其拒绝的标准与《民法典》第530条、531条（《合同法》第71条、72条）的“拒绝受领”的标准——无须严重到合同目的不能实现的不完全履行，产生矛盾；如果认为“拒绝接受”意指交付之后对标的物的不认可，则该种“意思通知”与《民法典》第621条的瑕疵通知以及第582条“修理、重作、更换、退货、减少价款和报酬”的关系则令人费解，尤其是“拒绝接受”与“更换、退货”之间的联系与界限。更有学者因此主张，应当将“拒绝接受”删除。③

本文整体上赞同上述对《民法典》第610条第1句“拒绝接受”在立法论上的批判，在无法修改立法的情况下，不宜将第610条第1句的“拒绝接受”作为受领拒绝权的规范基础。

2.“拒绝接受”作为风险回跳前提的含义：若不返还标的物则合同目的不能实现

然而在另一方面，“拒绝接受”在法律解释上仍有一定意义，下文将列出三种“拒绝接受”可以涵盖的情形。

---

① 赵文杰：《〈合同法〉第94条（法定解除）评注》，《法学家》2019年第4期。

② 陆青：《论法定解除事由的规范体系》，《华东政法大学学报》2015年第1期。

③ 武腾：《拒绝受领瑕疵物的法定条件——兼论〈合同法〉第148条中拒绝接受制度的出路》，《法学》2015年第8期。

第一，既然出卖人的违约行为致使合同目的不能实现，占有瑕疵标的物对于买受人来说无意义，而"拒绝接受"又非行使法定解除权，则其可能解释为买受人主张替代全部给付损害赔偿，在买受人主张替代全部给付损害赔偿时，他应当同时返还已受领的给付①。从而，《民法典》第610条第1句第1种情形下也可能是替代全部给付损害赔偿的请求权基础。当法定解除权因除斥期间而经过时，买受人丧失解除合同的权利，但如果替代全部给付的损害赔偿请求权未过诉讼时效，则买受人可以通过主张该权利，相应地应返还买卖合同标的物，从而使风险回跳至出卖人处。

第二，"拒绝接受"可能包含了标的物存在根本瑕疵情形下的更换。出卖人给付存在根本瑕疵的标的物，买受人可以根据《民法典》第582条（《合同法》第111条）主张更换，当出卖人愿意更换时，合同的目的可以实现，买受人不得解除合同。但是在此种情形下，根本瑕疵物对买受人而言无使用利益，买受人也会返还瑕疵物，基于"风险与利益相一致"的原则，既然该种具有根本瑕疵的标的物本身不在买受人欲享有利益的范围内，那么该风险也不应当由买受人承担。尽管对于整个合同而言，通过更换合同目的可以实现，但是针对该具体、单个的标的物而言，若不更换则合同目的不能实现。也就是说，此时应对《民法典》第610条中的"因标的物不符合质量要求，致使不能实现合同目的的，买受人可以拒绝接受"进行目的性扩张，在出卖人给付具有根本瑕疵的标的物时，风险应当由出卖人承担。

第三，异物（aluid）给付亦有《民法典》第610条的风险回跳的余地。本文在案例3中列举出了该种情形。在案例3中，出卖人错误交付了与合同无关的异物（aluid），买受人是否需要对B马的毁损灭失进行赔偿可能有两种进路。第一种进路认为B马并未进入双务合同的对价关系中，属于不构成清偿的异物（aluid），从而B马之交付构成非债清偿。此时，买受人得主张善意得利人之抗辩。第二种进路认为，仍然应当在双务合同中处理异物给付，即对"质量不符合约定"进行广义解释，其法律适用应和瑕疵给付的规则一致。因为中国民法体系中的"质量不符合约定"既包括有瑕疵的履行（peius），也可以包括给付异物。②则B马之交付构成瑕疵给付，从而判断甲是否要承担对待给付风险。

本文认为，在此种情况下，无论以不当得利之规则，抑或以双务合同内部规则解决该案型，结果不应有所不同，否则会导致法律评价矛盾。即使选择将异物给付和瑕疵给付统一纳入《民法典》第582条的"质量不符合约定"，从而适用双务合同内部的规则，在风险负担的情形中，异物给付应该与给付具有根本瑕疵且修理不可能的标的物一样，被纳入《民法典》第610条第1句第1种情形中的"拒绝接受"。原理是类似的，因为买受人根本未曾想过享受其受领之异物的用益，此时标的物也根本无修理之余地，如果让买受人对意外进入自己风险领域的物品负责，这样的结果与法感情不符。回到案例3中，此时买受人甲不应当承担B马的价值补偿义务。

在可更换的"根本瑕疵物"和异物给付的情形下，都涉及买受人返还"严重不合格"的合同标的物，而出卖人负有重新发货的义务。两者的共性是，在风险负担的规则上，原

---

① Vgl. Dirk Looschelders, Schuldrecht Allgemeiner Teil, 17. Aufl., Verlag Franz Vahlen, 2019, §27 I 9 e, Rn. 33.

② 韩世远：《中国合同法与CISG》，《暨南学报（哲学社会科学版）》2011年第2期。

来“严重不合格”的合同标的物脱离了双务合同的牵连性，就像不曾履行过一样。同时，出卖人重新发货的价金风险按照原合同处理，仍然以交付为价金风险的移转时间点。

总结来说，“拒绝接受”导致风险回跳的标准在于：占有该标的物对买受人无利益可言，若不返还该标的物，合同目的不能实现。因此买受人得拒绝该标的物从而使得风险回跳。在这种思路下，“拒绝接受”包含的情形可能有：出卖人瑕疵履行致买受人可以主张替代给付损害赔偿，出卖人交付具有根本瑕疵的标的物和异物给付导致出卖人须重新发货的情形。

（三）禁止自相矛盾之行为

当然，当风险回跳的适用前提满足时，基于诚实信用原则，买受人不得再使用标的物，或以其他方式享受标的物的用益。UCC 第 2－602 条第 2 款 a 项也表达了类似的观点——买受人拒绝后行使所有权之行为视为对出卖人的不当行为。如果买受人在法定解除权达成或符合拒绝接受的情形下，依然使用标的物，则认为其意欲享受标的物上之用益，则也应当承担对待给付风险。于此情形，即使买受人可以解除合同或拒绝接受，风险也不会发生回跳，①此时应对《民法典》第 610 条进行目的性限缩。

## 五、结语

我国《民法典》第 610 条的法律效果是，当物上瑕疵严重性达到致使“合同目的不能实现”的程度时，风险跳回至不占有标的物的出卖人。若买受人拒绝接受标的物但不解除合同，则出卖人无权要求买受人支付价金；若买受人解除合同，则他无须对毁损、灭失的标的物进行价值偿还。

比较法上对“风险回跳”的正当性论述有救济非违约方说、法定解除权人信赖保护说和返还关系说，在证成我国《民法典》第 610 条的内在正当性上都有一定的局限性。本文综合比较各立法例对风险回跳制度的外部体系和内在正当性后，认为《民法典》第 610 条“风险回跳”的内在正当性在于，因出卖人的违约行为，致使标的物对于买受人已经无经济利益，从而应将标的物连同用益终局地返还给出卖人。

“不符合质量要求”仅是使标的物终局返还给出卖人的一种情形，因此在解释第 610 条第 1 句时应当进行目的性扩张，从而包括所有因出卖人之违约行为致使买受人占有标的物无经济利益的情形。

在买受人具有法定解除权的场合，风险回跳的前提既包括法定解除权条件成就且除斥期间未满，是否实际行使法定解除权在所不问。

“拒绝接受”的含义是：若不终局地返还该标的物，则合同目的不能实现。从而当出卖人给付的标的物存在根本瑕疵（即使该标的物可以被更换）及异物给付情形下，由于占有该标的物对买受人毫无利益，此时也应当承认风险回跳（或认为风险自始不移转）。尽管此时买受人可以请求出卖人更换，而无法定解除权，但由于买受人不欲享有意外进入其

① 比如在不动产买卖场合，如果交付已经完成且买受人实际上使用该不动产，但出卖人在移转所有权的义务上发生违约，此时即使买受人有解除权，也不能依据《民法典》第 610 条主张风险回跳。因此在类似“磐安县案”中，即使认为“拆迁”不属于出卖人免责事由，因此出卖人存在违约行为，买受人亦不得主张风险回跳。参见浙江省金华市中级人民法院判决书（2003）金中民一终字第 180 号。

风险领域的标的物的利益，所以也不应当让其承担风险，否则有违公平。

最后，基于诚实信用原则，应当认为在买受人知悉风险回跳的事实构成后，应当不再享受标的物的利益，这样风险才会一并回跳至出卖人处。如果买受人依然使用该标的物，则其在享受利益的同时一并承担风险，风险自然仍停留在买受人处。

# 单用途预付卡消费中无理由退货制度研究

孔雪逸*

**摘　要**：在预付费交易形态中，消费者权利受到侵害后普遍利用《消费者权益保护法》第五十三条之规定进行事后救济。但是在与经营者订立合同时，由于消费者处于精神和信息上的弱势地位，导致其意思形成不自由，理应赋予其无理由退货权，使消费者得以谨慎判断形成真实意思。我国现行立法中只有《江苏省消费者权益保护条例》对预付费交易模式下消费者享有无理由退货权进行了明文规定，并在"江苏省预付卡退费第一案"中勇于适法。本文旨在探讨预付式消费形态中无理由退货权存续的正当性，通过对我国现行立法关于单用途预付卡的规制分析，运用解释论将无理由退货权的适用范围扩大至预付式消费中，并厘定该项权利的概念及性质，最后为预付式消费中无理由退货制度设计提供可行性建议。

**关键词**：预付式消费、无理由退货权、正当性基础、制度设计

## Research on the Consumer's right to return for no reason in prepaid consumption

Kong Xueyi

**Abstract:** In the form of prepaid transactions, after the violation of consumer rights, the provisions of Article 53 of the Consumer Protection Law are generally used for ex post relief. However, in contracting with the operator, because the consumer's being in a weak position in spirits and information, resulting in that the formation of his meaning is not free, it should be given the right to return for no reason, so that consumers can form a real meaning. In the current legislation in the Mainland China, only the "Regulations on the Protection of Consumer Rights and Interests in Jiangsu Province" clearly stipulates that consumers have the right to return for no reason in the prepaid transaction mode(Article 28), and it was applied to the "First Case of Jiangsu Province Prepaid Card Reimbursement". The purpose of this paper is to explore the legitimacy of the right to return for no reason in the prepaid consumption pattern. Through the analysis of the regulation of single-use prepaid cards in China's current legislation, I will use the interpretation theory to extend the scope of application of unreasonable right of

* 孔雪逸，东南大学法学院硕士研究生。

return to prepaid consumption, determine the concept and nature of the right, and finally provide feasible advice for the design of unreasonable return system in prepaid consumption.

**Key words:** prepaid consumption, the right to return for no reason, legitimate foundation, system design

## 一、案例引入及问题提出

### （一）案例引入

南京市六合区人民法院于 2019 年 2 月 28 日审理了一起预付式消费纠纷案件。原告花费 5228 元在被告威康健身管理咨询（上海）有限公司南京第五分公司办理健身卡，第二天要求退卡遭拒。在江苏省南京市消协指导、六合区消协支持起诉下，法院经审理认为，《江苏省消费者权益保护条例》（以下简称《江苏省消保条例》）对该类型商品或服务的退款事宜已做出明确规定，应当适用该法规第二十八条之规定："经营者以发行单用途预付卡方式提供商品或者服务的，消费者有权自付款之日起十五日内无理由要求退款，经营者可以扣除其为提供商品或者服务已经产生的合理费用"，认为预付式消费中的消费者同样拥有十五日的反悔权，判决被告威康第五分公司当场返还全款①。江苏省通过地方立法的创举，将预付式消费纳入无理由退货权制度中，对于消费者权益保护的真正落实大有裨益。

### （二）问题的提出

预付式消费②作为一种新型商业模式，兼具稳定客户和融资回笼的功能，盘活了一众商家的经营，且消费者可从中获得较大优惠，故此种双赢的消费模式备受商家推崇和消费者的喜爱。但由于市场经济的纷繁复杂以及市场监管存在"真空区"，不乏不怀好意的商家以"优惠办卡"之名，行吸纳资金卷款跑路、降低后续服务质量、增设条款转移风险之实。这一现象在美容、健身服务等预付费文化娱乐领域尤为常见。③如何利用现有法律对预付式消费带来的风险进行规制呢？预付式消费合同作为平等民事主体之间产生的法律关系是否可以在私法框架下对其进行约束呢？

① 江苏省消费者协会：《六合消协支持诉讼，预付卡退费第一案消费者胜诉》，http://www.ccn.com.cn/html/jiangsu/weiquankanjiangsu/2019/0228/441908.html，最后访问时间：2019 年 8 月 14 日。

② 预付式消费是指消费者向经营者先行付费后按照约定的方式分次享受产品或服务的一种消费模式。本文采段宝玫（《预付式消费卡若干法律问题解析》）关于预付式消费的概念界定。

③ 中国消费者协会：《2019 年上半年全国消协组织受理投诉情况分析》：2019 年上半年全国受理文化、娱乐、体育服务类投诉 14596 件，投诉比重同比上涨 1%。值得关注的是健身服务投诉 7738 件，投诉量同比上涨 72.6%。http://www.cca.org.cn/tsdh/detail/29098.html，最后访问时间：2020 年 3 月 14 日。中国消费者协会：《广东：预付式消费问题突出》：第一季度的投诉数据显示，预付式消费投诉占广东省消委会处理投诉量的 40.74%，环比上升 10.43%，是近年来消费投诉的热点，问题主要发生在娱乐健身、美容美发、餐饮住宿以及教育培训等行业。http://www.ccn.com.cn/gongshangxiaoxie/tousufenxi/2019/0510/453571.html。中国消费者协会：《苏州市消保委公布上半年投诉分析报告》：今年上半年，苏州市消保委共受理"预付式消费"投诉 377 件，投诉内容主要集中在经营者擅自终止服务、虚假宣传、恶意欺诈、霸王条款、变相涨价、退款困难等方面。其中"富源美容美发""紫舞线健身""百莲凯美容""芭尚美容美发"等商家出现大面积群体投诉，且多家连锁店闭店停业，给消费者带来严重损失。http://www.ccn.com.cn/html/jiangsu/quanweifabu/2019/0725/466172.html。

2014年3月15日施行的最新版《中华人民共和国消费者权益保护法》(以下简称《消法》）第二十五条规定，通过“网络、电视、电话、邮购等方式”购买商品的消费者，在购买商品后一定期间内享有无条件退货的权利。以网购为核心发展迅速的非传统型销售模式不断向传统销售模式发起挑战，利用消费者精神上和信息上的弱势地位裹挟着他们进行冲动消费。而无理由退货权的产生使消费者在购物狂欢之后能够再次理性思考做出谨慎决定。但是消费者和经营者作为平等主体之间订立的民事合同，公权力的介入是否具有其正当性基础？另外，《消法》第二十五条在适用方面仍有诸多疑问，比如如何解释“等”所包含的范围？条文所称“商品”是否可以扩大解释为包括有形商品和无形服务？无理由退货权的性质究竟为何？

2017年7月1日施行的《江苏省消保条例》第二十八条第一款赋予了预付式消费者在付款之日起拥有十五日无理由退货权。江苏省通过地方立法将预付式消费纳入无理由退货权的适用范围，这是否符合《消法》第二十五条的立法宗旨？如何在江苏省以外的其他各地规制预付式消费？是否需要全国性立法统一构建预付式消费中无理由退货权的具体行使规则？笔者将在下文中探讨这些问题，以期回应预付式消费中无理由退货权的存在价值及规制路径。

需要说明的是，本文的语境仅设置在由商业企业发行的单用途预付卡相关的预付式消费中。预付卡作为由消费者先行向经营者或第三方支付钱款后换取的记载价值的工具卡，后续作为分次享用商品和服务的凭证。根据发卡主体和适用范围来看，主要分为单用途预付卡和多用途预付卡。单用途预付卡，即指由商品或服务的提供者自己发行，仅限用于特定商户、特定商品或服务（由商务部监管）。多用途预付卡，则是由第三方专营机构发行，可跨地区、跨行业、跨法人使用（由中国人民银行监管）。由于多用途预付卡的发卡主体多为金融机构，具有较强的偿债能力，在准入门槛、行政监管等方面规定更完善，发卡风险系数低，且2010年《非金融机构支付服务管理办法》和《非金融机构支付服务管理办法实施细则》专门针对多用途预付卡进行了详尽的规制。故本文所要探讨的仅限于适用发行单用途预付卡的预付费交易中的无理由退货权。

## 二、我国规制单用途预付卡消费的现状分析

### （一）我国关于单用途预付卡消费的立法现状统计分析

**表1　　　　我国规制单用途预付卡相关法律法规一览表**

| 法律规范名称 | 制定主体 | 施行日期 | 属性 | 涉及预付式消费的内容 |
|---|---|---|---|---|
| 《中华人民共和国消费者权益保护法》 | 全国人大常委会 | 2014年3月15日 | 法律 | 规定了预付式消费中经营者的义务以及违约责任的规定 |
| 《单用途商业预付卡管理办法》 | 商务部 | 2016年8月18日 | 部门规章 | 规定了该办法的适用范围，细化发卡企业类型及其备案登记制度，细化“实名购卡制”“非现金购卡制”“限额购卡制”三项制度，提高资金存管比例，设定存管资金冲抵措施、信息化监测发卡企业，明确监督管理和相关法律责任 |

续表

| 法律规范名称 | 制定主体 | 施行日期 | 属性 | 涉及预付式消费的内容 |
|---|---|---|---|---|
| 《关于规范商业预付卡管理的意见》 | 六部委（中国人民银行等） | 2011 年 5 月 25 日 | 部门规章 | 加强对单用途预付卡发卡人的管理，规定发卡人须开设专门账户存放备付金；建立“实名购卡制”“非现金购卡制”“限额购卡制”制度，严格发票管理；明确规定了记名、不记名预付卡的有效期和超期卡内尚有余额情况的处理办法等 |
| 《支付机构预付卡业务管理办法》 | 中国人民银行 | 2012 年 11 月 1 日 | 部门规章 | 进一步强调“实名购卡制”“非现金购卡制”“限额购卡制”制度；严格代理销售机制；厘清发卡机构与银行卡组织的关系；限制预付卡网络使用。 |
| 各省级消费者权益保护条例/施行办法 | 各省、直辖市级人大常委会 | | 地方性法规 | |

（二）单用途预付卡消费的规制困境

1. 现行法律规范的局限性

综合各法律文件来看，我国规制单用途预付卡的法律现状存在许多缺陷。

首先，高位阶的法律（《消法》第五十三条）仅存在原则性规定，在《消法》修订的过程中并未对该条文进行细化修改，故此，实践中的制度设计缺乏可行性与时效性，无法纠正消费者在预付式消费中可能存在的意思不自治，仅仅通过事后规制的方式也很难真正落实对消费者权益的保护。

其次，商务部发布的《单用途商业预付卡管理办法》，其核心内容是设定单用途预付卡的发行门槛以及主管机关的备案制度，在实践中对消费者权益保护的作用不明显，是否能直接作为消费者民事救济的依据，有待研究。由中国人民银行牵头的六部委发布的《关于规范商业预付卡管理的意见》仅仅表明了国家规范管理预付卡的立场，以及区分了商业预付卡的种类，分为单用途预付卡（商务部监管）和多用途预付卡（中国人民银行监管），提出的意见无法解决纷繁复杂的预付式交易问题。《支付机构预付卡业务管理办法》主要是对发卡机构的资质、备案或许可机制及其承担的法律后果进行规定的部门规章，从规范受理渠道的角度来保护客户的合法权益。

此外，新修订的地方性法规，如各省发布的“消费者权益保护条例”或“施行办法”虽然将预付式消费的相关规定作为经营者的义务，但也仅是仿照《消法》第五十三条生搬硬套，只有《江苏省消保条例》开创性地将预付式消费纳入无理由退货权制度中。换言之，现行的部门规章和地方性法规在规制预付式消费这一问题上，仅重视事前监管体系的建立，缺乏对事中控制的规定；仅重视公法领域对预付卡的发行、交易过程的规范，却忽略私法手段，未对预付卡所承载的预付式消费合同进行规范，亦未对当事人双方的权利义务进行规范。以上海市施行的《上海市单用途预付消费卡管理实施办法》为例，其界定了单用途预付卡的概念和范围，规定了上海市单用途卡协同监管服务平台如何开展监督工作以及信息对接管理工作，也规定了发卡经营者应当履行的义务以及其违规后行业主管部门采取的严重失信惩戒措施，其主要立足于监管和事前对发卡机构资质的审核以及事后的风险控制，但并未针对消费者和经营者之间的预付式交易做出规制，仅是对《单用途商业预付卡管理办法》的具体化规定。

2. 学理界和实务界面临的困境

从理论角度来说，由于对《中华人民共和国合同法》（以下简称《合同法》）和《消法》理论解释的欠缺，导致无理由退货权的适用范围被缩小解释，《消法》第二十五条的作用发挥也因此受限。无理由退货权作为舶来品，其本质与英美法系中的“冷静期”（cooling-off period）、德国法中的“消费者撤回权”（Widerrufsrecht）、欧盟2011/83/EU指令中的“撤销权”（right of withdrawal）以及我国台湾地区的“消费者之犹豫权”相同。西方发达国家对其早已进行了详尽的规定，如英国的《租赁买卖法》《分时度假法》《消费信用法》《消费者保护（远程销售）规则》等法律中都规定了冷静期制度。新《德国民法典》于第三百五十五条至三百六十条统一规定了消费者撤回权。欧盟则通过颁布《消费者权利指令》赋予消费者在商铺外合同（off-premises contracts）与远距离合同（distance contracts）中的消费者撤销权。但国内学界一直无法统一无理由退货权的称谓，且该制度仍需要更好地与我国现行法律体系进行衔接，细化规则，否则容易落入一纸空文的尴尬境地。

从司法实践角度来说，预付式消费作为市场经济中普遍存在的现代新兴商业模式和营销手段，因为市场监督不力，不法商人走入“灰色地带”，以及消费者欠缺一定的专业知识和理性判断，使其成为一把双刃剑。更有甚者，利用预付卡不记名、可转让的特点，将其当作行贿、贪贿的遮羞布，使其沦为不法分子的洗钱工具。而消费者在面对侵权问题时，往往只能事后依靠《消法》第五十三条[①]之原则性规定保护自己的权益，消费者权利行使的成本高昂且困难重重。立法忽略了消费者权利救济程序上的规定，尽管《消法》的立法精神是倾向于保护消费者权益，然而一旦将消费者与经营者纠纷案件置于民事诉讼程序中，就不得不湮没这种倾向性保护。根据一般民事诉讼程序的风险分配原则，按照谁主张谁举证原则，消费者往往因为信息不对称而落入举证不能的境地，导致双方主体实质的不平等。

（三）反思

面对我国现行法律框架对于规制预付费交易的缺陷，一些学者认为应当通过立法，引入新型权利并调整原有权利，重构预付卡消费中消费者的权利体系，如学者王博认为“应当在预付式消费中引入冷却期与消费后悔权机制”[②]。这一观点也与江苏省利用地方立法创举赋予消费者无理由退货权不谋而合。也有学者认为，应当利用解释理论，将《消法》第二十五条的适用范围做扩大解释，如葛江虬学者认为之所以无理由退货权的运行层面存在诸多问题，“究其原因是《合同法》条文作为规制消费者合同的一般规范并没能得到应有的重视，针对《合同法》与《消法》条文进行的解释论工作也还非常欠缺”。[③]当然，也有以杨立新教授为首的部分学者认为无需将预付式消费纳入无理由退货权制度中进

① 《消法》第五十三条：经营者以预收款方式提供商品或者服务的，应当按照约定提供。未按照约定提供的，应当按照消费者的要求履行约定或者退回预付款；并应当承担预付款的利息、消费者必须支付的合理费用。

② 王博：《台湾地区预付卡法律规制的制度构造及其借鉴》，《财经法学》2015年第6期：118－128。

③ 葛江虬：《论消费者无理由退货权——以适用〈合同法〉条文之解释论为中心》，《清华法学》2015年第6期：95－116。

行规制。[①]

预付式消费中，消费者对商品或服务的各种信息并不了解，存在信息不对称的情况，且商家利用消费者看重“优惠力度大”及所谓“性价比高”的心理，使消费者处于信息和精神上的弱势地位。故此，笔者不赞成杨立新教授利用《消法》第五十三条之规定足以保护消费者的观点。笔者认为，可通过立法解释、比较法解释等方法解释《消法》第二十五条规定的无理由退货权之“等”字范围应当包括预付式消费，更好地与《合同法》接轨，并应当细化无理由退货权制度规则（本文将在第四部分进行阐述）。此外，笔者亦不赞同学者的立法论主张，因为一味地要求修法只会破坏法律的稳定性，同时忽视法律体系本身所提供的潜力和可能性。

## 三、无理由退货权的法律定位及规范目的

### （一）无理由退货权的法律概念

1. 无理由退货权的称谓统一

欲探讨预付式消费中无理由退货权存在的正当性，首先要研究《消法》第二十五条规定的消费者无理由退货权。而研究权利的第一步，应厘定其概念。立法上，该权利被称作“无理由退货权”[②]；学理上，学界尚无统一的称谓（如消费者撤回权、撤销权、犹豫权、后悔权、反悔权、退回权冷静期等）。杨立新教授在这一问题上认为“反悔权的概念更能够贴合无理由退货权的本意”[③]；王金根教授认为“《上海市消费者权益保护条例》所使用的是‘退回’，但‘退回’并非严格意义上的法律术语，其只不过是解除合同的逻辑后果而已；至于‘换货’或‘退货’，在我国《合同法》[④]中则属于实际履行的特别情形”[⑤]。这些制度虽然本质相同，但由于名称的混乱分歧，可能混淆相近概念，故此，在对概念进行界定之前应当先统一称谓，定纷止争。

首先，“冷静期”属英美法系的法律用语，且代表权利行使的除斥期间，无法精准表达该项权利的本质特征。其次，如果采用“消费者撤回权”“消费者撤销权”，则很容易引起与《合同法》上相关概念的混淆。《合同法》第十七条规定了要约的撤回、第二十七条规定了允诺的撤回；《合同法》第五十四条列举了可撤销合同的类型，为法定的撤销权，满足规定的理由方可行使，与“无理由退货权”中无须理由即可行使该权利的意思相违背。此外，“反悔权”及“后悔权”所描述的内容仅描述了消费者的心理状态，无从知晓权利的行使方式或效果。故此，本文采“无理由退货权”一词，既能很好地表达该项权利的特征，且这一通俗易懂的法律术语也能为消费者所理解和接受，还能与传统民法理论中的相关概念相区分，这也是参照《中华人民共和国消费者权益保护法解读》一书中对于该权利

① 杨立新：《非传统销售方式购买商品的消费者反悔权及其适用》，《法学》2014年第2期：30－38。

② 贾东明：《中华人民共和国消费者权益保护法解读》，中国法制出版社，2013，第101页。

③ 杨立新：《非传统销售方式购买商品的消费者反悔权及其适用》，《法学》2014年第2期：30－38。

④ 《合同法》第一百一十一条：质量不符合约定的，应当按照当事人的约定承担违约责任。对违约责任没有约定或者约定不明确，依照本法第六十一条的规定仍不能确定的，受损害方根据标的的性质以及损失的大小，可以合理选择要求对方承担修理、更换、重作、退货、减少价款或者报酬等违约责任。

⑤ 王金根：《欧洲民法典草案消费者撤回权制度研究》，《北方法学》2012年第5期：96－108。

的称谓。

2.无理由退货权的内涵界定

针对无理由退货权的概念，学者们的观点大同小异。本文采德国学者 Reiner 的理论，即无理由退货权是指在特定的实施构成被立法详细描述（类型法定）的情况下，消费者于一定期限内可以通过单方意思表示且无须给出原因地从与经营者签订的合同中摆脱出来[①]。这一权利有以下几个特征。

（1）无理由退货权的权利本位是消费者

首先，《消法》二十五条规定之权利只能由消费者行使（消费者的范围将在第四部分阐述）。相应地，义务人为经营者，即经营者在消费者符合退货条件和程序的情况下，有义务配合消费者退货或退出服务。

（2）无理由退货权系法定权利

既然《消法》已经明确将“无理由退货权”纳入消费者权利保护体系中，则该权利具有法定性，即经营者不得通过格式条款或其他方式排除消费者的此项权利，否则该条款无效。

（3）无理由退货权具有无因性

顾名思义，无理由退货权不要求消费者在退出消费合同时提出理由，只要其在规定的时间和权利适用的范围内即可主张，否则将与《合同法》的法定解除权或撤销权相混淆。

（二）无理由退货权的性质

谈及无理由退货权的性质，学界众说纷纭，但主要是在判断其权利性质是“撤销权”还是“解除权”的意见上僵持不下。以杨立新教授为首的多数学者将其表述为解除权，认为“反悔权的性质是无理由退货的法定合同解除权，并与《消法》二十四条严格区分”。[②]一些学者将其定性为撤销权，如学者董新凯认为该取消合同的权利应归入合同撤销权；学者李凌燕亦支持此观点，因为虽然各国法律规定消费者形式该权利是无条件的，但事实上“冷却期的设立是因为消费者在无准备的情况下签订合同，这样会造成该消费者意思表示不完全”[③]；此外，王洪亮教授以德国民法理论为基础，认为无理由退货权的法律效果并非特殊的解除权，而是类似意思表示有瑕疵的撤销权，理由是其正当性基础在于意思形成的不自由[④]。还有一些学者认为该权利的性质是合同解除权，如汪渊智教授认为，“该权利是合同解除权，因为通过解除权的行使溯及地使已生效的消费合同归于无效，使双方的财产关系恢复到未签订合同时的状态。”[⑤]当然，也有部分学者认为其属于要约撤回权。[⑥]

从无理由退货权的法律效力来看，消费者可依其单方意思表示，终止其与经营者的合同关系，具有形成权的效力。根据传统的民法理论可知，形成权划分为简单形成权和形成诉权。二者的区别在于，简单形成权是无须以诉讼方式行使为必要的形成权；而形成诉权

① 王洪亮：《消费者撤回权的正当性基础》，《法学》2010 年第 12 期：96－107。

② 杨立新：《非传统销售方式购买商品的消费者反悔权及其适用》，《法学》2014 年第 2 期：30－38。

③ 李凌燕：《消费信用法律研究》，北京法律出版社，2000。

④ 王洪亮：《消费者撤回权的正当性基础》，《法学》2010 年第 12 期：96－107。

⑤ 汪渊智：《我国消费者无理由退货权的解释论》，《山西大学学报（哲学社会科学版）》2017 年第 3 期：210－217。

⑥ 李凌燕：《消费信用法律研究》，北京法律出版社，2000，第 151 页。

则以诉讼方式为必要，且效力在相关判决确定之后才发生形成权。根据上文对于无理由退货权的概念界定及特征总结可知，无理由退货权的行使无须向法院提起，故其属于简单形成权的一种。消费者仅需在法定期间以合理方式通知经营者解除合同即可，经营者对此必须接受，否则将承担不利的法律后果。

那么无理由退货权究竟属于形成权项下的哪一个具体权利呢？笔者认为其属于法定的合同解除权。根据《合同法》第九十四条第五项之规定“有下列情形之一的，当事人可以解除合同……（五）法律规定的其他情形”。《合同法》作为一部1999年颁布的法律，无法预见到若干年后的经济发展状况及相应的法律风险，将无理由退货权归入《合同法》第九十四条第五项的兜底条款中，有助于更好地厘定无理由退货权的性质，夯实消费者行使这一权利的基础。此外，正因为无理由退货权是法定权利，那么当经营者的格式条款妨碍消费者行使权利时，二者之间的约定不可抵抗法定权利。比如，甲健身公司的入会合同中载有格式条款“如乙方于订立合同、缴纳会费后三日内反悔，甲公司应配合其进行退费，如超过三日，拒不返还”。该条款由于缩短了消费者无理由退货权的行使期限，故该条款无效，消费者仍有权在订立合同、缴纳会费三日后、法定期间内行使无理由退货权。综上所述，笔者认为，无理由退货权属于法定的无因合同解除权，也是简单形成权。

（三）无理由退货权存续的正当性基础

无理由退货权赋予消费者以非理性消费后的反悔权，但这与传统民法所贯彻的合同严守原则是否冲突，是否会罔顾经营者的信赖利益？其作为一项民事权利，对民法的另一大基石——合同自由原则是否带来了挑战呢？旁观已建立类似无理由退货权制度的其他国家和地区的立法者，他们为何要赋予消费者这项权利呢？此实乃无理由退货权得以延续的基础。

我国有不少学者认为，欧洲立法者对市场的干预体现了对于“弱势地位”的消费者的更充分保护，或国家公权力对契约自由原则的更多限制，以及欧洲大陆国家在传统上对“公平”的追求。但当目光放及无理由退货权的“发源地”，以欧盟为例，并非出于对消费者之“弱势地位”的保护或立法者对某种道德价值的追求，而是为了防止“消费者信心缺失而在跨国交易之语境下踟蹰不前”等现象阻碍内部市场的建立，这才是促使欧盟立法者采取行动的重要原因。

对我国民法影响颇深的德国民法也应当是我们探寻正当性基础的一大源泉。德国立法者将消费者撤回权局限于特定情形，且不同情形的规范目的也不尽相同。如以上门交易为例，在交易场合不适宜的情况下，存在对消费者突袭的危险并阻碍了其决定自由，这属于消费者精神上的弱势地位导致意思形成不自由。而在远程销售的情形中，消费者被赋予撤回权的理由是因为其无法完全判断合同条款的主体，无法仔细了解商品或服务的质量，短暂的时间并不能保证消费者判断并检查其权利义务[①]，致使消费者因信息不对称而无法自由形成意思表示。若允诺人在做出意思表示时存在严重瑕疵，则严守合同就失去了意义。

消费者与经营者作为民商法范畴内调整的双方民事主体，其地位应当是平等的，所受到的保护也应当平等，因此在法律交易中不应存在为了保护消费者利益而使其享有优于经

① 王洪亮：《消费者撤回权的正当性基础》，《法学》2010年第12期：96－107。

营者地位的一般原则。尽管我们通常认为《消法》体现了对消费者的倾斜保护，但私人与经营者之间本就是平等主体，不存在行政法或刑法上主体之间权利义务不对等、不平等的情况，故如果以此为理由偏向消费者，则违背了民法的意思自治原则以及平等原则。因此对消费者弱势地位的倾斜保护不能成为无理由退货权的正当性基础。此外，根据《中华人民共和国消费者权益保护法解读》一书中，我国立法者之所以将无理由退货权“东渡”到国内，使其成为《消法》的“明星条款”，主要理由是：赋予消费者单方解除合同的权利，与消费者在特定交易中由于信息不对称而导致的意思表示不真实有关[①]。

综上所述，笔者认为，无理由退货权的规范目的并非倾斜保护消费者权益，而是给予消费者在法律规定期限内纠正自己因意思不自由所做出的非理性决定，与合同自由原则以及契约严守原则均不冲突。

## 四、单用途预付卡消费中无理由退货制度设计

### （一）无理由退货权的适用范围应当包括预付式消费

司法实践中，南京市六合区人民法院在“江苏省预付卡退费第一案”中敢于适用新修《江苏省消保条例》第二十八条之规定，切实地保障了消费者在符合法条规定情形下行使无理由退货权。但笔者查询我国各地区关于规制预付式消费的地方性法规相关条文，除江苏省之外，几乎没有一部地方性法规或部门规章规定将预付式消费纳入无理由退货权的适用范围。这究竟意味着江苏省的地方立法创举值得其他地区效仿，还是做了错误示范呢？从适用效果而言，上述案件中，被告败诉，并当庭履行退费义务。这也是自《江苏省消保条例》实施后，江苏省消费者协会向预付卡纠纷开出的“第一枪”，对于治理当前预付卡交易乱象，具有重要指导意义。

学界对于预付式消费是否应该被包含进无理由退货权制度亦是争论不休。以杨立新教授为首的反对论学者，认为“《消保法》第五十三条已经对以预付式方式提供商品或服务的情形做了专门规定，因而不使用反悔权的方式保护消费者”[②]；而支持派，如学者米新丽认为“后悔权制度的适用范围应当包括预付费的消费行为”[③]，王博教授认为“预付卡消费应当设置相关的冷静期制度，用以规定消费者在购买消费预付卡后的特定期间内享有办理终止合同的权利，经营者应无条件履行义务，这一合同终止权实质上是消费者后悔权适用范围的进一步扩张”[④]；王建文教授认为“从退卡实践来看，应设置犹豫期制度”[⑤]。

从规范目的而言，新《消法》之所以未对第五十三条做任何修改，主要是因为“如何平衡消费者的资金安全与经营者使用预收款”是一个难题，“立法者还需要等待部门规章实施一段时间后再总结经验”。因此第五十三条仅规定了“经营者的违约责任，从事后救

① 贾东明：《中华人民共和国消费者权益保护法解读》，中国法制出版社，2013，第101页。

② 杨立新：《非传统销售方式购买商品的消费者反悔权及其适用》，《法学》2014第3期：30－38。

③ 米新丽：《确立消费者后悔权制度的思考——以《消费者权益保护法》的修改为视角》，《消费经济》2012年第28卷第5期：81，82－85.

④ 王博：《台湾地区预付卡法律规制的制度构造及其借鉴》，《财经法学》2015年第6期：118－128。

⑤ 王建文：《我国预付式消费模式的法律规制》，《法律科学（西北政法大学学报）》2012年第30卷第5期：146－155。

济的角度弥补消费者的损失[①]。但是，要想真正切实达到保护消费者利益的目的，以及消费者有基于无瑕疵、有认识的意思表示做出允诺的空间，则必须还要通过事中控制。这也是笔者认为无理由退货权的适用范围应当包含预付式消费的一大原因。

关于无理由退货权的适用范围，根据《消法》第二十五条之规定，适用于“经营者采用网络、电视、电话、邮购等方式销售商品”。立法者考虑到设立无理由退货制度的初衷，是解决消费者在特定交易领域因信息不对称而导致的意思表示真实受影响的问题，本条的适用范围应作广义理解。换言之，只要是“交易模式下由于信息不对称导致消费者意思表示真实受影响的问题，无理由退货制度的适用范围可以扩展至这些新兴领域”。除此之外，本条的“等”字具有开放性，法律要为未来技术发展而催生的新兴交易类型留出空间，只要是经营者采用区别于传统实体店铺式的销售模式，而这类销售模式中消费者与经营者的信息不对称严重影响了消费者的缔约意思表示，消费者都应享有七日内的单方解约权[②]。这也体现了法律的严谨性与立法者的前瞻性。还需关注的是，在预付式消费中，多以经营者提供服务为合同标的，而《消法》第二十五条只将“商品”作为合同标的。对此，笔者认为仍应当对“商品”做扩大解释，既包括有形商品，也包括无形服务。

在预付式消费的交易模式中，经营者与消费者看似是通过双方真实意思表示订立合同，但实质上，在订立合同之时，消费者由于其所掌握的信息有限，根本无法知晓这一长期合同所带来的权利义务为何，也无法对经营者日后将提供的服务质量是否会降低做出谨慎判断。经营者在履行预付费合同义务时，存在两种履行障碍情形：一是不完全履行合同，如经营者逐次降低服务质量，或经营者在一开始夸大服务质量，但实际享用的与最初承诺的有天壤之别；二是不履行合同，即经营者在收到预付款之后即卷款跑路，或歇业、停业、变更经营场所未事先告知消费者。对于第二种情况，许多地方立法将其作为一种欺诈行为，如《湖北省消费者权益保护条例》第十八条之规定[③]。而面对第一种情况，消费者很难诉诸权利。此外，消费者在支付对价后，实际上已经丧失了根据经营者的履约情况进行救济的机会，如果不给予其在一定期限内反悔的权利，则将会导致消费者失去一条有效的实现权利救济的途径。

综上所述，笔者认为应当肯定《江苏省消保条例》的地方立法创举所带来的规范预付式消费的积极意义，通过解释论可以将预付式消费进入《消法》二十五条之规定的适用范围，即在预付式消费中，消费者可以在法定期间内行使无理由退货权。

### （二）预付式消费中无理由退货权的行使方式

首先，无理由退货权是《消法》仅赋予消费者一方的民事权利。因此，在预付式消费中，行使该权利的主体只能是消费者。

其次，预付费交易中的消费者必须依照一定形式行使无理由退货权。根据上文分析，无理由退货权的性质为法定的合同解除权，属于简单形成权的一种。那么《消法》这一特别法的规定应当优先适用，只有在其没有规定的时候，方可适用一般法《合同法》第九十

① 贾东明：《中华人民共和国消费者权益保护法解读》，中国法制出版社，2013，第257页。

② 贾东明：《中华人民共和国消费者权益保护法解读》，中国法制出版社，2013，第103－104页。

③《湖北省消费者权益保护条例》第十八条第七项：经营者提供商品或服务，不得有下列欺诈行为……（七）停业、歇业或者变更经营场所未事先通知已交预收款的消费者并作出妥善安排，又无法联络的……

六条之规定[①]，而《消法》中无理由退货权的行使方式是“退货”，此时应当按照合同标的的不同分情况讨论。如果预付式消费合同的标的是有形商品，消费者需通过退回货物——这与《合同法》规定的以“合同自通知到达对方时解除”存在矛盾，如果当事人双方没有约定，则按照特别法优先使用于一般法的规定——消费者可通过退回货物的方式行使无理由退货权。如果预付式消费合同的标的是无形服务，那么消费者以合理方式通知经营者解除合同时即为行使无理由退货权的方式，此时《消法》和《合同法》对于无理由退货权的行使方式一致。但显而易见的是，仅仅是“退货”和“通知”也不足以真正回应行使方式在实践中可能遇到的问题。比如在合同标的是商品的情况下，双方在商品是否完好问题上存在争议，消费者如果抱着“甩手掌柜”的心态直接粗暴寄回，既不利于问题的真正解决，也可能为自己行使权利的正当性留下隐患。

对此，笔者建议，在预付式消费中，应以合理方式通知经营者，如挂号信、电子邮件、短信等书面方式行使权利，自通知到达对方当事人起产生法律效果。消费者也可以在与经营者协商一致的情况下，以寄回商品的方式行使该权利。我们应当肯定的是，法定解除权的赋予并不影响当事人通过协议解除的方式来行使，而且这种方式更值得提倡。[②]实践中，消费者去往经营者经营场所较为方便（一般不跨市），在这种情况下，消费者往往更倾向于通过对话形式解除合同的，但由于发生纠纷时，对话形式不利于固定相关证据，故笔者认为以电话通知、当面通知等形式行使权利不应引起法律后果的发生。综上所述，笔者认为，消费者可以以书面形式或通过寄回标的物向经营者表示自己行使无理由退货权。

（三）预付式消费行使无理由退货权的行使期限

对预付费交易模式中的消费者行使无理由退货权的期限应当谨慎考虑，期限过短可能造成消费者无法及时行使权利，使该项制度落入一纸空文的尴尬境地，期限过长则可能导致某些消费者钻法律漏洞，滥用权利，扰乱市场经济秩序。并且，无理由退货权制度赋予消费者单方解除权，其与《消法》第二十四条规定的“商品质量原因退货”不同，前者强调无因性，后者则与《合同法》中的“有因退货”类似，因此行使期限较长。而无理由退货权正因其具备任意性的特征，一般期限较短。从域外法角度来看，各国针对不同领域，规定的期限不同，如三天、六天、七天、八天或者十四天，甚至三十天。如《德国民法典》第三百五十五条第二款规定撤回期间为十四日。除另有规定外，自契约订立时开始起算[③]。欧盟《消费者权利指令》第九条规定，消费者撤销权自取得货物物理占有之日起十四日后失效。日本《特定商业交易法》对电话劝诱贩卖规定了八天的冷却期。[④]

笔者认为，预付式消费中，鉴于消费者了解商品或服务内容的方式，应当赋予其长于《消法》中“七天”的行使期限。因为《消法》第二十五条规定之时主要针对销售商品的情形，消费者通常可以立即或者收货日即看到商品实物，而对于预付式消费中经营者提供

①《合同法》第九十六条：当事人一方依照本法第九十三条第二款、第九十四条的规定主张解除合同的，应当通知对方。合同自通知到达对方时解除。对方有异议的，可以请求人民法院或者仲裁机构确认解除合同的效力。法律、行政法规规定解除合同应当办理批准、登记等手续的，依照其规定。

② 崔建远：《合同法（第4版）》，法律出版社，2007，第246页。

③ 台湾大学法律学院、台大法学基金会：《德国民法典》，北京大学出版社，2011，第328页。

④ 张靖：《我国消费者保护中的冷却期制度研究》，博士学位论文，湖南大学，2011。

服务的情况下，七天的除斥期间是否能够解决信息不对称的问题则有待商榷。消费者通过“一次支付，多次消费”的方式与经营者建立预付式消费合同，但消费者对于经营者能否按照约定履行义务完全处于不知情的状态，也并不能通过对经营者的短暂了解对其经营状况做出合理判断，造成了二者之间的信息不对称。消费者通常需要体验至少一次，即必须要通过消费才能谨慎判断经营者之后的履约情况及服务质量等。但由于实践中可能存在消费者提前购买预付卡，但不及时使用的情形，若是将其第一次接受服务作为起算点，则可能导致经营者的信赖利益长期得不到有效保护（比如消费者于 2018 年 1 月 1 日购买预付卡，于 2019 年 9 月 1 日方开卡使用），消费者可能据此也不再提前了解经营者经营情况或服务质量，甚至造成消费者怠惰获取经营者相关信息。因此我们也要考量消费者与经营者利益之间的平衡，如果规定期限过长，则可能会导致经营者信赖利益保护受到阻碍，交易效率降低。故对于期间的起算点，也应针对合同标的的类型不同分类讨论：对于经营者提供商品的情形，自收到商品之日起计算；对于提供服务的情形，自合同生效之日起计算。同时根据《中华人民共和国民法总则》（以下简称《民法总则》）第二百〇一条[①]关于期日的计算方式，应当将其理解为“次日起算”。

综上所述，笔者认为，针对预付式消费中合同标的是服务的，《江苏省消保条例》规定的预付费交易中消费者享有无理由退货权行使期限为十五日更为合理，起算点自合同生效之次日起计算；而对于预付式消费中合同标的是商品的，则仍应承袭“七天”无理由退货权期间的规定，起算点自收到货物之日起计算。

（四）预付式消费中应强化经营者的告知义务

无理由退货权行使期限的规定是为了保障消费者有充分的时间行使权利，但重要前提是消费者应首先充分了解这项权利。如果消费者完全不知晓自己拥有这项权利，或者不清楚如何使用这项权利导致错过了行使期限，那么这项权利的制度设计也只能是纸上谈兵。因此应当在制度设计中强化消费者的知情权，同时督促经营者积极履行信息披露义务。

纵观各国关于经营者告知义务的规定，英国对此规定最为详尽。比如，英国在 2010 年颁布的《分时度假、假期、转售和交换合同条例》附录 5 提供了标准的取消合同范本，并在第一部分规定了七项告知内容[②]，且规定如经营者不履行该义务，冷静期将随之延长。

笔者借鉴英国在关于经营者告知（消费者享有无理由退货权）这一义务方面的内容规制，认为经营者应当明确告知至少五个部分：（1）消费者享有无理由退货权；（2）消费者行使该项权利的期限为十五日；（3）消费者行使该项权利的具体方式；（4）消费者行使该项权利的法律后果；（5）消费者如果在该项权利行使期限内接受服务或商品的，应当按照原约定的优惠方案扣除已经消费的金额。

---

① 《民法总则》第二百零一条：按照年、月、日计算期间的，开始的当日不计入，自下一日开始计算。按照小时计算期间的，自法律规定或者当事人约定的时间开始计算。

② 第一部分（Right of withdraw）中共有七项告知义务：（1）消费者有权在 14 天内无需说明理由地取消合同；（2）取消权开始于（空白处由经营者在将其提交给消费者之前填写）；（3）如果消费者没有获得该范本，取消期自消费者收到该范本之日起计算，终止于 1 年零 14 天；（4）如果消费者没有获得所有规定的信息，取消期自消费者收到该信息起计算，终止于 3 个月零 14 天；（5）为了行使取消权，消费者可以使用这一范本，但不强制。（6）如果消费者行使该项取消权，那么他没有义务支付任何费用；（7）除了该项取消权，国家的合同法也赋予消费者其他权利，如在缺乏信息的情况下终止合同。

### （五）预付式消费中无理由退货权行使的法律后果

既然无理由退货权的性质为法定解除权，那么该权利的行使后果应当同样适用《合同法》第九十七条之规定，即尚未履行的，终止履行；已经履行的，消费者和经营者均承担各自的返还义务。

对于消费者而言，针对合同标的类型的不同，其返还义务的履行形式为返还商品或扣除经营者为提供服务已经产生的合理费用。对于合同标的为商品的情形，消费者应遵循《消法》第二十五条第三款之规定“消费者退货的商品应当完好”。2017年颁布施行的《网络购买商品七日无理由退货暂行办法》第八条对于商品“完好”的定义值得借鉴：“商品能够保持原有品质、功能，商品本身、配件、商标标识等齐全的，视为完好”。如果消费者的行为超出了测试商品品质、性能以及运作方式的范围，则不能再将该商品退回。对于合同标的为服务的，消费者则应当终止接受服务。

对于经营者而言，对于合同标的是商品的，经营者应当自收到退回商品后的七日内返还消费者支付的商品价款；对于合同标的是服务的，经营者则应当自消费者以合理方式通知解除合同后七日内返还消费者消费后剩余的预付款（如果未消费，则为全部预付款；如果已消费，则应按照原约定的优惠方案扣除已消费的金额）。除此之外，还应当返还相应利息。

## 五、结论

本文通过分析我国关于单用途预付卡规制法律法规可知，我国立法过于重视公权规制在预付式消费中所起的作用，仅重视事前监管体系的建立，而忽视了私法手段，导致对于消费者和经营者之间的权利义务规定模糊不清，这必然会滞后对权利人的救济。笔者通过解释论将预付式消费纳入《消法》第二十五条之规定范畴，赋予预付费交易中的消费者以无理由退货权，以期救济消费者意思形成之障碍，给予其一定思考时间。自此，对于单用途预付卡的规制，可以建立一个事前设置发卡机构准入门槛及主管机关备案制度，事中赋予消费者无理由退货权以纠正其意思表示，事后通过公权力介入进行救济的完整体系。

此外，笔者通过辨析无理由退货权与相近法律概念，厘定无理由退货权之性质为法定合同解除权，并据此细化预付式消费中无理由退货权的行使规则。首先无理由退货权的行使主体仅限消费者。其次，经营者应当履行告知义务，即告知消费者享有无理由退货权。最后关于该项权利的具体行使方式根据合同标的的不同应作区分规定。具体而言，若合同标的是商品，则赋予消费者七日无理由退货权，自消费者收到商品之次日起算，行使期限届满前消费者可通过退回完好商品的方式解除合同，经营者不得拒绝或拖延返还相应价款及其利息；若合同标的是服务，则赋予消费者十五日无理由退货权，自合同生效之次日起计算，行使期限届满前消费者可以合理方式通知经营者解除合同，经营者不得拒绝或拖延返还预付款剩余金额及其利息。

# 网络平台企业屏蔽行为的竞争法规制

## ——兼评“微信屏蔽飞书”案

孙天承　赵琳琳*

**摘　要：**互联网平台企业的屏蔽行为是近来多发的一类新型网络竞争行为，对于屏蔽行为是否具有合法性，我们不能仅凭自身朴素的正义情感或是对法条的粗浅认识，轻易定性。通常，屏蔽行为由《反不正当竞争法》规制为宜，但目前，该法尚无现成的制度资源评价屏蔽行为的合法性，与之相关的互联网专门条款与一般条款需要经过“法解释学”的科学、合理解释，方可适用。但市场支配型平台企业实施屏蔽的现象使《反垄断法》的介入成为可能。“微信屏蔽飞书”是一起典型的由市场支配型企业发起的竞争冲突事件，此类屏蔽事件是否构成“滥用市场支配地位”尚无定论，然其对于其他经营者、消费者、竞争秩序及创新效率皆有负面影响。有关执法部门应及早出台关于“屏蔽行为界定、规制”的竞争政策，以促进网络市场效率、维护竞争秩序。

**关键词：**屏蔽行为、互联网平台企业竞争、竞争法、法律解释、比例原则

# The Competition Law's Regulation of Internet Platform Enterprise's Shielding Behavior

## —Comment on the event “Wechat blocks Feishu”

Sun Tiancheng　Zhao Linlin

**Abstract:** The “shielding” of Internet platform enterprises is a new type of Internet competitive behavior which is frequently seen recently. However, we cannot easily determine the legality or illegality of the blocking, based on our simple judicial emotion or our shallow understanding of the law. In general, we'd better regulate the shielding behavior by “anti-unfair competition law”, but at present, this law has no available institutional resources to evaluate the legality of the shielding behavior, relevant Internet special terms and general terms can only be applied to after scientific and reasonable explanation of “hermeneutics of law”. The dominant platform enterprise's

---

* 孙天承，首都经济贸易大学法学院讲师，硕士研究生导师；赵琳琳，首都经济贸易大学法学院硕士研究生。本文是司法部“国家法治与法学理论”课题（2018SFB5015）：“放、管、服背景下产业创新生态系统运行法治化问题研究”阶段性成果。

implementation of shielding causes the intervention of anti-monopoly law. “WeChat blocks Feishu” is a typical competition conflict event which was initiated by market-oriented enterprises. Whether blocking event can be regarded as “abuse of market dominant position” or not, the courts haven’t decided yet, but it has a negative impact on other operators, consumers, competition order and innovation efficiency. Relevant enforcement departments should as soon as possible enact the definition, regulating “shielding” competition policy, in order to promote the network efficiency, maintain market competition order.

**Key words:** shielding behavior, internet platform business competition, competition law, legal interpretation, proportionality

## 一、背景与问题

近几年，随着移动互联网、大数据、云计算、AI 等新兴技术的推广运用，我国的社会主义市场经济已迈入“平台经济”时代。顾名思义，“平台经济”是由众多网络平台主导和协调的经济运行体系，互联网平台和身为其成员的生产者、消费者乃是“平台经济”的主要参与方和缔造者。平台经济给社会和民众带来数量空前的财富和便利，因而，其创造的经济规模十分惊人。《中国互联网经济发展报告（2018）》显示，中国在国际互联网经济规模指数方面位列世界第一。平台经济所创造的巨大社会价值，主要源自互联网平台企业的创新，亦即根据社会需要，开创全新的商业模式与“算法”，为广大的用户塑造新型的“核心交易”和相关服务工具。正因为各个平台的开拓创新，特别是平台之间“你追我赶”式的创新竞争，数以亿计的用户才能够享受到日益细分化、智能化的贴心服务，获得比传统市场更加公开、透明、平等、自由的交易机会。

2020 年，一场突如其来的新冠肺炎疫情席卷全球，迅速蔓延的病毒为所有工作单位的“聚集性”办公造成极大障碍。重疫之下，远程协作需求陡增，为了满足这种特殊需求，使全国范围内的工作单位顺利地复工复产，腾讯、阿里巴巴、字节跳动分别将其研发的企业微信、钉钉和飞书等远程办公协作软件大力推向全社会。应当说，这些软件都是各大平台企业近期创新的结晶，在功能和性能上均远超传统即时通信软件：它们有特定的受众，比如员工平均年龄相对较小的中小企业或办公机构分布在世界各地的跨国企业；它们创设了形式新颖的核心交易，即非正式的且富有亲和力与亲切感的工作社交。同时，这些软件中，也不乏新鲜时髦的辅助性工具，如打卡程序、视频会议、IM 程序、在线协作文档、日历等。因此，各平台企业带有强烈竞争意识的产品和技术创新，为广大用户带来优质的产品使用体验，使其愈发轻松、愉快地化解网上办公难题。

然而，就在各大平台于“远程协作信息服务市场”展开角力之际，发生了一起严重的“竞争冲突”事件。2020 年 2 月 29 日，字节跳动旗下办公软件飞书发布官方公告称，飞书相关域名无故被微信全面封禁，并且被单方面关闭微信分享 API 端口。这导致，“feishu”相关域名链接在微信内无法打开，而在飞书内也无法直接跳转“微信分享”。微信发布的理由是：“因飞书网页包含诱导分享、关注等诱导行为内容，被多人投诉”，又提醒用户：“如需浏览，请长按网址复制后使用浏览器访问。”腾讯公司的上述动作，无异于在自己管理的微信界面内，向全体微信用户下达有关飞书的言论、行为禁令，使用户无法利用微信界面正常谈及飞书的相关信息，更遑论向好友介绍、推广飞书或者发出“共同加入飞书”的邀请。

社交软件之间相互屏蔽或者封禁在我国司空见惯，不足为奇，比如，闲鱼和微信两大平台之间，至今依然保持这种关系，因为，任何一家平台，都不愿充当其他平台推广业务、招揽用户的“马前卒”，这种拒绝“为他人作嫁衣”的行为，乍看之下亦无可厚非。但“微信屏蔽飞书”的行为，还是遭到了广大网友的质疑和诟病。一方面，飞书作为一家创新企业，专注于“远程协作服务”，与微信、企业微信构成直接竞争关系，可以为用户带来不亚于企业微信的舒适使用体验，完全有能力在不久将来替代或部分替代微信功能而成为网民的“另一选择”，因此，飞书甫一入市，便遭遇屏蔽，值得同情；另一方面，微信（腾讯）屏蔽飞书的方式方法是否正当，值得商榷，而且，微信作为全国社交软件的“龙头老大”（月活跃用户 11 亿以上），客观上也存在滥用市场优势地位，排挤、限制竞争的嫌疑。那么，两家互联网企业之间的“竞争冲突”如何界定？怎样化解？平台运营者之间的竞争关系暨网络竞争秩序如何保护？最终还是应当通过“法律规制”，特别是“竞争法规制”来加以解决，本文拟以竞争法为视角，运用竞争法的规则与法理，对上述几个问题进行探析。

## 二、激烈的互联网平台企业竞争与屏蔽行为

过去十年，我国互联网经济的发展、互联网信息服务产业的繁荣，主要原因是众多平台运营商之间自由而激烈的竞争，百度、腾讯、阿里巴巴、京东、滴滴以及若干中小型互联网企业，无时无刻不使尽浑身解数地推陈出新、比拼产品、吸引用户、积攒流量。政府对互联网相关产业的运行，则一贯秉持“放宽为主、事后监管”的态度，从而为互联网领域的竞争，创造了较为宽松、自治的环境。然而，越是自由的竞争环境，越是不可避免会滋生多种多样的不公平竞争现象。有学者选择《中华人民共和国反不正当竞争法》（以下简称《反不正当竞争法》）视角，基于对近期发生的竞争法司法判例归纳、总结，发现互联网平台企业之间不正当（不公平）竞争行为大致有以下几种类型。

第一，是流量劫持的网络竞争行为，比如搜索助手软件在百度搜索结果页面强行插入预制搜索条；搜狗软件通过输入法将用户从百度搜索页面导引至自家的内容网站等。第二，是故意干扰的网络竞争行为，比如百度搜索引擎阻挠一搜工具条正常安装；奇虎 360 安全卫士将雅虎助手软件标注为“危险程序”并从默认选项中移除；QQ 输入法在安装程序中诱导用户移除搜狗智能输入法快捷方式等。第三，是恶意不兼容的网络竞争行为，譬如乐视网针对猎豹浏览器实施的不兼容行为，以及“360、QQ 大战”中，腾讯在《致广大 QQ 用户的一封信》中要求用户在“3Q”之间做出二选一的“艰难决定”。第四，是兼有前三种行为中，两种或两种以上行为之特征的网络竞争行为，例如，珠穆朗玛公司的搜索助手软件在百度搜索结果页面内安插预置搜索条与广告图片，并使百度搜索系统自动关闭，即兼有流量劫持和故意干扰的意蕴。第五，是不属于前三种行为中的任何一类，但与前三种行为存在不同程度相似性的平台竞争行为。[①]比较典型的有：利用某些技术手段，抓取其

① 蒋舸：《反不正当竞争法网络条款的反思与解释》，《中外法学》2019 年第 1 期。

他平台数据信息、挪用他人智力成果以及借用他人商业模式的漏洞或不足，推出某些“搭便车式”产品的行为。需要一提的是，就目前而言，司法界与学界对第五类竞争行为是否具有正当性，尚存争议，但为了方便梳理，我们权且将其归入一种新型的互联网“不正当”竞争行为。

按照上文的归类，微信对飞书的屏蔽，应当属于第五类行为。屏蔽行为近年来时常发生在一些拥有流量优势的大型网络平台之间，诸如淘宝不支持微信支付，闲鱼限制买卖双方互加微信，微信、微博屏蔽抖音视频连接，今日头条平台禁止推广微信账户及二维码，都属于互联网平台之间的屏蔽行为。针对竞争对手日益频繁的屏蔽动作，部分平台运营商选择诉诸法律的方式来维护自己的竞争地位和相关权益，如2018年6月，今日头条运营商字节跳动公司向海淀区人民法院起诉腾讯公司“采用技术手段屏蔽头条网页链接，构成不正当竞争”，[①]该案将屏蔽行为直接推入法学理论界、实务界的研究视野。“微信屏蔽飞书”事件发酵后，有学者专门撰文探讨了屏蔽行为的概念和特殊性，指出，互联网平台屏蔽行为系互联网平台拒绝对其他经营者提供的产品或服务开放本平台空间，限制其他经营者在本平台内开展各类经营活动的行为。屏蔽行为较传统的不正当竞争行为的特殊性在于：其一，行为主体具有特殊性，无论是屏蔽行为的实施方还是承受方，一般皆是手握一定流量优势的平台运营商，被屏蔽方期望借助屏蔽方的平台资源为自己引流；其二，行为目的多样化，屏蔽的目的较为多元，或是为了保障自身平台的稳定运行及产品功能的发挥，或是出于维护消费者利益的目的，或是纯粹为了打击竞争对手，避免竞争对手搭自己的便车；其三，行为发生在屏蔽方自家平台，屏蔽的本质表现为屏蔽方拒绝对其他经营者的产品或服务开放自家经营平台，影响的主要对象是自身平台上的用户；其四，屏蔽行为对关系双方均有一些不利影响，屏蔽不仅导致被屏蔽一方失去用户流量，也可能导致实施屏蔽行为的互联网平台遭到用户的反感，继而流失用户。[②]笔者基本赞同上述“屏蔽行为的定义和特征描述”，但经过对以往多起互联网屏蔽事件的反复对比和考证，笔者还发现了这些事件的一个共性特征。屏蔽方一般会对其用户传递某些关于被屏蔽产品、服务的负面评价，以此作为其实施屏蔽的理由，比如闲鱼平台屏蔽微信支付业务，理由是后者存在交易风险，有安全隐患；微信屏蔽飞书时，抑或是两年前屏蔽抖音时，也声称：其网页包含诱导分享、关注等诱导性内容，已被多人投诉，如果下载使用可能会面临信息安全隐患或者知情权、选择权受损[③]以及产品存在BUG等。[④]这些负面评价有的是真实、可靠的，有利于保护消费者权益；但有的则未经查实，甚至子虚乌有。不真实、不可靠的评价或多或少会误导广大用户，影响用户的自由选择，且给竞争对手（被屏蔽方）带来不同程度的损害。因此，我们不能忽略屏蔽行为中包含的负面评价，它对判断屏蔽行为的违法性、正当性有一定的参考意义。

---

①《今日头条起诉腾讯：要求道歉并赔偿9 000万元》，http://finance.sina.com.cn/chanjing/gsnews/2018－06－02/docihcikcew5944133.shtml，2020年10月5日访问。

② 叶明、张洁：《反不正当竞争法视角下互联网屏蔽行为的违法性认定研究》，《中国应用法学》2020年第4期。

③ 极客公园：《微信禁飞书，有无拉取微信用户“关系链”成焦点》，https://xw.qq.com/cm sid/20200302A01FXJ00，2020年5月1日访问。

④《今日头条起诉腾讯：要求道歉并赔偿9 000万元》，http://finance.sina.com.cn/chanjing/gsnews/2018－06－02/docihcikcew5944133.shtml，2020年10月5日访问。

## 三、《反不正当竞争法》对互联网平台屏蔽行为的违法性界定

当前，对于“微信屏蔽飞书”事件的合法性，有两种截然不同的看法。一种认为，微信（腾讯）的行为违反商业道德与公序良俗，构成变相的不兼容行为，是不正当竞争行为；[①]另一种观点强调，飞书要求无对价的开放和分享，不利于鼓励互联网企业的创新和投入，因此，屏蔽行为是合法、正当的市场竞争行为。[②]

面对论者的争鸣和纷纭的观点，我们应当回归法律文本，特别是《反不正当竞争法》的规则、原则，再结合屏蔽行为的现实特点，运用科学、合理的法律解释方法，才能得到相对允当的结论。

### （一）互联网专门条款对屏蔽行为的违法性判定

我国2017年修订的《反不正当竞争法》第12条，专门设定了规制互联网的法律规则。该条的第二款设置了三项类型化的不正当竞争行为模式以及一项兜底性规则。这三种不正当竞争行为模式即上文所说的“流量劫持”“故意干扰”及“恶意不兼容”行为，这三种行为模式的表征在法条中均有相对清晰的描述，而且它们还有共同特性，即“利用技术手段，通过影响用户选择或者其他方式，妨碍、破坏其他经营者合法提供的网络产品或服务的正常运行。”然而，屏蔽行为并不属于这三种行为模式中的任何一种。运用文义解释方法就可以排除构成“流量劫持”和“故意干扰”。

“流量劫持”指的是：“未经其他经营者同意，在其合法提供的网络产品或服务中，插入链接、强制进行目标跳转”，这与屏蔽行为的细节相去甚远，甚或毫无关联，故排除。而“干扰”指的是，误导、欺骗、强迫用户修改、关闭、卸载其他经营者合法提供的网络商品或服务，根据常规的文意理解，这句话里，行为人误导、欺骗、强迫用户修改、关闭、卸载的对象只可能是用户们已经获得或者正在安装的网络产品、服务，[③]不包括用户尚未获得以及根本不知晓的产品、服务。屏蔽事件发生之时，微信上的绝大多数用户尚没有接触过飞书软件，更谈不上下载安装和使用飞书App，据此，屏蔽与“干扰”行为也无法画等号。那么，屏蔽行为是否可以理解为“变相不兼容”从而落入“恶意不兼容”条款的评价范围呢？答案也是否定的。对于恶意不兼容，我们只宜做出符合立法目的的限缩性解释：不兼容的范围仅包括不同产品或服务之间不能在同一客户端上同时正常运行的情形，恶意也仅限于通过挟持、绑架大批消费者，打压竞争对手的主观意思。这样理解“恶意不兼容”条款，才吻合立法机关制定该项规定的实践背景，即基于对“3Q”大战等既有典型案例裁判的归纳提炼。[④]众所周知，在“屏蔽事件”中，腾讯（微信）只是在自己的服务界面

① 翟巍：《法律视野下腾讯微信封禁飞书的行为属性》，http://mobile.lawpro.cn/articledetail?id=10935&userid=155&from=singlemessage&isappinstalled=0，2020年10月10日访问。

② 黄晋：《从飞书与微信纠纷看平台竞争问题》，http://mp.weixin.qq.com/s/8ZiX B41SFOMPF6PbP9jZQg，2020年10月10日访问。

③ 北京三七二一科技有限公司诉百度在线网络技术（北京）有限公司不正当竞争纠纷案一审民事判决书，（2005）海民初字第4223号。

④ 孔祥俊：《论反不正当竞争法修订的若干问题——评〈中华人民共和国反不正当竞争法（草案）〉》，《东方法学》2017年第3期。

上，屏蔽了飞书的域名和讯息，并没有妨碍用户自行下载飞书软件使用，亦未逼迫用户在手机端、PC端搞“二选一”，因而未触犯“恶意不兼容”条款。

当穷尽了类型化规则的评价之后，我们再来尝试用兜底性规则研判屏蔽行为的合法性。兜底性规则虽然是为立法者所无法预料或者无法归类的网络不正当竞争行为而设，但它的规制范围绝不是漫无边际的。遵循体系解释方法，兜底性规则的适用对象应当满足两个限制性条件。首先，适用对象必须与三项类型化行为模式高度相似，这决定于兜底性条款与类型化条款的逻辑关系。在《反不正当竞争法》第12条第2款中，兜底性条款是紧随类型化条款罗列的，表明其与后者的联系非常紧密。兜底性条款的内容表述为：“其他妨碍、破坏其他经营者合法提供的网络产品或者服务正常运行的行为”，该表述传递的意思很明确：兜底性条款规制的竞争行为与类型化条款确认的不正当竞争行为不仅有相似的方式、方法，即“不惜牺牲多数用户利益设障碍、搞破坏”，而且会引发彼此相当的不利后果，即导致合法提供的网络产品或服务无法正常运行，主要功能无法发挥作用。换言之，无论是兜底性条款还是类型化条款，都应当也只能针对那些明显过格、“过火”的网络竞争行为，①如若发生的是不怀严重恶意，又无重大损害后果的适度损他性竞争行为，那么两类条款均不负责评价和规制。其次，兜底性、类型化条款的适用有共同的先决条件，比如“使用技术手段妨碍、破坏”，技术手段不泛指支撑网络平台运作暨信息发布的日常算法技术，而是指一些为行妨碍、破坏蓄意设计的技术工具，像用于强制跳转或干扰的弹窗、插件、链接等，均属此类。在充分厘清兜底性条款适用范围的基础上，我们能够明确地看到，微信屏蔽飞书的行为并不在兜底性条款的评价之列，理由是微信没有利用技术手段妨碍、破坏飞书的正常运行，且屏蔽行为对用户的限制程度、对被屏蔽方损害程度也没有达到与三种类型化不正当竞争行为相当的水准。

最后，我们还必须回看互联网专门条款的第一款规定，因循该规定再次检视屏蔽行为的正当性。第12条第1款是互联网专条与其他反不正当竞争规则的衔接性条款，其内容是：“经营者利用网络从事生产经营活动，应当遵守本法的各项规定”。就是说，互联网企业并非特殊企业，与线下企业一样都不应从事传统的不具有互联网特征的不正当竞争活动，譬如商业贿赂、商业标识仿冒、窃取商业秘密、商业诋毁等。前已述及，屏蔽行为除了囊括封锁域名、禁止开放等一系列界面操作外，一般还附加简短的屏蔽理由——关于被屏蔽产品的负面评价，这些负面评价有实有虚，如果内容真实，则构成合理的言论批评，于市场秩序和消费者皆有利，为正当行为；如果内容不实，则极有可能构成对他人商品的诋毁，起到误导消费者、贬损他人商品声誉的消极作用。我国《反不正当竞争法》第11条旗帜鲜明地反对“编造、传播虚假信息或者误导性信息，损害竞争对手的商业信誉、商品声誉”的竞争行为，其中，虚假和误导性信息都是与客观实情偏离程度较大的信息，这些信息会导致市场对竞争产品的误判和偏见，②直接侵害到消费者的知情权和自由选择权。而互联网平台企业作为面向数亿用户的信息经济体，在公众面前更应当谨言慎行，绝

① 孔祥俊：《反不正当竞争法新原理》，法律出版社，2019，第200页。

② 龙俊：《论体系解释下商业诋毁的法律认定——基于反不正当竞争法和刑法的双重视角》，载陈云良主编《经济法论丛》2019年第2期（总第34期），社会科学文献出版社，2019。

不该向公众传播未经证实以及虚伪不实的信息。回到“微信屏蔽飞书”的事件中，我们发现，微信在被封禁的空白页面中提示：（飞书）网页包含诱导性分享、关注等诱导行为内容，被多人投诉，为维护绿色上网环境，已停止访问。[①]“诱导性分享”乃是互联网公认的不道德行为，该行为强制或诱导用户分享特定信息至朋友圈，有利益诱导、夸张言语胁迫和道德绑架的反面功能，[②]充斥着损人利己的投机性，亦违反了绿色上网原则，因此“存在诱导性分享”无疑是相当负面的评价。事后，字节跳动表示，已迅速进行自查，并未发现有任何诱导分享或关注的内容。当然，我们不能仅凭腾讯和字节跳动各自的一面之词，来判断相关负面评价的真伪，进而判断屏蔽理由是否构成商业诋毁，并最终界定“微信屏蔽飞书”的正当性，毕竟，一家之言缺乏公正性、客观性，无法视为合法证据。但互联网专条第一款及与之连接的“商业诋毁评价逻辑”却可以成为执法或司法机关定性屏蔽类案件的关键性依据，这也是除“一般性条款”（《反不正当竞争法》第2条）外，与本次屏蔽事件最为相关的制度资源之一。

（二）《反不正当竞争法》一般条款对屏蔽行为的定性

像屏蔽行为这类不宜用（互联网专门条款）类型化规则和兜底性规则展开评价的新型网络竞争行为，我们也可以考虑援引《反不正当竞争法》一般条款予以定性。一般化条款规定：经营者在生产经营活动中，应当遵循自愿、平等、公平、诚信的原则，遵守法律和商业道德。一般条款是一条原则性条款或者道德性条款，其要求所有经营者必须恪守商业道德，不能在商业道德底线下从事竞争活动。因商业道德内涵宽广、结构开放，有较大的解释空间，各级各地的司法机关频繁借用其“弹性优势”对一些新型的互联网竞争行为定性，由此总结出不少约定俗成的审判经验和原则，比如“非公益必要不干扰原则”“比例原则”“商业模式保护原则”等。

然而，依据一般条款裁判的案件往往引发大量的争议，争议的焦点主要集中在对“商业道德”的解释上。批评者认为审案法官习惯性地基于自己朴素的正义情感以及对竞争本质的片面认知，扩张解释“商业道德”，导致“不正当竞争行为认定扩大化”。[③]譬如，因浏览器屏蔽广告行为而提起的不正当竞争之诉，近来颇为多发，法院几乎都一边倒地支持原告诉求，认为被告（浏览器运营商）的屏蔽行为构成侵权。理由大同小异：屏蔽广告损害了“广告+内容”的商业模式，违背行业惯例，亦不符合商业道德（诚实信用）要求，故构成不正当竞争。[④]很显然，法院在适用、解释一般条款时，选择了侵权责任法的私有权利、法益（商业模式）保护逻辑，将民商法主张的“自由行为不得损他”的道德理念机械地搬运到反不正当竞争案件的裁判中，客观上模糊了“竞争保护”与“私权保护”，“个人道德”与“商业道德”界限。

① 三言财经：《字节跳动旗下飞书遭微信屏蔽，共享文档等功能无法使用》，https://3g.163.com/news/article_cambrian/F6IUUH5J0519U3I5.html，2020年10月10日访问。

② 福安智信：《什么是诱导关注、诱导分享，听听微信团队怎么说》，https://www.Sohu.com/a/122164585_516879，2020年10月14日访问。

③ 孔祥俊：《反不正当竞争法新原理》，法律出版社，2019，第202页。

④ 李阁霞：《互联网不正当竞争行为分析——兼评〈反不正当竞争法〉中“互联网不正当竞争行为”条款》，《知识产权》2018年第2期。

那么商业道德，到底如何解释才最符合竞争暨竞争法的逻辑呢？笔者认为，应当理解为商业环境中的道德或者竞争关系中的道德。从理论上讲，道德主要指道德规则，道德规则是一个规则体系，它由低到高对人们提出三个层面的要求。第一个层面的要求是“禁止损他”，如不得欺骗、不得偷盗等。第二个层面的要求是“倡导利他”，如应当帮助他人或者和他人共同进步等。第三个层面的要求是，劝告人们自我行为完善、引导人的自我精神完善。其中“禁止损他”是道德底线。①从内在逻辑上讲，一方优势的确立即意味着另一方劣势的产生，“对于同一交易机会而言，竞争对手之间一方有所得另一方即有所失”，②竞争造成的损害是中性的，损害本身并不具有是与非的色彩，不构成评价竞争行为正当与否的倾向性要件，充其量不过是对不正当竞争行为认定的一个考量因素。③这就要求，商业竞争中的商业道德应当尊重“优胜劣汰”的商业规律，彰显市场的理性和“追求效率”的天然倾向，这也是市场调节赖以生存的基础。

选择“损害中性”理念解读商业道德，固然合理，但必须化解另外一组问题：商业道德的底线是什么？何种竞争行为才算违背商业道德？针对这两个问题，目前，在国际、国内的立法例中确实很难找到可操作性的范式。比如，《保护工业产权巴黎公约》第10条之二：“凡在工商业事务中违反诚实的习惯做法的竞争行为构成不正当竞争。”原《德国反不正当竞争法》第1条规定了一项基本条款，禁止违反善良风俗的行为。英国的相关制度也较为含糊：通过给别人带来经济损失而获利是合法行为……除非该损失是因诸如欺诈或胁迫等具体的不合法行为所致。④“诚实信用”“善良风俗”“无欺诈、胁迫”等商业道德并无确切内涵，而要经过法官的理解、释义，方能运用到案件中定分止争。值得留意的是，我国法院系统已经在不少个案审判中尝试对“商业道德”进行阐释，积累并提炼出一些可以反复适用的经验法则。上文提到的“非公益必要不干扰”原则就是其中之一，该原则将“出于公共利益目的，影响乃至破坏其他经营者产品、服务正常运行”的竞争行为视作符合商业道德的正当竞争行为，顺便阐明了商业道德与维护公共利益之间的相关性和统一性。尽管部分法官对竞争法视域下的“公共利益”定性不准、理解粗浅，忽略竞争关系的动态性，比如将一种原本稳定却遭到冲击的商业模式（广告+免费视频）视作“经过市场选择的公共利益形态”，从而判定冲击行为不正当，⑤导致相关判决有失公允，但这并不能否认“非公益必要不干扰”原则本身的进步性，该原则对于推动一般条款的司法适用，化解争议、疑难案件颇有价值。近来，有学者在充分扬弃“非公益必要不干扰”原则基础上，提出了反不正当竞争界定的“比例原则”，笔者十分赞同这种提法。比例原则最初源于行政法，是合理化行政的判断标准，但随着社会各个领域利益关系的日益复杂和动态化，

① 张恒山：《中国特色社会主义法治建设的理论基础》，《法制与社会发展》2016年第1期。

② 山东山孚集团有限公司、山东山孚日水有限公司、山东食品进出口有限公司与马达庆、青岛圣克达诚贸易有限公司不正当竞争纠纷再审民事裁定书，最高人民法院（2009）民申字第1065号。

③ 张占江：《论反不正当竞争法的谦抑性》，《法学》2019年第3期。

④［意］毛罗·布萨尼、［美］瓦伦丁·帕尔默：《欧洲法中的纯粹经济损失》，张小义、钟洪明译，法律出版社，2005，第17页。

⑤ 参见北京爱奇艺科技有限公司诉北京极科极客科技有限公司不正当竞争纠纷案民事判决书，（2014）京知民终字第79号民事判决书。

该原则已经被扩展适用于整个法律秩序。[①]由于“比例原则在本质上是一个对相互冲突的利益进行平衡与协调的工具，及具有普适性的判断行为合法性的分析框架，其通过考察不同方式（行为、手段）对两个相冲突利益的各自影响，选择能够最大程度上同时兼容两种利益的方式。”[②]因而，该原则兼具深刻的理论意义和实用的方法论价值，非常适合协调像互联网竞争这样牵涉经营者、消费者和公共利益（市场竞争秩序）的复杂利益关系。

比例原则涵盖三重结构。一是妥当性原则，即选取的手段可实现所追求的目的；二是必要性原则，即除却采取的措施外，无其他给关系人或公众造成更少损害的适当措施；三是相称性原则，即采取的必要措施与其追求的结果之间要成比例，要权衡追求目的所要达到的收益与实现此目的而相对利益冲突造成的损害之间是否配比合适。作为一条指向清晰、结构严谨的规范，比例原则完全可作为商业道德的行动标准，配合商业道德去评价具体的竞争行为，也就是说，如果一个竞争行为同时违背了比例原则的三项子原则，则毫无疑问是背离商业道德的。事实上，在国外，比例原则已经渗入部分竞争法判例中，如德国“Fernseher-Fee”案中，被告生产的“电视精灵”仪器，可以自动阻拦原告某电视广告商的广告信号，原告遂诉至法院，要求解除阻碍。法院认为，被告行为对消费者总体有利，使消费者可以自动跳过广告，于广告期间自由选择观看其他电视内容（有妥当性）；被告行为没有剥夺消费者“返回原台”看广告的权利，已经是相对最优的措施（有必要性）；被告没有导致原告的广告服务遭遇实质损害或生存威胁，原告可以改进广告内容和宣传方法继续经营。[③]所以，不构成对一般条款的违反，最终支持了被告。至此，我们也可以将比例原则融入商业道德体系中，形成富有合理化、具体化利益权衡功效的一般条款，据此评价“微信屏蔽飞书”事件。首先该屏蔽行为难言妥当，它没有给用户带来明显的福利，但也没有制造什么实质性的负担，虽然目的是为了保护用户免受“诱导性分享、关注”的骚扰，但是通过屏蔽飞书达不到这个目的；其次，该屏蔽行为的必要性不足，避免飞书搭微信便车的最佳办法是通过“谈判—对价”将正外部性内部化，这样，腾讯可以通过开放界面获得一笔可观收入，飞书也能借此进入公众视野，如此双赢的做法比屏蔽更有效率；最后，屏蔽行为给腾讯带来的利益与给字节跳动和消费者以及市场竞争秩序带来的损害没有失衡到严重偏离“相称性”原则的地步。飞书并未因屏蔽而彻底失去市场，只是面临着如何进一步推广和分享链接的难题以及客户体验感下降的损失，不过，屏蔽事件本身就可能产生对飞书的推广效应，事件令更多人知道了飞书的存在。同时，消费者的自由选择权没有被剥夺，可以任意下载飞书，只是不能通过“微信朋友圈”或“通信界面”直接跳转进入飞书下载页面。而市场竞争关系总体也在平衡状态下延续，字节跳动依然在努力地改善着飞书的用户体验，他们与腾讯在远程办公领域的竞争还将继续。

总而言之，一般条款虽然内容开放，但应当保持适用上的谦抑，一旦启用必须充分说理论证，不能随意扩张解释。[④]否则极可能破坏市场的自由竞争，扭曲竞争机制，使《反

① 郑晓剑：《比例原则在民法上的适用及展开》，《中国法学》2016 年第 2 期。

② 张占江：《论反不正当竞争法的谦抑性》，《法学》2019 年第 3 期。

③ 俞风雷：《“非公益必要不干扰原则”评述》，载中国社会科学院知识产权中心、中国知识产权培训中心编《创新与竞争：网络时代的知识产权》，知识产权出版社，2018，第 10 页。

④ 崔汪卫、尹钰：《反不正当竞争法一般条款适用困境与破解路径》，《武陵学刊》2020 年第 1 期。

不正当竞争法》退化为保护竞争者而不是保护竞争的制度。基于对商业道德及比例原则的解析，我们将“微信屏蔽飞书”的行为与之对照，也能大致判断出，该行为不属于一般条款所能评价的“不正当竞争行为”。

## 四、《反垄断法》对互联网平台屏蔽行为的规制

我们知道，互联网屏蔽行为一般发生在两个有流量优势的平台之间，但不见得发生在双方或其中一方占据市场支配地位的平台运营商之间，后者只是小概率事件。由此可见，《中华人民共和国反垄断法》（以下简称《反垄断法》）评价互联网竞争行为有相当高的门槛，那就是竞争关系中必须存在垄断经营者，同时该垄断经营者还必须滥用自己所拥有的支配地位排挤或限制竞争。在“微信屏蔽飞书”事件中，微信的运营商腾讯公司在很多业内人士心目中都是“龙头企业”般的存在，以致屏蔽行为刚刚实施，就有不少论者斥责腾讯公司滥用市场支配地位，用屏蔽的手段变相逼迫消费者“二选一”。[①]那么，在《反垄断法》视角下，腾讯是否应当被认定为垄断企业？如果是，屏蔽行为是否应当被界定为滥用市场支配地位呢？这些问题值得学界深入、冷静地思考，笔者拟作尝试性的学理分析，以期抛砖引玉。

### （一）互联网平台企业的市场支配地位的认定

按照传统反垄断法思维，要判断“腾讯是否占据市场支配地位”，首先要确定相关市场的范围。但是，互联网领域相关市场的界定一直是困扰法律界的难题，原因有以下几点。其一，互联网信息产品功能结构的复杂性，一个平台往往有多种服务功能，比如，腾讯旗下的微信有即时通信、网络游戏、转账服务等功能，阿里巴巴旗下的淘宝有即时通信、在线交易、信誉评价、账户管理等功能；并且，对平台功能的具体描述也是可粗可细、可分可总，比如腾讯、阿里巴巴、百度这些企业，粗略地说，都是信息平台的制造者，提供的都是信息服务，互有替代性，当属同一个相关市场，即信息服务市场，然而细致地说，这三家企业又各有偏重，核心业务分别是即时通信、在线交易和搜索引擎，此时很难将三家企业明确且毫无争议地归入到某一个或某几个相关市场中。其二，不同的互联网信息产品可以被同一用户重叠使用，它们之间不是非此即彼的关系，比如一个用户的手机端可以同时下载微信、淘宝和新浪微博三种软件，并同时使用三种平台的通信工具，结果就是这三家平台的市场占有率都非常高，很难讲有一方有赛过另一方的绝对优势，故而无法通过确切的经营者市场份额排序，分析出市场竞争格局。其三，经典的 SSNIP 测试法，难以适用于互联网平台垄断地位的界定。互联网平台服务市场乃是由平台方提供免费及付费信息产品（服务）的市场，具有明显的双边市场特点，平台的接入者既有免费使用信息服务的广大用户，又有付费使用广告服务的广告主或广告经营者。如果要求平台对两边的用户施加 SSNIP（一个 5%以内的微弱的且非临时性涨价），那么后果必然是，免费用户和付费用户都会在短时间内逃离平台，另寻他处，即便此平台在涨价前招徕了全国大多数的网民

① 金毅：《微信“封杀”飞书，法律到底管不管》，https://www.sohu.com/a/380842881_100121216，2020 年 5 月 4 日访问。刘旭：《有关腾讯微信屏蔽飞书如何适用反垄断法的 10 个常见问题》，https://zhuanlan.zhihu.com/p/99770209，2020 年 10 月 5 日访问。

和商家。换言之，几乎所有平台在 SSNIP 检测下，都是可替代的，都不是真正的垄断地位占据者，SSNIP 方法可以适用于所有单边市场的垄断界定，却无法在平台构建的双边市场中发挥功能，它本质上是用于“检测供给替代性”的垄断度量工具，对“偏重在需求侧建立规模经济暨竞争优势”的互联网平台企业，产生不出相应的检测作用。[①]上述三点表明，传统的“反垄断思维及其分析工具”基本无法适应网络产业领域的反垄断需求。我们应当另辟蹊径，寻找适用于网络产业领域的“垄断界定工具”。[②]

欧美发达国家判断“互联网平台企业垄断地位”的界定工具是“网络效应的大小”。这种界定方案超越了“先严格界定相关市场廓清竞争领域，再计算各竞争者的市场份额”的传统“结构主义”界定思维，索性将核心业务相似或雷同的平台经营者列入同一相关市场，继而使用定量或定性方法估测各竞争者的“网络效应”，最后确定谁有竞争优势。值得一提的是，网络效应较大的经营者一般不称为“垄断者”或“市场支配 者”，而称为“相对优势者”。因为，“相对优势”虽不等于“稳定的垄断状态或支配地位”，但足以在一定时间内，令“竞争优势者”控制其他竞争者及上下游的经营者（消费者），代表“反竞争市场势力”。[③]

“网络效应”指的是“平台价值随用户数量增加、用户实际互动增加而递增，用户对平台依赖性随平台价值增加而提升”的效应。“网络效应”并非一个静态事物，而是动态发展变化的，它从初始状态到最终形成，一般分为五个阶段：第一，连接，短期内数量众多的网民涌入平台，注册为用户；第二，交流，平台中的用户相互开展实际有效的交流；第三，策展，平台组织实施信息筛选、信息处理，为每个用户提供定制化信息服务；第四，合作，平台使用户之间相互合作，共同生产出可供自身和平台分享的附加值；第五，社群化，平台制定并实施规范来管理平台生态系统，形成主业务与次业务共生互动、平台与用户捆绑紧密的共荣局面。[④]据欧美学者考察，能够具备最高层次之网络效应的企业实际上凤毛麟角，仅 Facebook、Twitter、谷歌、苹果等企业在此行列。[⑤]这些企业的支配地位格外明显：首先，拥有极大的财力和优越的技术条件，财力体现为超高的市场价值和丰厚的营业收入，技术条件则表现为持有海量的商业秘密、技术秘密、专利、客户数据和研发投入；其次，其他平台经营者进入相关市场，取而代之或与之并驾齐驱的难度大，这些平台不但拥有难以超越的核心产品，而且把持广阔而坚固的社交网络，拥有客户的信任和归属感，手握足以支撑用户娱乐、购物、存储信息、打理财务乃至经营生意的场景化界面，这些有形、无形资源是任何一个进入相关市场的新兴竞争者无法快速占有的，它们为占据相对优势的平台企业，构筑起一条防范竞争者踏入的“护城河”；再次，用户或上下游企业对相对优势企业的依赖程度较深，这种依赖程度决定于竞争优势企业构造的生态系统，用户将其生活的方方面面交给平台管理，一旦离开平台，转移他处，必然会承担重建社交网络、改变使用习惯、熟悉新产品性能等成本。至于上下游企业，其主营业务需要依靠平台

---

① 方燕：《网络产业反垄断规制的重新审视》，《东北财经大学学报》2020 年第 2 期。

② 蒋岩波：《网络产业的反垄断政策研究》，中国社会科学出版社，2008，第 117 页。

③［美］亚力克斯·莫塞德、尼古拉斯·约翰逊：《平台垄断》，杨菲译，机械工业出版社，2017，第 105 页。

④［美］亚力克斯·莫塞德、尼古拉斯·约翰逊：《平台垄断》，杨菲译，机械工业出版社，2017，第 201 页。

⑤ See Jonathan.Baker, The Antitrust Paradigm: Restoring a Competitive Economy, Harvard University Press, ed.2019.p.97.

企业的买卖才能正常运行，一旦失去与平台的交易机会，出产的各类配套产品、互补产品则可能沦为无人问津的“滞销货”。

可见，“从网络效应到相对优势”的分析路径，没有过分纠缠于“相关市场界定”难题，可相对简易地界定出互联网平台企业的市场支配力。该分析路径与我国《反垄断法》第18条的规则，大致能够匹配。该条规定，认定经营者具有市场支配地位，应当依据下列因素：（1）该经营者在相关市场的市场份额，以及相关市场的竞争状况；（2）该经营者控制销售市场或原材料采购市场的能力；（3）该经营者的财力和技术条件；（4）其他经营者对该经营者在交易上的依赖程度；（5）其他经营者进入相关市场的难易程度。该条只要在适用中稍加解释，便可成为考察互联网平台企业“垄断与否”的依据，例如，第四项规定中的“其他经营者”可以解释为平台企业的用户、上下游企业及直接竞争的企业，①因为在平台经济时代，每个平台用户既有消费者的身份，又不时地扮演着“经营者”的角色，称其为“经营者”亦不为过。只要将该条的各项规定组合起来使用，就逐渐地形成了界定平台企业是否构成垄断的“综合性标准”。②迄今为止，“综合性标准”已经被我国执法、司法机关认可或采纳。譬如，2014年最高人民法院在审理“奇虎360与腾讯的上诉案件”中，针对该案的争议焦点提出：“并非在每一个滥用市场支配地位的案件中，均必须明确而清楚地界定相关市场，即使不明确界定相关市场，也可以通过排除或妨碍竞争的直接证据对被诉经营者的市场地位及被诉垄断行为可能产生的市场影响进行评估。”③2019年1月，市场监督管理总局关于《禁止滥用市场支配地位行为的规定（征求意见稿）》（以下简称《征求意见稿》）第7条，也明确指出，在认定互联网等新经济业态经营者具有市场支配地位时，在市场份额外，还应当考虑相关行业竞争特点、经营模式、网络效应、技术特性、市场创新、掌握相关数据情况及经营者在关联市场的力量等因素。不难发现，“综合性标准”充分弱化了“结构主义”分析导向，坚持具体问题具体分析，将“平台经济”的固有特性、平台企业可能制造的限制竞争因素以及“维护竞争、保护消费者利益、促进创新”等“竞争法益”有机结合到一起，从而能够更恰当地解决互联网产业领域的“反垄断问题”。

基于“综合性标准”下的垄断分析工具及其法律准据，来分析腾讯（微信）是否构成垄断及滥用优势地位，在逻辑上就十分顺畅了。腾讯及旗下的微信平台，具备最高层次的网络效应。第一，其用户几乎包括每个会使用智能手机的中国人，据不完全统计，微信用户数量早在2018年就已达到10.4亿，月均活跃用户数则在11亿以上。而近期“问卷星”的一份调查报告显示：每百人中至少67人常用微信，从未下载过微信的人数为0，联系他人时有74%的用户会首选微信，有近90%的用户认为微信比其他通信软件更具优势，理由是好友多、关系链健全、使用简易。④第二，其下属的子产品、子平台众多，涵盖人们生活需求的主要方面，除了常用的短信服务功能，微信还能通过各种服务界面提供若干生活便利，视频电话、还款缴费、联网游戏、购物优惠、医疗健康、停车服务、运动数据

① 史际春等：《反垄断法的理解与适用》，中国法制出版社，2008，第150、151页。

② 胡丽：《互联网企业市场支配地位认定的理论反思与制度重构》，《现代法学》2013年第2期。

③ 万江：《中国反垄断法：理论、实践与国际比较》，中国法制出版社，2015，第129页。

④《微信受众目标及市场占有率调查》，https://www.wjx.c n/viewstat/7344122.aspx，2020年5月3日访问。

等不一而足，微信全然可以充当每个用户的生活管家，将用户的日常生活管理得井然有序，服务得周到备至，借此，腾讯也牢牢掌握了每个用户的“生活大数据”，继而蜕变为用户的生活管理者。第三，其创建的交互网络和生态系统，维系着每个用户的社会交往与利益增长，交互网络中的“微信群”“朋友圈”“小程序”是免费用户们获取信息、经营人脉、参与集体行动的核心工具，一旦离开交互网络，用户立刻会产生“离群索居、脱离集体”的孤独感和恐惧感；生态系统乃是更庞大的共生互惠系统，该系统将上下游企业及免费用户卷入其中，促其自由配对、相互交易、建立信任，共同打造基于微信平台的生意关系或分享关系，这些互利共生关系使双边市场的用户对平台产生了强大的依赖与信任，形成“上平台找人、依平台办事、靠平台获利、托平台管理”的惯习系统，相对应的，平台不仅收获了有形的管理服务费，也掌控上下游企业及免费用户的交易数据与分享数据，平台对所有接入者的影响力、控制力不言而喻。第四，从盈利能力、技术条件、资金实力以及内部管理制度来看，微信平台在国内也是首屈一指的。微信不仅是腾讯公司的主要赢利产品，而且其盈利能力远远超过其他同类的即时通信平台；技术条件则体现为腾讯掌握的游戏自研能力、跨国合作研发能力、对国外先进游戏软件的学习与引进能力以及算法和技术处理能力，这些能力几乎全部化为微信的竞争力；此外，微信的内控制度也较为完善，甚至严格，如上文提到的史上最严的“外链管理规则”以及其他各类约束用户言行的“管理规则”一应俱全。

因此，从网络效应、技术条件、创新能力来看，腾讯及微信平台同时在供给端和需求侧具备“不可替代性”，其事实上占有了《反垄断法》第 18 条、《征求意见稿》第 7 条规定的“支配地位”。然而，单就“占据支配地位”来讲，腾讯并不违法。我国《反垄断法》禁止的是“滥用支配地位，排挤限制竞争，阻碍他人创新”的垄断行为，对于依靠研发投入和创新竞争获得市场优势地位的经营者，《反垄断法》不加以反对，至多对其行为保持必要的关注和警惕。此外，腾讯因微信获得的“竞争优势地位”，在互联网信息产业领域也是合情合理的。因为互联网信息产业领域的相关市场，具有自发形成自然垄断（自然寡头）与“集中化、高利润”的必然趋势，这是由平台网络效应及其需求侧规模经济效应导致的。少数平台企业因为前瞻意识强，创新能力好，凭新技术、新商业模式开创“赢者通吃”的利好局面，最终成长为“头部企业”，这本身是互联网创新竞争的自然结果，无须通过排斥、捆绑搭售或构筑进入壁垒就会自动实现。再加上，平台规模化后，手握大数据资源，边际成本无限趋近于 0，边际收益迅速提升，取得高利润，乃至超高利润，更是轻而易举，此时，也不能因为占据优势地位的平台企业盈利额高企，而当然地将其取得的利润判定为“垄断利润”。所以说，《反垄断法》应当秉持“合理原则”对待腾讯、阿里巴巴等取得优势地位的平台企业，对它们创建的市场势力和超高利润，不应积极干预。若是强行干预，不仅达不到理想的“反限制竞争”效果，反倒影响了这些企业加大研发投入，从事后续创新的积极性，引发“不经济”的规制效应。①

① Economides, N. Antitrust Issues in Network Industries: An Introduction. Kokkoris, I., Lianos, The Reform of EC, Competition Law: Kluwer, ed.2008, p.12－34.

（二）屏蔽行为与平台企业滥用市场支配地位

纵使平台企业通过创新竞争的胜利占据市场支配地位，在法律上、情理上都无可指摘，也绝不意味着《反垄断法》可以就此放松对直配型平台竞争行为的监管。如缺乏有效的监督和制衡，则导致“绝对的权力产生绝对的腐败”，“突出的竞争优势地位同样会滋生滥用优势打压竞争、阻碍创新的行为”。在“微信屏蔽飞书”的事件中，腾讯虽未实施“过高定价”“价格歧视”“掠夺性定价”“搭售”“限定交易”“差别待遇”等滥用支配地位的行为，但屏蔽行为与《反垄断法》第 17 条第 1 款第 3 项规定的“拒绝交易”行为颇为类似。“拒绝交易”是指没有正当理由，拒绝与交易相对人进行交易的行为。我国反垄断法律、规章规定，禁止具有市场支配地位的经营者没有正当理由，通过下列方式拒绝与交易相对人进行交易：（1）削减与交易相对人的现有交易数量；（2）拖延、中断与交易相对人的现有交易；（3）拒绝与新的相对人进行新的交易；（4）设置限制性条件，使交易相对人难以继续与其进行交易；（5）拒绝交易相对人在生产经营活动中以合理条件使用其关键设施。其中，关键设施的认定需要考虑多重因素，“其一，具有市场支配地位的经营者控制了某一关键设施，而其他经营者很难再建相同用途的另一设施；其二，其他竞争者进入关键设施是必要的，而不是为了便利或节省费用；其三，支配者提供关键设施的可行性；其四，支配者拒绝其他经营者使用的正当理由。”[①]微信与飞书两个网络平台既有竞争关系，又有交易关系，因此对微信来说，飞书，包括之前的抖音等平台都是微信的交易相对人，这个交易关系核心内容就是飞书可以利用微信中的朋友圈进行业务推广和信息分享，而这两项服务都是微信平台最为常规的服务。因此，屏蔽意味着服务的中断，也就预示着交易已被单方面拒绝，将不再持续。实际上，飞书之所以选择微信平台来分享名片或者在线会议链接，也是不得已为之的事情，作为一款有即时通信功能的远程办公软件，其服务的对象乃是中小企业，但在此之前，绝大多数中小企业内部都是在使用微信作为即时通信工具，与员工、客户、供应商的网络关系也主要集中在微信上，中小规模的企业，通过二维码分享建立在线办公工作群最为方便，此外，微信（群）又能满足个人与其好友之外的陌生人（如未加好友的同事）之间的交流和分享，使个人能够十分快捷地与身边不同群体的目标人士进行联系，就更加剧了个人和中小企业对微信生态系统的路径依赖。简言之，飞书以及其他移动端在线办公软件，要想得到更多用户，更便捷地为用户服务，极度需要依靠微信开放相关接口和转发权限。那么，微信平台内置的设施，如朋友圈、微信群、公众号是否构成《反垄断法》上的“关键设施”呢？笔者认为，需要慎重认定，我们要利用“比例原则”衡量飞书与微信“脱钩”之后，到底能不能正常运行，而字节跳动或者其他大型平台公司是否能够像腾讯一样创新出一套近似微信平台的社交生态系统，作为提振飞书发展的“关键设施”。我们还应权衡腾讯允许飞书进入微信设施和拒绝飞书进入设施之于消费者福利增进及企业间创新竞争的利弊、损益，[②]才能准确判断腾讯是否滥用了关键设施。

最后，我们还应当考虑微信屏蔽飞书，拒绝与后者交易是否有正当理由。目前，这是本次事件的一个待定因素。腾讯对屏蔽行为的理由叙述过于简要，不能作为定论的充分、

① 孟雁北：《反垄断法》，北京大学出版社，2011，第 132 页。

② 王先林：《竞争法学》，中国人民大学出版社，2009，第 278 页。

必要条件。其屏蔽的理由正当性与否，还需要学界和实务界结合屏蔽、被屏蔽双方的竞争动态以及《反垄断法》鼓励创新、促进经济效率的法益目标来予以澄清。屏蔽的官方理由是：存在诱导性分享、关注，被多人举报。腾讯如果可以进一步证明飞书如何诱导微信用户分享、关注，给用户带来较大的利益损失，如存在道德绑架，威胁用户个人信息安全等，那么的确可以基于正当理由行使拒绝交易权。然而，屏蔽行为背后的原因绝不仅是飞书单方造成，也潜藏着腾讯试图借助微信平台这一准“关键设施”，将自己的优势从即时通信服务扩展到远程办公服务市场的动机。

首先，飞书对微信及腾讯的支配地位构成威胁，而腾讯有足够的动机通过连续不断地打压飞书，巩固微信的相对优势地位，从而大幅削减字节跳动与飞书的创新效应。“屏蔽事件”并非是一起孤立事件，一方面，它有前因。腾讯与字节跳动的竞争由来已久，两家企业之间的早期竞争被称为“头腾大战”，当时，字节跳动研发的“今日头条”平台，依靠顶尖的数据处理技术，为用户提供定制化新闻，一时间“吸粉”无数，这引起了腾讯的注意。但此阶段，“今日头条”较为弱势，发在“头条”上的内容缺乏营销价值，无法将用户引向下游，形成“用户+下游企业”的生态系统，相形之下，微信平台拥有更加多样的商业产品和商业变现路径，包括游戏、广告、增值服务等组成的成熟化商业产品线以及微信公众号搭建的营销平台和变现中介，其平台生态系统更为完整。时过境迁，随着字节跳动的锐意创新，“抖音”“飞书”等具有内容优势的平台涌现出来，“抖音”无疑是现今国内最成功的短视频软件之一，其架构的“视频社交”“视频营销”模式，直接冲击了微信与微信公众号的部分社交与营销业务，未来，如果大批用户养成了消费抖音视频的习惯，认同了“抖音站内独特社区氛围和互动方式”，那么，这批用户很可能会疏远微信，坚定地加入“抖音生态圈”。对此，腾讯祭出的手段是“封杀抖音”，禁止微信用户在朋友圈转发抖音视频，将抖音视频踢出朋友圈，理由是要避免刷屏影响阅读体验。很明显，腾讯“封杀”抖音的方法与“屏蔽”飞书的方法如出一辙，其动机是担心飞书在经历一系列加强和升级之后成为第二个微信平台，事实上，以字节跳动目前的创新能力，再加上“抖音”的成功，不久之后，字节跳动以“抖音+飞书”为核心，打造生态系统和互动社区的规划完全有可能实现。假如，飞书即时通信功能的运用场景由“办公协作”拓展到“日常交流”领域，那么微信即有可能被人们逐渐淡忘。更令腾讯不安的是，“远程办公协作”是后疫情时代的新兴市场，这一“即时通信”的细分领域如若被竞争对手占领，就等于给了竞争对手“建立根据地向外拓展”的机会，所以，腾讯不能容忍字节跳动或是阿里巴巴（“钉钉”）在远程办公服务领域开疆辟土，蚕食其同类产品企业微信、腾讯会议的市场份额。腾讯的竞争逻辑是：即便自己不能获得创新优势，也不能令创新优势轻易旁落他人。另一方面，“屏蔽事件”如任其发展，必有更严重的“限制竞争后果”。历史地看，腾讯对竞争对手有着强悍的反制能力，其反制手段也不乏违法成分。“3Q”之诉虽以腾讯胜诉收尾，但在这起案例中，腾讯破坏竞争、阻断创新的能力与动机也暴露无遗：强令用户“二选一”的公开信从根本上违反了竞争法的原则，若非工信部及时出面调停，用户定然会在较长时间内失去对很多新产品的使用权。考虑到 10 年前，奇虎 360 公司只是在个别软件中与腾讯发生竞争，腾讯尚且不惜以违法手段加以排挤，而现在，字节跳动计划以自主研发的产品群，构建堪比微信产品线的生态系统和互动社区，这无疑会动摇微信和腾讯的相对优势地位，腾讯势必根据竞争态势的走向，采取更为激烈的反制措施，这也意味着腾讯与字节跳动之间的“营销之争”“生态之争”及由此衍生的“创新与限制创新”之争，定将愈演愈烈，甚至无休无止。对于这些商战中潜藏的“反竞争、反创新”元素，执法部门理应保持警惕，最好在没有产生严重损害后果的前提下，尽早干预、提前防范。

其次，微信屏蔽飞书的理由构成对消费者选用他人新产品的干扰，客观上阻挠了消费选择驱动下的创新。上文提到，微信基于网络效应优势，令用户对其产生深深的依赖和信任，反过来它又能控制或至少影响用户的生活安排。在这种极不对等的“平台—用户”关系中，用户、消费者是没有多少自主性可言的，就算偶然找到一些可以替代腾讯系产品的新平台，比如飞书，只要该产品与微信有一定程度的不兼容，用户往往也会囿于某种“投鼠忌器”的心理而放弃对新事物的尝试。更何况，腾讯还会动用一些“诱导性”语言攻势，诱使消费者远离其他企业的新产品，继续保持对微信产品群的忠诚度。实际上，在交易关系不对等、信息不对称的前提下，语言攻势是很容易奏效的，消费者不明就里，又忌惮“转移成本”，结果就是消费者怠于了解新产品，更遑论去下载使用。客观地讲，消费者忠于微信而舍弃其他新产品，对其个人利益影响并不大，但这种“自愿或无奈放弃选择”的态度对互联网领域的创新竞争却损害极大。现代发展经济学普遍认为，研发投入和消费选择是驱动产业创新的“两架马车”，经营者努力创新的一大内在动力源自一种忧患意识，即担心如不创新，消费者迟早会抛弃自己。①然，“消费选择驱动创新”必须具备两个前提，一是消费者有自由选择权；二是经营者足够理性，不愿或不敢剥夺消费者的选择自由。但现实往往是，当某家平台具备相对优势地位后，便通过“控制消费选择”的捷径来摆脱上述忧患，因为，任何个人和企业都天然排斥在客户的挑剔中“负重前行”，都想“安于现状、躺着发财”，这是人性使然，当自身势力发展到足可控制用户的程度，“限制消费选择，减少创新压力”大概率是竞争优势企业最倾向于采取的举措。这种“排除异己”的做法和价值取向也是市场经济中垄断与创新、私利与公益之间始终难以调和的直接原因。作为消费者利益和社会公共利益的保护器，《反垄断法》及相关法规不能放任竞争优势企业滋长“创新惰性”，更不能允许其出于自身利益最大化的考虑限制消费选择、窒息创新竞争，执法者应该摆脱“法条中心主义”教条，坚持法治思维，慎重权衡“屏蔽事件”的利弊，找到事件背后的原因，厘清事件发展的规律，结合我国互联网领域竞争实际，依据《反垄断法》立法精神及《征求意见稿》的规则，及时而果断地规制支配型平台的“屏蔽行为”。

## 五、结论

互联网平台企业的屏蔽行为是近来多发的一类新型网络竞争行为，对于屏蔽行为是否具有合法性，我们不能仅凭自身朴素的正义感或是对法条的粗浅认识，轻易定性。屏蔽行为虽与《反不正当竞争法》互联网专门条款中规定的三类不正当行为有近似之处，但基于规则的文义解释和目的解释，屏蔽行为不属于这三类行为；屏蔽行为同样不属于互联网专条兜底性规则以及《反不正当竞争法》一般条款规制的“其他妨碍、破坏其他经营者合法提供的网络产品或服务正常运行的行为”以及“违反商业道德、背离诚实信用之行为”。

① [美] 埃里克·希佩尔：《大众创新》，谢名一译，中信出版社，2017，第65、66页。

兜底性规则、一般性条款在解释上应当保持谦抑，不应将法律无明文禁止的自由竞争行为扩张评价为不正当竞争行为，除非证明屏蔽行为违反“比例原则”、破坏经营者、消费者、竞争秩序三者利益平衡，触犯商业道德。在《反不正当竞争法》的框架内，可能对“屏蔽行为”做出规制的还有互联网专条的第一款以及“商业诋毁”条款，但前提是，屏蔽方的屏蔽理由系出捏造，欺骗、误导市场，构成对被屏蔽产品（服务）的贬损。

一般情况下，屏蔽行为由《反不正当竞争法》规制为宜，但市场支配型平台企业实施屏蔽的现象使《反垄断法》的介入成为可能。“微信屏蔽飞书”就是一起典型的由市场支配型企业发起的竞争冲突事件。腾讯公司凭借旗下多个优势产品，构建起独有的社交网络生态系统，占据着市场支配地位，因此，其实施的屏蔽行为可能构成《反垄断法》第 17 条第 1 款第 3 项的拒绝交易行为。如果腾讯公司能够列举出充分、正当的屏蔽事由，笔者倾向于认为，腾讯公司不构成滥用市场支配地位，反之则构成违法性垄断。但结合近几年腾讯公司与字节跳动公司的竞争动态，以及屏蔽行为对创新竞争的损害程度看，腾讯公司屏蔽行为背后的反竞争动机较为明显，因此，在笔者看来，腾讯公司构成“滥用市场支配地位”将是大概率事件。

本文无意对“微信屏蔽飞书”给出结论性的意见，主旨是为互联网屏蔽行为的竞争法规制提供一套明确而可操作性的分析架构，笔者呼吁相关执法部门及早出台关于“屏蔽行为界定、规制”的竞争政策，以减少或消除屏蔽对经营者、消费者以及竞争秩序的损伤，推动新时代互联网平台企业竞争的法治化。

# 经济法上的分权理论与地方金融监管局建设

雷　琦*

**摘　要**：本文试以2018年机构改革后地方金融监督管理局的设立为例，从“金融分权”出发，对比经济学与经济法各自的观察视角，在理解“金融体制”的基础上，探讨思考“一委一行两会一局+多地”的“金融监管体制”的制度定位。在此基础上，回归地方金融监督管理局的实际情况，在梳理其现实困境的基础上试给出解决方案。金融监管体制改革应当强调适度分权，强调改革中新设机构的相对独立性，处理好左右、上下关系，既发挥地方金融监管的独特优势，也通过制度设计疏导地方金融监管分权的负面效应，充分发挥中央与地方各自的应有“能力”，避免改革异化为设立叠床架屋的又一机构；在把握发展与安全的两翼中最大限度发挥并提升地方目前的现代化治理水平，使得在强监管市场领域的经济管理体制的改革有效服务于经济体制。

**关键词**：机构改革、分权、金融监管

# The Theory of Decentralization in Economic Law and the Construction of Local Financial Supervision Bureau

Lei Qi

**Abstract:** Taking the establishment of local financial supervision and administration bureau after the system reform in 2018 as an example, starting from the “financial decentralization”, comparing the respective observation perspectives of economics and economic law, and on the basis of understanding the “financial system”, this paper discusses the institutional positioning of the “financial supervision system” of “one committee, one bank, two committees, one bureau”. On this basis, return to the actual situation of the local financial supervision and Administration Bureau, and try to give solutions on the basis of sorting out its practical difficulties. This paper holds that the reform of financial supervision system should emphasize the appropriate decentralization, the relative independence of the newly established institutions in the reform, handle the relationship between the left and right, the upper and lower levels, not only give full play to the unique advantages of local financial supervision, but also dredge the negative effect of decentralization of local financial supervision through system design, give full play to the due “ability” of the central and local governments, and avoid the alienation of reform into overlapping In order to make the

* 雷琦，北京大学法学院硕士研究生。

reform of economic management system in the field of strong supervision market serve the economic system effectively.

**Key words:** institutional reform, decentralization, financial supervision

分权理论是经济法上的重要组成部分。当经济体制发生转向，经济管理体制也会相应改变，从而有权力的“收”与“放”，而后结晶为宪法与经济宪法的风貌，而2018年机构改革也不例外。

2017年，在局部金融风险积聚频发的背景下，第五次全国金融工作会议召开。会议讨论如何全面推进地方金融监管体制改革，提出“地方政府要在坚持金融管理主要是中央事权的前提下，按照中央统一规则，强化属地风险处置责任。”①会后，国务院成立金融稳定发展委员会，由其负责指导地方金融改革发展与监管，对金融管理部门和地方政府进行业务监督和履职问责等，以完善监管的协调性。明确了地方政府监管的对象包括“7+4类”机构，7类机构指小额贷款公司、融资担保公司、区域性股权市场、典当行、融资租赁公司、商业保理公司、地方资产管理公司，4类机构指辖区内投资公司、农民专业合作社、社会众筹机构、地方各类交易所以及互联网金融风险处置。为落实全国金融工作会议要求，地方金融办纷纷升级为地方金融监督管理局，为省政府直属机构，并将综合职能向监督管理和风险处置职能转变，在本省市内初步实现了“7+4类”的统一归口管理；同时，逐步设立地方议事协调机构，强化中央与地方的监管协调。

2018年2月28日中共十九届中央委员会第三次全体会议通过《中共中央关于深化党和国家机构改革的决定》，中央层面“一委一行两会一局+多地”的金融监管体制新框架正式落地②。在现行运转的“一委一行两会一局+多地”金融监管框架中，地方政府相关金融监管职责逐步明确，地方金融监管体系逐渐清晰。由于各地金融发展和监管的差异，各地的金融监管框架内容不一，但整体上，在风险处置方面，将以省维护金融稳定工作领导小组为领导、“一行两会”派出机构与各级政府职能部门相结合的方式建立，同时，地方金融办执行“7+4类”金融机构的日常监管（见图1）。2020年，国务院金融稳定发展委员会办公室印发《国务院金融稳定发展委员会办公室关于建立地方协调机制的意见》（金融委办发〔2020〕1号），将在各省（区、市）建立金融委办公室地方协调机制，加强中央和地方在金融监管、风险处置、信息共享和消费者权益保护等方面的协作。

如何理解2018年机构改革的思路，“一委一行两会一局+多地”的金融监管体制是收权还是放权？本文将以改革中的地方金融监督管理局的设立为例，从金融体制的分权出发，通过经济学与经济法的双向解读与对话，思考金融监管体制的制度定位，并回归到地方金融监督管理局的实际情况，在梳理其现实困境的基础上试探讨解决方案，并在实践中重新思考、理解经济法上的分权理论。

① 习近平总书记在第五次全国金融工作会上首次对地方金融管理做出了具体部署。

② 即国务院金融稳定发展委员会（一委），中国人民银行（一行），中国银行保险监督管理委员会、中国证券监督管理委员会（两会），国家外汇管理局（一局）和各地金融监管局（多地）。

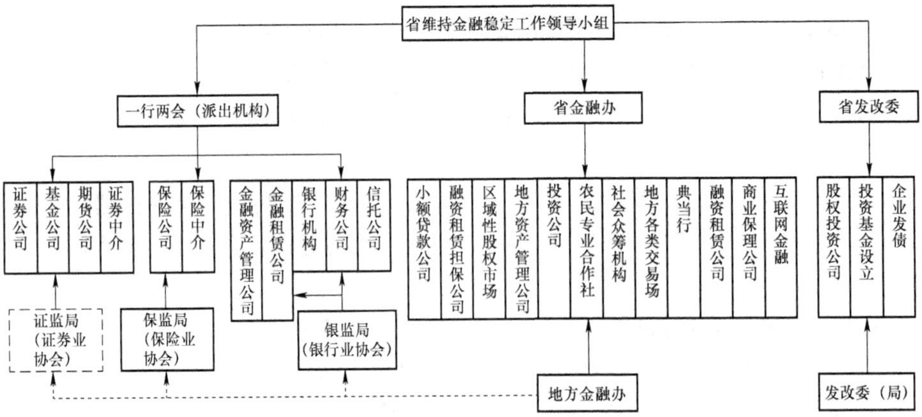


图 1 “一委一行两会一局+多地”金融监管体制新框架

## 一、金融分权：经济学与经济法视角下的对话与解读

经济学上，有关分权式改革，最为经典的是建立在新软预算约束理论（Maskin and Dewatripont，1995）基础上的财政联邦主义理论和建立在 M 型组织和 U 型组织理论之上的解释（Qian and Roland，1998；Qian，Roland and Xu，1988；Qian，Roland and Xu，1999；Qian and Weingast，1997）①。上述理论从对比中国和俄罗斯经济改革绩效入手，解释“分权如何促进地方政府的竞争”，从而促进经济增长，但在关注分权带来的制度成本上有所欠缺。而金融分权（financial decentralization）则最早由钱颖一、Weingast（Qian and Weingast，1995）提出，②相关讨论的核心对象主要集中在银行金融资源上，关注地方政府利用银行改革中的制度缺陷，争夺银行金融资源，从第一阶段直接行政干预，到第二阶段对银行决策施加影响，再过渡到通过逃废银行债务间接争夺（巴曙松，2005）③，而那时又表现为地方政府融资平台的银行债务激增④。

结合财政分权的背景，还能够对金融分权做出更有趣的解释。上述理论和解释从有关财政联邦制地区竞争理论研究起步，经济学展开了从财政分权、地方政府竞争角度探究经济增长绩效的大讨论。上述相关讨论从所谓“地方政府之间竞争”出发，思考中国经济能够实现增长的原因。正因“地方政府之间的竞争”，乡镇企业得以发展、城市化推进、市场机制建立（林毅夫、刘志强，2000）⑤。财政分权的另一面，则在观察到 1994 年的分税制

---

① Qian, Y. and G. Roland, *“Federalism and the Soft Budget Constraint,”* American Economic Review,77, 265 – 284 (1998); Qian, Y., G. Roland and C. Xu, *“Coordinating Changes in M-Form and U-Form Organizations,”* Mimeo, European Center for Advanced Research in Economics and Statistics, Universite Libre de Bruxelles (1988); Qian, Y., G. Roland and C. Xu, *“Why China 's Different from Eastern Europe? Perspectives From Organization Theory,”* European Economic Review, 43(4 – 6): 1085 – 1094 (1999); Qian, Yingyi and Barry R. Weingast, *“Federalism as a Commitmentto Preserving Market Incentives,”* Journal of Economic Perspectives, 11(4), 83 – 92 (1997).

② Weingast, B., *“The Economic Role of Political Institutions: Market-Preserving Federalism and Economic Development,”* Journal of Law and Economic Organization, 11, 1 – 31 (1995).

③ 巴曙松、刘孝红、牛播坤：《转型时期中国金融体系中的地方治理与银行改革的互动研究》，《金融研究》2005 年第 5 期。

④ 张晏、龚六堂：《分税制改革、财政分权与中国经济增长》，《经济学（季刊）》2006 年第 5 卷第 1 期；巴曙松、刘孝红、牛播坤：《转型时期中国金融体系中的地方治理与银行改革的互动研究》，《金融研究》2005 年第 5 期。

⑤ 林毅夫、刘志强：《中国的财政分权与经济增长》，《北京大学学报（哲学社会科学版）》2000 年第 4 期。

改革下，由于中央加强了预算内财政收入集权，促进地方经济增长并追求预算外收入[①]，从而可能扭曲土地、资金、劳动力等一系列市场要素。

金融分权正是处于这一背景下发生、发展，并从不同进路得到解释：分权改革导致各地方之间对有限金融资源展开竞争[②]；地方政府事权和财权的不对等[③]；地方政府融资渠道狭窄[④]；与潜在的中央为地方争夺金融资源的风险背书[⑤]。具体而言，地方的财政收入取决于地方的经济水平，地方政府的政绩取决于本地的经济表现；而分税制改革后，地方财权与事权的不对等迫使地方政府争取更多的金融资源，正因如此，地方往往旨在通过获取更多的金融资源促进本地区经济发展。但由于过去地方金融管理能力欠缺以及金融风险处置责任缺失等缘故，地方金融权力扩大容易导致地方金融风险积累；由于金融业自身的脆弱性，金融风险极易扩散，从而引发区域金融风险和系统性金融风险，并最终酿成金融危机，因此，中央在授予地方金融支配权限上相当谨慎。而如果进一步考察[⑥]，我国总体上试图形成财政分权与金融集权的体制搭配——一方面，通过财政分权，激励地方上为了经济增长而竞争；另一方面，为了限制地方竞争引发的经济过热或结构失衡，在金融体制上保持相对的集权以便调控。在这一组张力关系中，改革开放以来，金融领域经历了数次收与放。

综合上述所谓金融分权，讨论的实质是如何按照中国作为社会主义国家的国情进行央地之间、地方之间金融资源配置的问题，也从这一层面与法学进行对话。而在明确对话层次的基础上，从经济法的角度出发，除了吸纳经济学描述与解释之外，还将从两个法学视域下的方向做衍发：其一，对地方政府行为做出法律性的评价，厘清金融领域应然层面市场与政府的边界；其二，立足这一边界，讨论如何进行法律制度设计，进而实现地方和整个国家的高效金融资源配置与收益最大化。

在法学视野下，市场与政府关系是经济法调整需处理的基础关系和基本问题。具体到金融领域，基于金融领域的信息不对称性、脆弱性、负外部性等市场失灵表现，又结合金融在经济体系中的地位，政府进行适度干预具有客观必要性，以更好促进经济的良性协调发展。而在中国国情下讨论这一话题，还应关注到，金融领域分与合是以计划经济退幕、市场经济成长、经济管理体制改革的过程为大背景进行；同时，地方政府又往往具备汲取“体制外”资源的能力，仅仅在制度设计上进行集权、分权的调整，很可能出现形式集权

---

① 除了各地方之间竞争之外，地方官员激励也逐渐受到关注，认为晋升制度在地方政府官员之间引入竞争机制，有利于促进对企业的扶持，但恶性竞争也带来一系列问题，如官员动用包括财政和金融在内的一切政策手段支持企业和其他商业扩张。参见周黎安：《中国地方官员的晋升锦标赛模式研究》，《经济研究》2007 年第 7 期。

② 周立、胡鞍钢：《中国金融发展的地区差距状况分析（1978 – 1999）》，《清华大学学报（哲学社会科学版）》2002 年第 2 卷 17 期。

③ 周立：《改革期间中国国家财政能力和金融能力的变化》，《财贸经济》2003 年第 4 期。

④ 李扬：《完善地方金融管理解决融资平台问题》，《中国证券报》2010 年 12 月 6 日第 3 版。

⑤ 巴曙松、刘孝红、牛播坤：《转型时期中国金融体系中的地方治理与银行改革的互动研究》，《金融研究》2005 年第 5 期。

⑥ 经济学上，中国特色的体制被概括为“（中央）政治集权、（地区）经济分权”（张军、周黎安）。财政分权和金融分权虽然同是其重要组成部分，但在探讨中国经济转型与分权的诸多文献中，财政分权与金融分权所受关注和重视程度却截然不同。一方面，地区分权竞争背景下正式的财政分权制度被广泛关注，财政分权被普遍认为是分权竞争的核心；而显形或隐形并且更多呈现“自下而上”特征的金融分权则被理论界长期忽视，关注不足。

而实质分权，或反之亦然的情况。而在这一套逻辑下，相较于以市场主体为抓手、关注市场活动与市场失灵，尤当注意更包括“政府”作为主体在市场活动中的表现。由此，政府行为也成为讨论边界厘定的约束条件之一，共同纳入博弈行为进行分析，并应受到格外关注。在这一过程中，经济法既追求地方经济因竞争而生活力，也控制过度或无序的竞争形成金融风险与产生割裂市场、地方保护主义和浪费资源等负面效应，在这一对张力关系中把握平衡。

而此时再看地方的竞争，它可以被理解为一种“制度竞争”，[①]围绕公共产品和服务的竞争，从而有助于政治体制的均衡，也将促进市场公众对这一产品需求偏好的披露，从而实现公共产品的数量、质量与税收价格的有机结合，最终优化资源配置模式。也正因如此，在法学视角下，金融资源并不是由中央主导、在各地计划型“配置”的市场要素[②]，它需要地方政府顺应市场规律、理解市场机制并进行区域内制度设计，以提高对金融资源的吸引力；其对应的制度范畴包括提供公共产品、优化投资环境、提高政府效率、完善监管制度诸多方面，通过促进性规范与限禁性规范并用以展开跨区域竞争；而对于直接扭曲市场机制，或放任市场失灵中的不理性行为，追求短期繁荣导致风险积聚等竞争行为，则应当做出否定性评价。

在这一过程中，中央又能够统筹各地金融发展情况，对地方金融监管与风险处置能力进行审慎考虑判断，防范化解系统性风险；而在统一政策落地的同时，合理保障地方的自主、能动性，发挥差异化政策的优势，避免中央政策与地方执行的脱节；最后，又以地方作为中央进行统筹监管与发展的抓手，以在地方层面有效实现风险处置作为金融稳定的保障。而在今天的背景下，经济法将资源有效配置这一目标继续细化，首先，关注政策统一性与地区发展差异性的矛盾。不同地区、省份在金融业务量、金融机构密度、金融市场深度方面存在诸多差异，金融稳定水平与金融风险承受能力也存在很大不同。如果采取全国“一刀切”的金融政策，可能造成金融资源配置的“马太效应”，导致金融资源越来越向发达地区、向大型机构聚集，落后地区、农村地区、城乡基层获得的金融资源日益不足，小微经济体融资难、融资贵问题仍难以解决。其次，经济法进一步关注经济结构的调整转型。高杠杆、产能过剩、房地产泡沫、政府隐形债务、影子银行和交叉业务、金融资源供需失衡等金融风险表象的背后，是实体经济的周期性波动和结构性失衡，是积弊深重的经济体制性和结构性问题。只有实体经济，尤其是民营经济健康发展，才能构建合理的产权结构和资本结构，才能从源头上化解金融风险积聚的体制机制基础。在这个意义上，讨论金融分权，是希望实现对防范化解金融风险的战略支撑，从而服务于地方经济的稳健发展，由此纾解实体经济发展困境，避免实体经济受到虚拟经济的挤压，出现“资金多、资产荒”的现象，化解民营经济面临的融资难、融资贵窘境，引导实体经济进行转型与结构改革，

① 由 Albert Breton 在《竞争性政府：一个关于政治和公共财政的经济理论》（*Competitive Governments: An Economic Theory of Politics and Public Finance*）中提出。

② 当然，在计划经济时代也有地方政府竞争现象：纵向上说，比如地方对中央的事实上消极遵从，尽管其表面上遵从中央的指示。这就是计划经济时代的纵向竞争的特点之一，也是为什么中央在 1978 年前不断尝试分权、试图打破“治乱循环”的原因之一。横向上说，来自各地的政府或部门负责人到中央各部委去要项目、要工程、要资金，这就是计划经济时代地方政府之间横向竞争现象之一。

实现长足健康发展。

金融分权从经济学上获得深刻的解释力，为金融分权“是什么”“为什么发生”的问题奠定基础，从而深化对现行经济体制的理解。谈管理体制服务于经济体制，自然应当了解经济体制的客观情况与运行原理。从金融分权进而走入经济法，在法学范畴下进行评价，在“应当做什么”的层面处理一系列动态变化的问题。此外，在一些现有法学的相关研究中，往往因为在经济学上所谈的金融分权与法学意义上的金融监管分权发生混淆，故而出现了概念性的混乱，也出现在实然和应然不同层面各自为政的情况。结合上述讨论可以发现，在法学视角下，金融监管分权是金融分权中地方政府进行制度竞争的一项内容；限禁性的监管通常与促进性规范并列，共同展开对金融资源配置的竞争。

结合上述，这一部分的讨论试图说明两点：其一，经济学与经济法在“金融分权”上的理解为何，两个学科在哪一层面进行沟通；其二，经济学与经济法的观察角度有什么不同。在第一点，应当区分“金融分权”与“金融监管分权”，前者是讨论金融资源的配置，谈的是经济体制；后者讨论的是制度设计，谈的是经济管理体制。对于第二点，经济法不仅接纳经济学为过去金融资源配置中的各方行为提供的解释理论，还需要更进一步，对其做出法律意义上的评价，思考在法律框架内是否可取，从而为制度改革提供智慧。而在对其进行评价的过程中，观察除了传统上理解的微观市场主体：政府，同样作为一个重要主体，在强监管的市场，即金融领域中的特殊地位，试图通过遵循市场规律与扭曲市场规律两种途径，争夺金融资源，并在其中发生“繁荣”“失灵”种种现象。当然，经济学的认知与经济法的评价时有冲突而难以取舍①，或在一定发展阶段内会偏重实用主义色彩。而即使如此，也仍应加强二者之间的对话，从而在各自领域对经济良性发展问题做出回答之时，有更具综合性的视野与思路。

## 二、金融监管分权：制度张力与改革定位

金融分权的内涵又构成了金融监管分权的逻辑起点，从“怎么做”的层面进行监管制度设计的探索，以便更好地服务于金融体制的客观需求。金融监管分权，意味着地方可以作为金融监管主体而存在，是作为准微观主体的地方制度竞争中的重要组成。在经济法视角下，政府对金融市场的干预可分为宏观调控与市场监管两类，而宏观调控权一般由中央银行行使，而不在央地之间进行切分；②讨论金融监管分权，其内涵是市场监管权在央地之间的配置。

分合乃是常态。而综合来看，分权在经济法上有诸多价值结晶。具体就监管权的分权而言，分，别也；权，则有亲权者不能与人柄之意，从而强调在各监管部门之间实现权力制衡，促进科学、民主、审慎，防止权力滥用。横向上，如果将国家职能配置给在组织、结构、程序、人员上具有优势，从而最有可能做出最优决定的机关，有助于实现结构功能主义视角下决策优化、效率提高与专业性增强；纵向上，有利于分级合理提供公共产品，

---

① 张守文：《宏观调控权的法律解析》，《北京大学学报（哲学社会科学版）》2001 年第 3 期。

② 也有学者将金融宏观调控权分为决策权与执行权，从执行权享有的角度解释、行使宏观调控权，但是笔者认为，首先，决策权是分权的核心，其次，哪怕在执行实然层面发生了异化，溢出了执行范畴，出现了新的“权力”，也并不应当纳入“分权”应然层面的体系，以免讨论混乱。

发挥地方优势、地方积极性，因地制宜。在监管分权本身的制度价值之外，它还能够在经济民主中找到落脚与实践。监管分权的价值也能在《中华人民共和国宪法》（以下简称《宪法》）中找到解释空间。《宪法》第3条在横向、纵向上的国家权力配置作出了原则性划分[①]，横向上进一步可从《宪法》第三章“国家机构”的规范为基础展开阐释，纵向上可结合第89条（国务院行使职权）、第107条（地方政府权限）理解，从而构成讨论分权的合法性基础。然而，《宪法》虽然在规范意义上提供了分权的合法性基础，至于如何分权、分到何种程度等问题并无明文规定。

也正因此，我们看到分权又有弊端与局限。分权不当，可能造成监管冲突、监管重叠；分权后可能出现部门本位的“隧道视野”。而除了分权不当的问题，分权改革也总有得失。分权后的相对绩效评估造成了城乡和地区间收入差距的持续扩大、地区之间的市场分割和公共事业的公平缺失等问题，带来局部与整体的不平衡、不协调，以及重复建设与效率损失。各类制度实践正是每一次改革中做出的取舍，承担相应的代价，在分与合中把握微妙的平衡。

从应然层面，在我国现行金融管理体制中，在收放张弛之间，也应强调适度分权，以服务于金融发展的目标，既强调金融资源高效配置、持续解决市场失灵的问题，促进经济稳定增长；亦强调金融安全，防范化解金融风险，从而实现经济安全，进而实现经济与社会的良性运行和协调发展，展现动态开放、欣欣向荣的生命力。

那么，应当如何解读2018年机构改革的思路，其权力配置实属是分权还是收权？回溯金融监管的分合历史与前后关系，在横向、纵向上各有风貌多元的制度实践。从国际视野下的金融监管体制改革看，欧美各国在金融危机后发生了两个重要转向：从分业监管向混业监管转变，从机构性监管向功能性监管转变，并在后危机时代强调金融消费者利益的保护。而就我国的阶段演变，横向上，1983年起，中央银行与商业银行开始分离[②]，但人民银行作为中央银行，既负责货币政策制定又负责对银行业、证券业和保险业进行监督[③]。20世纪90年代，证监会、保监会相继成立，进一步把对证券、保险市场的监管职能从人民银行剥离；2003年初银监会的成立，使中国金融业“分业经营、分业监管”的框架最终完成，由此形成一行三会的金融监管体制[④]。2018年的机构改革中，银监会和保监会进一步合并，组建中国银行保险监督管理委员会；同时，银监会和保监会拟订银行业、保险业重要法律法规草案和审慎监管基本制度的职责划入央行，从而形成“一委一行两会一

---

① 《中华人民共和国宪法》（2018年修订）第3条：中华人民共和国的国家机构实行民主集中制的原则。全国人民代表大会和地方各级人民代表大会都由民主选举产生，对人民负责，受人民监督。国家行政机关、监察机关、审判机关、检察机关都由人民代表大会产生，对它负责，受它监督。中央和地方的国家机构职权的划分，遵循在中央的统一领导下，充分发挥地方的主动性、积极性的原则。

② 工商银行作为国有商业银行从中国人民银行中分离。

③ 专业银行虽然对银行经营业务有较严格的分工，但并不反对银行分支机构办理附属信托公司，并在事实上成为一种混业经营模式。

④ 其中，银监会主要负责对银行业的监管，包括四大国有商业银行、三家政策性银行和十大股份制银行，以及规模不一的近百家地方金融机构；保监会负责保险业的监管；证监会负责证券业的监管；人民银行则负责货币政策制定。2004年，银监会、证监会和保监会公布《金融监管分工合作备忘录》（以下简称《备忘录》），在分业中强调三家机构需要建立“监管联席会议机制”和“经常联系机制”。《备忘录》提出，可以邀请中国人民银行、财政部以及其他部委参加“联席会议”和“经常联系”会议。

局”的监管框架。而纵向上——有趣的是，横向与纵向的分权在我国互相影响。新中国成立之初，为使中央有效集中有限的财力物力，我国建立了单一的国家金融体系，地方政府并不享有金融监管权。1978—1993年，为配合经济领域放权让利，金融领域开始打破“大一统”的格局，并改变“大财政、小银行”的体制，出现地方性金融机构，特别是在证券市场上，地方政府进行了充分主导①；而1994—2001年，随着金融风险累积，中央上收地方权限，提出加强央行宏观调控体系建设，加强对地方银行分支机构管理，证券市场在证监会的成立下走向集中统一，保险业也随之确立统一管理体制②；2002年开始，金融发展与风险防范并重③，一行三会、国家发改委、财政部等中央部委与地方政府之间不断调整金融资源配置，中央将部分金融机构与金融市场的监管与风险处置适度交予地方，包括省级人民政府对农村信用社、小额贷款、融资性担保机构、地方性交易市场的监管，省级商务主管部门对典当行的监管④，从而构成了我们当下讨论地方金融的基础。

地方金融监督管理局与“7+4类”监管的提出，其实是中央第一次完全明确地方具有金融监管职能。“名分”一出，或希望能够在“7+4类”上抢占监管优势，或尚未形成完整的监管态度，目前地方之间消极披露相关体系设计与监管方案也并不奇怪⑤。但本文认为，设置地方金融监督管理局，不是简单意义上的监管“权力分割”，而是在经济法意义上的关注，同时发挥地方政府的能动性与监管上的优势，一方面，“分”在地区之间因地制宜、允许制度竞争；另一方面，强调“收”的重要性，加强中央与各地之间的沟通，实现对地方金融信息的高效掌握，以实现统筹，从而进行风险防范化解、地方与结构引导调整，形成适应现代化治理要求的“适度分权”。相对于中央金融监管，地方金融监管是落实风险处置的稳定器；相对于地方金融发展工作，地方金融监管强调“防风险”与“促发展”两手并用；相对于被监管对象而言，金融监管通过“底线”思维构筑金融创新与发展的坚实保障，为金融创新奠定牢固基础。

在这一制度定位下，地方金融监管应从整顿金融秩序、补齐金融监管的制度性短板等方面入手，以体系构建、权力配置、机构设计系列安排，理顺完善管理框架。同时，通过地方金融监管信息共享机制，促进横向金融监管部门之间形成相通、共享的金融信息

---

① 我国的证券市场与银行业发展不同，1986年颁布的《中华人民共和国银行管理暂行条例》虽然赋予了中国人民银行在证券市场的主管机关地位，但当时的实际市场管理仍然由地方政府以及中国人民银行当地分行来承担。

② 地方金融资源膨胀加上监管不力导致通货膨胀和金融风险。中央着手对金融秩序进行全面整顿，金融资源配置与金融管理权力开始出现上移。例如，中国人民银行将地方分支机构对国家专业银行和其他商业银行的资金融通权上收至总行，省级分行只保留一部分短期资金的融通权，取消对分支机构利润留存制度，转而实行财务预算管理制度，强化地方分支机构的监管角色。

③ 可以大致划分为两个方向：（1）2002—2006年，现有银行的股份制改造和上市；中央审慎下放了部分金融权力；（2）2007—2012年，地方性金融机构迅速发展；“中央相继将小额贷款公司、典当行、融资性担保公司等非存款类准金融机构的金融监管权下放给地方政府。2013年，中央在强化地方责任的基础上又将发债预审权下放给地方政府。

④ 参见2003年《国务院关于印发深化农村信用社改革试点方案的通知》；2008年银监会和人民银行《关于小额贷款公司试点的指导意见》；2010年《国务院办公厅关于进一步明确融资性担保业务监管职责的通知》《融资性担保公司管理暂行办法》；2011年《国务院关于清理整顿各类交易场所切实防范金融风险的决定》；2012年《典当业监管规定》；2014年《国务院办公厅关于金融服务“三农”发展的若干意见》。

⑤ 多地地方金融监管局的信息并没有进行网上公开披露。同时，在调研中发现，由于地方金融监管体系处于建设之中，一些地方，如上海，为防止其他省市学习，并不愿意进行制度共享。

数据库，增强金融监管机构的综合分析能力，提升金融监管的协调性和有效性。在这一过程中，突出地方金融监管局的工作“中枢”作用，统筹地区金融监管资源，着眼风险发生的事前、事中、事后全过程，强化区域监管协作，从而在地方金融监管各部门之间形成政策协同效应，立足于经济发展的大局，基于平衡经济发展与风险防范的立场进行制度安排和政策执行。

同时，值得说明的是，区域性风险管控的逻辑不是将金融业进行刻板的地域化分割，其核心在于尊重金融经济规律，发挥地方金融监管当局行政资源、信息获取、政策便利的优势，处理数量庞杂、地域分散、业务多元、风控薄弱的地方金融机构的问题，将烦琐复杂的金融风险进行专业化、小规模化、及时的处置，并实现权责统一的监管和应对。

## 三、改革中的地方金融监管体系建设：困境与探索

2018 年机构改革下，各地地方金融监管局挂牌，同时往往加挂金融办牌子，将省政府办公厅的地方金融发展、防范金融风险等职责，省商务厅的商业保理公司、典当行、融资租赁公司监管等职责整合，组建省地方金融监督管理局，作为省政府直属机构。本部分将基于改革中的现状与存在的问题，讨论如何在改革中推动金融监管制度设计的落地，实现分权理论的具体应用。

### （一）分权的合法性来源

推动地方金融监管体系建设，面临的第一个问题是合法性来源。《中华人民共和国行政许可法》第 12 至第 15 条和《中华人民共和国行政处罚法》第 9 至 13 条对不同效力层级的法律规范可设置的行政许可和行政处罚范围有明确的限制。但相关领域的规范，恰是效力层级随意且低下[①]；为解决权力授权来源的不规范的问题，个别省份已出台地方性的金融监管法规和条例，[②]少数省份将地方金融管理条例纳入立法计划[③]，而截至 2018 年，大多数省份只有部分领域的通知、意见、暂行办法[④]。合法性来源问题从本质上看，还是

① 在“7+4 类”范围内，仅有融资性担保公司的监管权限是在行政法规层面，即《融资担保公司监督管理条例》中规定。地方资产管理公司、小额贷款公司、社会众筹机构、融资租赁公司、投资公司、商业保理公司、地方各类交易所的监管权大多是由国务院办公厅或各部委以通知的方式规定。区域性股权市场、典当行的监督管理权由部门规章层面，即《典当管理办法》规定。农民专业合作社的监管权力来源更加混乱，散见于各地方制定的地方性法规或通知等。

② 山东、河北、四川、天津是目前为止已经出台了地方金融监督管理条例的四个省市。其中，山东在 2016 年 3 月出台，是全国最先出台的省份，天津市出台、实施时间最晚。

③ 2018 年 9 月 21 日，江苏省人大常委会首次听取省政府做金融方面工作报告，《江苏省地方金融条例》已被列入江苏省人大常委会的立法计划；2018 年 11 月末，浙江省人大常委会听取了对《浙江省地方金融条例（草案）》的意见和建议。

④ 就目前监管情况分析，以陕西省为例，2008 年，陕西省金融工作办公室、陕西省工商行政管理局、中国人民银行西安分行、中国银行业监督管理委员会、陕西监管局联合发布《陕西省小额贷款公司试点管理办法（试行）》，对机构设立、股东资格和股权设置、合规经营、监督管理与风险防范、机构终止五大环节作出监管规定；2009 年，陕西省人民政府办公厅发布《关于进一步明确融资性担保业务监管职责的意见》；2015 年陕西省人民政府办公厅发布《关于促进融资租赁业发展的实施意见》；2017 年，陕西省工商行政管理局、陕西省农业厅、陕西省林业厅联合发布《陕西省农民专业合作社联合社登记管理暂行办法》的通知（陕工商发〔2017〕202 号）；2017 年陕西省发布《陕西省交易场所监督管理暂行办法》（陕政办发〔2017〕105 号），明确了交易场所监管机构的职责、地市级人民政府的属地监管和风险处置责任以及省级职能部门的职责分工和归口管理原则，规定了监管措施和违规处理措施；2018 年陕西省人民政府发布关于明确陕西省省区域性股权市场运营机构的通告，省政府确定陕西股权交易中心股份有限公司为陕西省唯一合法的区域性股权市场运营机构。

在于事权分配上下关系尚未捋出头绪，导致其分配想一出是一出。

于法无据，则从根本上使得监管难行，引发对权力正当性与合法性的质疑。而由此而来的一项颇为尴尬的引申是，地方上风险处置的目标始终要达成，既然无法可依，便只能调研、约谈，迂回图之，被迫“软性行政”；或求助于“打非”名义，获得排查权力，但都不能进行真正意义上的监管。从实用主义的角度看，迂回手段本也并非下策，其主要受指摘之处在于，存在无法实现监管目的，甚至放大金融风险的弊病。由于金融风险在实际发生之前往往很难查出，工商部门只能将其界定为正常运营；一旦出现问题，也需要达到公安机关的立案标准，否则也无从管起。对于地方金融监管部门而言，由于事前事后监管权的缺失，哪怕知其风险存在，也无法加以查处；既无日常监管授权，也无应急机制应对，进而使得金融法与刑法之间轻重安排下的中间地带无奈陷入监管真空，也使得地方金融监管部门在地方金融风险的防范与化解上皆力有不逮。

随着各地将地方金融管理条例提上日程，地方金融监管权力的“合法性”问题应当得到各自对应法律效力层级的体系化、制度化解决，防止地方金融监管的无力、迟缓现象拖延。这一方面意味着推动对行政许可事项和行政处罚的权力配置做出明确规定，也意味着在尚未制定法律和行政法规的领域，地方立法资源应被充分利用，规范金融监管活动。而未来在“7+4 类”向地方政府分权时，也应当及时通过制定法律法规等符合法律规范的方式向地方政府授权，确保地方金融监管机构权力来源的正当性，提升地方金融监管活动法治化水平。

（二）分权改革中的“左右关系”

分权改革中，还需考虑“左右关系”的难题，这一“左右关系”又分为多个层面。首先，探索整合多头地方金融监管部门。在地方性小微金融监管方面，监管主体责权不清，经济政策各异，碎片化倾向明显：典当行由中央、省、市、县商务主管部门分级监管；私募股权基金由证监会管；小额贷款公司和融资性担保公司，政策由央行、银监会出，具体由地方政府金融办、中小企业局或工信厅监管；非融资性担保公司、网络贷款公司等机构，目前没有明确的监管主体。小微金融机构数量多、分布广，监管政出多门、职责交叉、有效性差，致使地方性小微金融管理真空与重叠并存的问题严重。当然，统和各方的转隶过程，必然存在层层阻力，改革落地也并不全然是法律问题，但应当考虑到地方金融以监管促发展的客观需求，并将这一客观需求作为推动改革的深刻基础与长期动力。而机构改革后的地方金融监管局将把分散的监管模式加以强有力的整合，顺利进行职权转隶，形成地方上集中的强监管中心，理顺监管体系，实施全面覆盖、责权清晰、运行高效的中央和地方双层监管体系。

其次，“左右关系”需要处理地方金融监管局与中央监管派出机构之间的协调。目前，主要形式是地方金融办牵头建立地方金融稳定协调机制，即地方金融办牵头，人民银行派出机构、银监局、证监局、保监局共同建立联席会议机制。但是，这种联席会议的召开大多存在随意性，也并非所有的省市都形成了这样的联席会议制度，亦可能出现会议频繁、议而不决的情况；它的职责权限、机构设立和运转方式等问题还没有清晰的规范，目前还主要依靠地方行政力量来完成。而在统筹金融发展的一盘棋中，加强地方金融监管局与中央监管派出机构之间的高效沟通并不限于联席会议的完善，还应当包括厘清双方的监管权责，虽然现阶段地方金融监管局以监管“7+4 类”为目标，但未来新型金融领域的监管如何进行权力配置，需要进行划分；同时，交叉性业务领域也需要中央与地方监管之间的共同防范。

“左右关系”的第三层含义，在于把握本区域监管与跨区域监管。虽然金融监管机构走地域化设计之路，金融风险却会出现跨区域的错配，包括“7+4 类”的业务中也有不同程度涉及跨区域、跨细分市场领域的问题，而随着社会信息化的进一步发展，也将不断重塑金融风险的布局模式。[①]而各地金融监管部门之间，或限于传统思维，或因保护主义，或出于对短期繁荣的追求等情状，不愿主动披露相关风险，基于地方利益而罔顾全局，产生“公地悲剧”。面对这一局限，应对跨区域风险，当强调完善中央以地方金融监管局为抓手、优化对全国范围内各地金融信息的掌握情况，推动地方金融监管当局之间的沟通合作，打破跨区域金融风险中的信息不对称壁垒，从而才有“全国一盘棋”。

（三）分权改革中的“上下关系”

承接“左右关系”的第三层面，可以进一步演化出考虑分权中的“上下关系”。在这一对关系上，需要考虑地方金融监管局是如何处理落实中央规定和承担地方政府工作要求的矛盾，如何把握金融发展与监管的平衡。地方金融监管机构成为政府组成部门，一方面行使职责更加便利，但另一方面也要承担地方本级政府要求的工作，例如融资、GDP 要求。监管和政府工作要求往往有冲突，而身兼多重身份，亦会使得在发展与监管的权衡取舍中有所偏颇。

在这一意义上，需要强调地方金融监管机构的“相对独立性”，不为纯粹地区主义、保护主义所束缚，不以短期追求为转移。而换一个角度，若无相对独立性，有鉴于地方政府经济发展的冲动，中央也绝不应轻易放权，否则容易发生区域性风险。

过去，学界对“发展”与“监管”并存有诸多质疑，认为地方无法实现双重目标，所以两者并存不过是一个假命题。但相关假设的基础，其实是将地方金融监管与地方政府利益做同向性处理，故而在双重目标发生冲突之时，地方金融监管会服从地方利益，而偏离对社会整体福利的考量。而 2018 年机构改革下的地方金融监管局的实践意义，正是应当探索将地方金融监管与地方政府解绑，凸显其“相对独立性”，从而能够做出双重目标下的客观权衡。既要其统摄过去分散的“左右”，又要其嵌入央地的“上下”之中。由此，可以考虑在地方金融监管机构考核指标中调整经济增长与防范风险的权重，使得地方政府与中央政府的行为选择趋于一致。

（四）分权改革中的权责统一

与此同时，“左右关系”“上下关系”中，还当强调权责统一。从系统性风险角度看，地方金融虽然做出“7+4 类”金融的区分，但其所涉业务中小额贷款、融资租赁、保理等的资金来源可能是银行，地方金融监管是否也承担着部分系统性金融风险的应对责任？如果是，又如何与部分承接中央政府、金稳会、人民银行等的系统性风险进行责任分配？而再从地方风险处置的角度来看，金融稳定发展委员会省级办公室是否具有地方金融监管局

---

① 当然，P2P 监管职能明确划给了银保监会，即中央金融监管机构的责任，这大大缓释了地方金融监管机构职能本地化和风险跨区域化的错配。

的监管指导职能？系统性风险和区域性风险往往难以明确区分，而风险处置责任又属于地方，那么一旦出现金融风险，中央政府是否应该承担救助责任，以及应该承担多少救助责任，目前来看仍然缺乏完善的法律法规和处置经验。

在此基础上，反观现行监管权划分模式可以发现，其整体逻辑实际上是以金融产品业务与地域性区划为横纵向划分标准。这很符合传统上对金融的想象——对金融的理解，是将监管便利作为理解出发点，掌握牌照的发放（对应金融产品业务），关注以地区为核心的层层考核（对应地域性区划）。但这一规范模式恐怕难以涵盖金融活动的全貌，也无法对应描述金融风险产生的真实原因，金融风险在不同领域间蔓延、自上而下运作的客观表现。从而，在这一规范模式上建立起来的责任划分体系，容易出现权责的错配。强调权责统一，其实也是强调回归金融本身发展的范式，针对其客观特点，进行监管责任的妥善配置。

上述上下、左右关系，是从监管主体的角度回答如何分权的问题。而从监管客体（被监管对象）“7+4 类”金融的视角出发，也将深入对分权设计的理解。在此，值得思考的是，监管客体是否有存在之必要？如有，“7+4 类”监管模式和传统的对金融行为监管模式又有何种区别。

回溯本源，“7+4 类”金融产生于我国民间融资困难的现象，在搞活地方金融的同时，也带来诸多问题，从而招致相关批评，包括地方金融机构合规经营意识淡化、治理结构不完善；行业协会自律作用发挥不足等等。但是，乱象的存在并不意味着对金融业态本身不应存在，也无法否认融资的客观需求。如果与实体经济做一个类比，实体经济细分，金融业也应当根据实体细分，匹配产业发展，并发现属于“7+4 类”的发展空间；而政府应相应地进行财政补贴、兜底、风险分层机制并做好监管。

## 四、余论：分权理论再思考

以地方金融监督管理局建设为标志的地方金融监管体制改革，是对经济法上分权理论的有益实践。其实，虽然前文谈到经济学与经济法之间的对话，但归根结底，现有的分权研究中，仍是经济学的贡献更大。从分论角度研究分权，进而上升到总论的文献也很少。而 2018 年机构改革恰好为分权在经济法上的演化、从理论走到实践提供了充分空间。

改革还为我们提供了更为多元的思考视角。引入政法范式就是颇为有趣的一点，在政法范式下，从改革制度设计的角度，可以理解金融监管分权目标，是在发展与安全两个层面上把握平衡，而安全一翼，不仅关注金融的内在脆弱性、风险传递性以及社会公共性有关的金融安全，也关注经济安全、政治安全，乃至防范重大系统性风险而影响到国家安全，它是一个历史性、阶段性的概念，需要回归到具体的国家发展阶段中进行分析。从改革制度执行的角度，会考虑在改革方案落地中可能出现的政治方式、党内方式与法律方式的替代关系。分权需要有放有收，在中央与地方之间提高双方决策的科学性，进而实现地方和整个国家收益的最大化；分权也需要对权力配置进行划分，而不是形式上多一个机构。由此，在讨论分权的制度落地之时，必须将各级政府考虑进来，从而在实然层面拿出有实践意义的方案。而再抽象一些说，如果要对改革进行法律意义上的评价——包括如何对政府通过制度设计竞争金融资源在政治问责之外做出法律评判，如何在法律的视角下看待改革的成败，我们会发现，政法范式重塑了对这个问题的思考。传统上，改革中，政府对权力的自主分配，甚至自设权力，在转轨过程中非常普遍；但在今天改革需要完成政治与法律的互动与理解，也在这个意义上，我们说，改革是一个试错的过程，但是在合法的框架下进行的，不希望因对法律的僵化理解而阻滞改革步伐、架空了改革的政治内核，而是希望改革能够通过程序的合法性带来一定治理预期。正因如此，地方金融体制改革需要获得相应法律支持，使其监管权力的配置获得正当性背书。

其次，在理解经济体制改革的基础上把握管理体制改革，并强调回应性、差异化治理思路。以改革促发展，我国每一次金融监管的体制改革，其实都是在特定背景下的金融体制改革过程中决定的。同时，发展不平衡始终是贯穿我国经济的基本特征。地区、领域、城乡之间的不平衡以及不同规模微观经济体之间的差异性，普遍存在并将长期持续，特别是随着小微企业的崛起，城乡个体户、生产性农户等微型经济体的壮大，为其服务的小微金融机构、准金融机构也快速发展。也正因如此，在本次改革中，虽然将“7+4类”金融认定为现阶段地方金融的主要矛盾，但地方金融监管体制应当是一个“大制度”，如何从“7+4类”金融监管中总结有效经验，思考如何从地方层面探索金融发展与安全的平衡，中央实现充分垂直统筹，使得地方金融监管制度更具开放的活力，以鼓励有益创新，服务于经济结构体制改革的大局，是值得思考的问题。

此外，重要的一点，是提高现代化治理能力。在第三部分的讨论中，其实我们的关注点大多在“中央—省”一级。如果继续聚焦，进而观察“省—市—县/区”级，会发现落实地方金融监管体系建设中一项现实紧迫而常被忽略的问题——地方金融监管机构的“能力”问题。能力的问题在各级政府都多多少少存在，而现阶段在“省—市—县/区”级尤为突出，表现为对金融风险难以掌握、难以判断、难以应对。首先，在金融监管上，最为直接相关的就是信息化建设问题。虽然区县级别负责实际的地方金融监管工作，但往往这一级别的监管并无独立的信息系统，而是接入省一级的系统中；以金融监管中区县一级欲申请冻结某一账户为例，通常需要层层上报到省级，区县本身对账户系统并没有掌握。若无信息化建设，巧妇难为无米之炊，地方金融监管的第一线也就随之落空。其次，地方金融监管需加强科技监管手段。尽管金融科技监管在理论界有轰轰烈烈的讨论，但在实际应用，尤其是在区县一级实际应用寥寥。目前，在监管方式上更多地停留在实地盘查、企业财务数据分析等传统方式，缺乏跨部门、跨行业的信息集成，难以适应互联网时代对地方金融监管提出的新要求。最后，执法人员亟待加强执法能力。现行状况中，往往是人员编制已经基本到位，但现有人员编制和人员素质难以满足监管需求。应对这一“能力”不足的情况，对症下药，以完善信息化建设为基础，吸纳监管沙盒等创新监管模式，探索与社会信用体系的合理对接，多重途径并行，以科技支撑为突破口，化解信息不畅、监管手段单一等问题；改变地方金融监管当局“增长支持型”组织架构，应深化组织体系结构调整，由中央监管机构强化对地方金融监管机构的政策指导、业务指引和人员培训等支持力度，地方监管当局同步强化自身在经济、金融、技术、监管等领域的学习、研究、实践，提升自身监管水平和能力。尽管地方金融监管的客观需要暴露出了诸多地方政府的能力缺陷，但换一个角度，也恰好能借由改革的良机，倒逼地方政府现代化治理能力的提高。

换个角度想，中央政府面对地区、行业间发展的差异，自然不可能亲力亲为，而是巧妙发挥地方金融监管机构在行政资源、信息获取、政策便利等方面的优势，提高监管效率的内在价值。而不限于金融监管，在中央和地方之间，应当根据相应的经济“职能”，考虑各级政府应有的“能力”，明确、有效、合理地分配“职权”，配套以“问责”，从而界定市场主体的经济自由、维护市场秩序、保障经济民主，体现合乎宪法规定的正当性。

分权改革必然有得有失。在金融监管分权的改革中，当强调适度分权，强调金融监管体制改革中新设机构的相对独立性，处理好左右、上下关系，既发挥地方金融监管的独特优势，也通过制度设计疏导地方金融监管分权的负面效应。唯有此，才能避免改革异化为设立叠床架屋的又一机构，才能在把握发展与安全的两翼中最大限度发挥并提升地方目前的现代化治理能力，使得经济管理体制的改革有效服务于经济体制。

# 自己不动产役权中第三人利益的平衡

孙　娟*

**摘　要**：自己不动产役权系以自己不动产互为提供便宜的新型不动产役权类型，突破了传统不动产役权的主体限制，具有预先确定土地用途、规划城市格局之作用。但是，因供役不动产与需役不动产“同归一人”的制度构造，设立行为多以“自己”为中心而为之，剥夺了受让人等第三人的参与权；且其本质目的为约束受让人的利用行为，于第三人利益而言常常考虑欠佳。故而，自己不动产役权在设立方式、行使方式上可能会侵害第三人合法权益或造成双方利益失衡，对第三人利益的保护殊值重视。因此，欲同时实现不动产灵活运用与第三人利益平衡之目的需完善相关制度，可通过赋予第三人抗辩权保护其合法权益，通过完善自己不动产役权设立制度减少后续纠纷发生风险。

**关键词**：自己不动产役权、第三人利益平衡、第三人抗辩权、设立方式

# The Balance of the Interests of the Third Party in His Real Estate Servitude

Sun Juan

**Abstract:** The real estate servitude system is a new type of real estate servitude, which provides cheap real estate servitude to each other. It breaks through the limitation of traditional real estate servitude, and plays a role in determining land use and planning urban pattern in advance. However, due to the system structure of “the servant-real estate and the servant-real estate in need belong to the same person”, the establishment behavior mostly takes “oneself” as the center, depriving the third party such as the transferee of the right to participate;And its essential purpose is to restrict the utilization behavior of the transferee, which is often considered poorly for the interests of the third party. Therefore, one’s own real estate servitude may infringe upon the legitimate rights and interests of a third party or cause the imbalance of interests of both parties in the way of its establishment and exercise, so it attaches great importance to the protection of the interests of a third party. Therefore, in order to realize the balance between the flexible use of real estate and the interests of the third party at the same time, it is necessary to improve the relevant systems, which can protect the legitimate rights and interests of the third party by giving them the right of defense, and reduce the risk of subsequent disputes by improving the system of establishing servitude of real

* 孙娟，中央财经大学法学院硕士研究生。

estate.

**Key words:** servitude in real estate, balance of interests of the third party, the right of the third party to defend, setting up methods

## 一、自己不动产役权的基本法理

### （一）“自己”作为主体的合法性

不动产役权系以他人不动产供自己不动产利益之用为目的的权利①。不动产役权下权利的实际享有主体为需役不动产，而非权利人，凸显的为需役不动产对供役不动产的客观依赖关系，具有主体物化之特性②。其目的在于调整不动产之间的利用关系而非所有关系③，两者是否权属一人并无关系，只要供役地与需役地界定清晰便不违反地役权基本法理。换言之，供役不动产并非仅权属于“他人”，两者可“归于同一主体”，自己不动产供自己其他不动产便宜之用，此即自己不动产役权④。其突破了地役权只能于他人土地上设立的主体局限，是不动产役权的理想型突破⑤。

大陆法系中，《瑞士民法典》一改罗马法“役权不适用于自己的物”的传统民法原则⑥，开创了认可自己地役权合法性的先河⑦。因社会发展的需要，德国通过判例更改最初借鉴的罗马法经验，将自己地役权运用于实务中。⑧我国台湾地区于 2010 年更是对地役权制度从客体到主体进行了彻底革新，其不仅将客体扩大到所有不动产，即谓之“不动产役权”，且肯认了“同一主体”的特殊不动产地役权类型的合法性⑨。于英美法系，美国自己地役权（quasi-easement）于设立时虽非真正地役权，仅为“准地役权”性质，只有在不动产转让之后才能实现真正地役权之转换⑩。这与罗马法学者认为于自己土地转让之际可设立役权有异曲同工之处⑪。但是，因社区规划、自己不动产利用的现实需要，其仍认可自己地役权制度⑫。英国为避免私有财产的僵化利用，亦对该制度的态度日渐松动⑬。自己不动产役权制度不仅能补充建筑物区分所有权下集体规约的不足⑭，合理进行社区规划从而

① 谢在全：《民法物权论》（下册），新学林出版股份有限公司，2014，第 13 页。

② 常鹏翱：《回归传统：我国地役权规范的完善之道》，《清华法学》2018 年第 5 期。

③ 陈华彬：《民法物权论》，中国法制出版社，2010，第 375 页。

④ 陈华彬：《物权法论》，中国政法大学出版社，2018，第 508 页。

⑤ 耿卓：《我国地役权现代发展的体系解读》，《中国法学》2013 年第 3 期。

⑥［意］彼得罗・彭梵得：《罗马法教科书》，黄风译，中国政法大学出版社，1996，第 251 页。

⑦《瑞士民法典》第 733 条规定：“所有人可在自己的土地上，为属于自己的另一块土地的利益，设定地役权。”参见殷生根译：《瑞士民法典》，法律出版社，1987，第 205 页。

⑧［德］鲍尔、施蒂尔纳：《德国物权法》（上册），张双根译，法律出版社，2004，第 723 页。

⑨ 王泽鉴：《民法物权》（第二版），北京大学出版社，2010，第 323 页。

⑩ See Bryan A. Garner, Black's law dictionary, St Paul Minn: West Group, 2009, pp.585 – 587.

⑪ 罗马时期，有学者认为：“拥有两块土地的人，在交付转让给他人之时可以在其中一块之上设立一项役权。”《学说汇纂》（第 8 卷・地役权），陈汉译，中国政法大学出版社，2009，第 59 页。

⑫ See M.P. Thompson, The acquisition of easements, Conveyancer and Property Lawyer, 1997, Nov/Dec.

⑬ 参见 2008 年英国法律委员会发布的《地役权、不动产契据权与获益权》第三部分第 66 段。

⑭ 苏永钦：《走入新世纪的私法自治》，中国政法大学出版社，2002，第 259 页。

提升宜居性[①]，而且对于不动产之有效利用具有重大作用。故而，为满足日渐丰富的交易所需，我国民法应当设计自己不动产役权制度[②]。

（二）“自己”作为主体的特殊性

自己不动产役权的特殊性在于“主体的一人性”，“自己”既可是一人对两处不动产单独所有，亦可是对一处或两处不动产与他人为共有关系，即只要“自己”在两处不动产中均享有所有权份额即可[③]。换言之，“自己”既是权利的享有者又是义务的负担者，权利义务之设定皆由设立人全面决定，受让人无参与权。特别是自己单独所有供役地与需役地情形下，其本质为设立人的单方法律行为。故此，虽然自己不动产役权于大规模土地开发之际，具有预先确定土地用途、规划城市格局之作用[④]。但是，其正外部性尤为突出，多为影响第三人对不动产之利用方式而设。且地役权构造应当且仅以使需役地受益为目的[⑤]，设立自己不动产役权多数情形下乃为以权利人“自己”为中心的单方法律行为，其设立之初衷系为满足自己需役地所需，于第三人利益而言常常考虑欠佳。地役权人无法满足供役地受让人等第三人的合理要求，甚至阻碍第三人合法权利行使，第三人利益受损之风险需加以考虑。且社会的迅速发展与不动产利用价值观的不断变换与长期稳定的物权性权利形成鲜明对比，要想自己不动产役权的设立与不动产的灵活运用相匹配需要完善相关制度[⑥]。

## 二、自己不动产役权人与第三人利益的冲突

（一）一般受让人

1. 权利设立的冲突

不动产役权的设立期限系关乎不动产灵活运用的重要规定，对于是否可以设立永久期限的不动产役权，学界尚未有定论，基于对罗马法的肯认，肯定说为我国台湾地区通说[⑦]。《中华人民共和国物权法》（以下简称《物权法》）第161条对用益物权人设立的地役权期限做出了上限规定，且持否定说者也多以用益物权的定限物权性为由[⑧]，而有学者认为若供役地所有人同意则可不受用益物权剩余期限限制[⑨]。在自己不动产役权下，设立人为不动产所有人的情形将不断增多[⑩]，且住宅建设用地使用权自动续期规则以及集体土地上宅基地的永久使用皆为永久期限不动产役权的设立提供了空间。然而，因自己不动产役权设立的单方性，是否要承认设立期限的永久性需审慎考虑，供役地的永久使用于设立人而言固然有利，对供役地受让人却较为不公平。一者，虽然不动产役权从属于不动产，系为方

① 辛巧巧、李永军：《城市规划与不动产的役权性利用》，《国家行政学院学报》2018年第2期。

② 崔建远：《物权法》（第4版），中国人民大学出版社，2017，第359页。

③ 于凤瑞：《自己地役权的构造及其适用》，《中国土地科学》2014年第8期。

④ 谢在全：《民法物权论》（下册），新学林出版股份有限公司，2014，第59页。

⑤ [英] 巴里·尼古拉斯：《罗马法概论》，黄风译，法律出版社，2000，第151页。

⑥ 田野、刘玲玲：《不动产役权构造论——以地役权意涵为基础》，《天津大学学报（社会科学版）》2018年第3期。

⑦ 谢在全：《民法物权论》（中册），中国政法大学出版社，2011，第521页。

⑧ 陈耀东、赵秀清：《地役权本质与存在原则的法律与经济分析》，《政法论丛》2006年第2期，第50-52页。

⑨ 李遐桢：《我国地役权法律制度研究》，中国政法大学出版社，2014，第143页。

⑩ 辛巧巧：《我国不动产役权的构建制度研究》，博士学位论文，中央财经大学，2017，第69页。

便不动产利用而设立，但是该便宜利益乃不动产设立人所求，不动产易主之后受让人并非有相同需求，特别是供役不动产受让人。二者，自己不动产役权下设立人的自己不动产的便宜需求性更加明显，供役不动产受让人无参与最初设立不动产役权的权利，不存在当事人之间的合意，受让人只能被动接受供役地上的负担。若其永久负担他人意思而利用不动产，对受让人而言有失公平。三者，不动产的永久限制性利用方式可能会脱节于不断变化的社会价值观，不动产的活泼利用是否会因长期的固定约束受影响殊值怀疑。[①]因此，永久性自己不动产役权的设立应当谨慎为之，且应当赋予受让人表达自己意思的权利。即受让人可与设立人对期限进行协商从而实现变更期限之目的，亦可通过调整买卖价格以防受损之风险。而受让人要想知道自己不动产役权内容需有赖于登记公示制度，故登记制度的完善颇为重要。

2. 权利行使的冲突

我国地役权内容具有自由约定性，尊重当事人意思自治，我国台湾地区、荷兰亦规定地役权行使方式按照契约为之[②]。地役权可为何种性质、多大范围的利用，无明确界定，权利人有广泛行使权利的空间[③]。自己不动产役权主体具有特殊性，权利人“自己”与“自己”建立契约，约定的自由性发挥到了极致，行使方式完全按照权利人“自己”的意思为之。因其约束日后受让人的设立目的[④]，自己意思的自由性势必会威胁供役地受让人之利益。再者，自己单方约定下，地役权的内容可能模糊不清，内容的精确性和长期确定性难以实现，从而无法保障受负担人免受随需役不动产上所有权关系变化而不断变更需求的影响[⑤]。因此，在不动产役权行使范围没有事先明确约定的情形下，供役不动产转让后不能仅凭设立人的单方解释予以确定，应当基于需役不动产而存之不动产役权之性质决定其内容范围[⑥]。而且，于利用方式上，不动产役权人应当遵循最小损害原则，以对供役不动产损害最小的利用方式达到便宜需役不动产之目的[⑦]。示例，甲有 A、B 两宗土地的建设用地使用权，为了方便 A 地从 B 地取水设立了取水地役权，但是具体如何使用 B 地、使用多大范围并没有明确写明，则甲将 B 地转让给乙之后，应当根据取水地役权的性质对 B 地进行合理利用；换言之，使用 B 地的范围以实现便宜 A 地取水之目的即可，不可要求 B 地全部都为 A 地提供便利，亦不可超越取水地役权的权利内容以妨碍其眺望为由禁止乙加盖房屋。

3. 附加于地役权的债权

供役不动产权利人一般通过履行不作为义务以保证需役不动产的有效利用，但有些国

① 郑冠宇：《地役权的现代化》，《烟台大学学报（哲学社会版）》2009 年第 1 期。

② 我国台湾地区“民法”第 851 条：“称地役权者，谓以他人土地供自己土地便宜之用之权。”《荷兰民法典》第 73 条：“地役权的内容和行使方式由设立地役权的契约规定。”

③ 史浩明、张鹏：《地役权》，中国法制出版社，2007，第 31 页。

④ 谢在全：《民法物权论》（下册），新学林出版股份有限公司，2014，第 60 页。

⑤［德］鲍尔、施蒂尔纳：《德国物权法》（上），张双根译，法律出版社，2004，第 714 页。

⑥ 曹杰：《中国民法物权论》，中国方正出版社，2004，第 127 页。史尚宽：《物权法论》，中国政法大学出版社，2000，第 241 页。

⑦《意大利民法典》第 1065 条第 2 款：“在对地役权的范围和行使方式产生疑问时，应当按照既满足需役地的需求，又最少增加供役地的负担而行使。”

家为了最大程度实现需役不动产的利用价值，允许约定供役不动产权利人的作为义务，以此做出对需役地有利的补充安排[①]。该作为义务系依附于不动产役权的债务，区别于物权却从属于物权，此即为物上之债[②]。在供役不动产与需役不动产未转让之前，自己不动产役权设立人仍为不动产权利人，其于供役不动产上进行作为从而有利于需役地之利用自不待言。但是，受让人能否继续享有该权利或履行作为义务有待商榷，原因在于我国地役权设立采用登记对抗主义。登记对抗主义下，设立人无需对自己不动产役权进行登记就可设立，附加于自己不动产役权的债权更无须公示。若设立人未曾告知，则无论是供役不动产还是需役不动产受让人皆无从知晓，供役不动产受让人可作为善意第三人而不负担义务，但难以避免与需役地权利人因此产生纠纷；需役不动产受让人却可能因此无法享有既有权利，亦不利于供役不动产的有效利用。故此，若于设立之初便通过登记将权利内容予以明确[③]，当事人严格按照登记簿行事便可避免诸多纷争。

（二）开发商与业主

1. 建筑物区分所有权下自己不动产役权设立的特殊性

房地产开发之目的为销售，物权变动为房地产销售的必然结果，即房屋所有权与建设用地使用权从开发商转移到小区业主。因地役权的从属性，[④]业主取得不动产所有权之后便自然成为地役权人或负担相应义务。开发商完成房屋建设之后便通过销售行为退出，供役地、需役地全部转让，其不动产役权所影响的是业主对不动产的利用，而非开发商自己所权属不动产之利用。而于其他不动产而言，供役地与需役地可能不会一次性全部转让，地役权人只转让供役地，需役地之利用不受影响。即该地役权之设立有确保设立人需役地将来有效利用之效用，在不动产利用方式上更关乎设立人自己利益，这与开发商将自己不动产役权全部转让不尽相同。例如，甲有A、B两处房屋，甲居住于A房屋，想将B房屋出卖。但是甲想从A房屋看到海，为了防止B房屋出卖后买受人加盖房屋妨碍其眺望，便在房屋出卖之前在A、B房屋之间设立以眺望为内容的自己地役权。再者，在住宅建设用地使用权自动续期规则下，城市小区能满足业主的一生居住所需，开发商所设地役权可能影响业主一生居住体验。因此，在建筑物区分所有权制度下，以城市小区不动产为客体的自己地役权设立对第三人利益的影响比其他不动产更直接、更长远、更具特殊性。开发商预先设立自己不动产地役权是否侵害小区业主专有权、共有权颇有争论，可通过对开发商设立自己不动产的类型和方式进行分析，探讨相关冲突是否存在。

2. 设立类型上的冲突

开发商主要通过设立双向互惠型、单向便宜型两种类型的自己不动产地役权来实现小区规划、不动产利用之目的[⑤]。其中，双向互惠役权中，供役地与需役地无明显功能划分，两者互为便利，开发商以此实现对小区内各功能单元的划分、确定建筑风格、规划公共设

① 常鹏翱：《回归传统：我国地役权规范的完善之道》，《清华法学》2018年第5期。

② 常鹏翱：《物上之债的构造、价值和借鉴》，《环球法律评论》2016年第1期。

③ See Vgl.hmid/Huerlimann-Kaup, Sachenrecht, 4.Aufl., 2012, S.312.

④ 陈华彬：《物权法论》，中国政法大学出版社，2018，第496页。

⑤ 于凤瑞：《建筑物区分所有权关系中的自己地役权研究》，《法律科学（西北政法大学学报）》2014年第6期。

施[①]。例如，开发商预先规划A宗土地为体育场、B宗土地为停车场。此种类型之设立能满足业主对公共设施的基本需求，系业主购买该小区房屋时加以考虑的因素，业主均互为不动产役权人。因此，其在设立之初对业主合法权益并无侵害，有损于业主利益的行为主要发生在后续执行中，即该地役权设立后需要开发商的积极作为，对业主履行建设相关设施之义务。若开发商并未按预期规划完成建造任务，业主役权便因此被侵害。于单向便宜役权而言，供役地与需役地范围皆予以明确界定，仅需役地单方享有供役地所提供之便宜，包括经济、财产上的方便利益（如通行、汲水、采石）或精神、美观、情感上利益（如采光、眺望、禁止气响干扰）[②]。例如，房地产出售之前便规定A栋楼房上不能封闭阳台，买受人取得房屋之后当然受此利用方式之约束[③]。其设立行为本身即可能造成对业主合法权益之侵害，即该禁止性规定本身便与业主私有财产权产生冲突，设立内容是否皆必要且合理尚有待商榷。换言之，并非所有自己不动产役权都具有物权效力而受保护。我国主流观点对开发商限制业主阳台利用方式的行为是否侵犯业主私权持肯认立场，业主同意或经由民主程序表决通过方为其合法化的方式[④]。司法实践中对相关行为有效性的认定尚缺乏统一标准，但行为的合理性、利益需求是裁判者予以考虑的因素。例如，宁夏某开发商未经业主同意擅自将半封闭阳台变更为全封闭的行为未获法院支持[⑤]。

3. 设立方式上的冲突

我国地役权自书面形式的地役权合同生效时设立，采取登记对抗主义[⑥]，但是缺书面形式的合同效力法律并未规定。有学者指出，若当事人已按照口头约定履行合同，不动产役权应该生效[⑦]，合同效力的履行补正原则恰能佐证该观点。但是，若合同形式的目的为社会公共利益与第三人利益的维护，则履行行为不能补正合同效力。[⑧]质言之，自己不动产役权中合同的书面形式对于第三人而言尤为重要，合同内容不能仅设立人“心知肚明”，最重要的是受让第三人能够从外部予以察觉。若虽未采用书面形式但进行登记公示，亦可起到保护第三人之目的[⑨]。无论是书面合同抑或是登记，皆为设立不动产役权的明示形式，这与开发商制定的小区规划方案模糊的性质截然不同。于实践中，开发商制定的小区规划方案对各不动产的用途做出了限制性规定，有使某不动产受益之意图，具有自己不动产役权之性质。但是，该规划方案通常不体现在书面购房合同当中，且不予以明示说明其有设立自己不动产役权之目的，若严格遵守明示设立原则对第三人保护不利。开发商对于小区环境、配套设施的规划通常于宣传资料中予以呈现，若开发商违反相关承诺，业主追究其

① 陈荣传：《民法物权实用要义》，五南图书出版股份有限公司，2014，第112页。

② 王泽鉴：《民法物权》（第2版），北京大学出版社，2010，第323页。

③ 陈华彬：《从地役权到不动产役权——以我国不动产役权的构建为视角》，《法学评论》2016年第3期。

④ 沃耕、李超：《建筑物区分所有权法案例评析》，对外经济贸易大学出版社，2009，第14－19页。

⑤《张铜祥与宁夏天都房地产开发有限公司商品房预售合同纠纷一审民事判决书》，宁夏回族自治区银川市金凤区人民法院，（2015）金民初字第1635号。

⑥《物权法》第158条：“地役权自地役权合同生效时设立。当事人要求登记的，可以向登记机构申请地役权登记；未经登记，不得对抗善意第三人。”

⑦ 高富平：《物权法》，清华大学出版社，2007，第244页。

⑧ 永军：《合同法》，法律出版社，2004，第241页。

⑨ 李遐桢：《我国地役权法律制度研究》，中国政法大学出版社，2014，第148页。

责任于合同法和物权法上皆无依据可寻。鉴于此，《最高人民法院关于审理商品房买卖合同纠纷案件适用法律若干问题的解释》第3条通过法定形式对该允诺的性质进行了补正，其赋予对买卖合同订立和房屋价格确定有重大影响的具体允诺以要约效力，即使其未载入买卖合同亦视为合同内容。故此，“口头协议”具有了合同效力，当事人可主张违约责任。然而，违约责任的事后救济性无法达到按照原规划建造之目的，即开发商违约建造后业主无物权请求权，无权主张恢复原状，只能获得相应经济补偿，于业主权利保护不利。而且，鉴于开发商规划行为对小区不动产利用之安排以及规划允诺的法定合同效力，开发商规划小区不动产的行为应当视为以默示方式设立不动产役权的行为，或者根据其行为性质法定为自己不动产役权的设立方式。例如，美国司法实践中，多数法院对开发商设立社区限制性规划方案的行为，无论其是否采书面形式或登记，认定其成立衡平地役权①。故此，自己不动产役权的设立应以书面合同或登记明示设立为原则，以默视设立为例外，是否属于自己不动产役权应当根据行为性质具体认定。

## 三、权利设立方式平衡：完善自己不动产役权设立方式

### （一）登记设立

根据《不动产登记暂行条例》，不动产役权的登记设立应指首次登记，首次登记之后不动产役权内容的变更需要进行相应的后续登记，此两种登记的区别在于登记效力的不同，即前者为设立效力，后者为变更效力。

1. 首次登记的设立效力

地役权内容系完全由当事人约定而成，我国法律给予其较大自由空间。质言之，除登记后的对抗效力外，其与债权的效用方式无异，埋没了地役权的物权属性。且不利于交易的稳定性，只要不登记，对需役地的长久有效稳定利用便无法维持。我国和日本在地役权设立方式上均不采登记生效主义，而其在司法实践中对未登记地役权的对抗效力给予了认可②，此种做法虽然弥补了欠缺登记地役权的非直接排他性缺陷③，但是立法上仍与物权法定原则相背离④，其内容不确定性对物权类型强制性造成一定冲击。因此，地役权采登记设立意义重大，尤其是对自己不动产役权下第三人利益的保护。

于首次登记而言，自己不动产役权具有登记能力，满足登记设立的前提条件，即自己不动产役权内容能登记在簿并具公示效力的资格。我国地役权采登记对抗主义便表明法律赋予了地役权登记能力，碍于登记程序繁杂、登记制度不完善而舍弃登记生效主义，未免因噎废食⑤。此外，登记设立能明确自己不动产役权的内容，为第三人提供了解权利期限、行使方式、权利范围等内容的途径，防止设立人滥用权利。对受让人而言，即使交易时已被告知受让供役地事先设有自己不动产役权，但是相关权利内容细节较易疏忽，且无其他公示途径得知，若发生争议则第三人对侵害行为便无能为力。而若登记设立，当受让人与

① 于凤瑞：《建筑物区分所有权关系中的自己地役权研究》，《法律科学（西北政法大学学报）》2014年第6期，第101页。

② ［日］近江幸治：《民法讲义Ⅱ物权法》，王茵译，北京大学出版社，2006，第211页。

③ ［日］田山辉明：《物权法》，陆庆胜译，法律出版社，2001，第8页。

④ 耿卓：《地役权的现代发展及其影响》，《环球法律评论》2013年第6期。

⑤ 崔建远：《物权法》，中国人民大学出版社，2009，第381页。

设立人之间因权利内容发生歧义时，则可根据登记簿内容进行解释，既能减免纠纷发生，亦可维护第三人合法权益，为此《瑞士民法典》要求地役权行使以登记内容为准[①]。故此，自己不动产役权登记具体内容应当细化，不仅只停留在简单记载为“自己不动产役权”层面。相较于其他用益物权而言，地役权内容具有更大的自由约定性，登记机关应尽更多审查主义义务[②]。其应特别审查约定内容是否违反法律的强制性规定、有悖于公平原则等，即审查内容应与第三人的抗辩权相结合。

2. 后续登记的权利变动效力

于登记生效主义下，不仅设立需要进行首次登记，后续的权利内容、权利主体、权利状态等的变化还需要进行变更登记、转移登记、注销登记，此三种登记具有引起权利变动的效力。变更登记是指在权利主体不发生变更的情形下，权利主体的名称、不动产状态、权利内容的变更。在变更登记约束下，自己不动产役权设立人的权利内容变更行为皆以变更登记内容为准，杜绝设立人的任意变更不动产利用方式的行为。转移登记在不动产役权人发生变更时为之，我国地役权登记簿的设计与德国的不同之处主要体现在是否对地役权人的具体姓名有记载。德国严守不动产的客观性，即不动产役权的主体物化特性，仅在供役不动产登记簿中记载“需役不动产各时任一的权利人”，不明确指出需役不动产人的具体信息，因不动产役权的从属性，此种做法也不影响不动产役权的转让，即不动产役权人与不动产权利人保持同步。此种方式下便不存在不动产役权转移登记的问题，其与不动产权利的转移相融合。我国则要求记载相关权利人的姓名，此种做法不会造成对不动产役权客观性的冲击，只会让相关信息更加明确，应当继续沿用。与注销登记对应的权利效果为权利的消灭，权利消灭主要的原因包括因意思表示、因客观事实。并非不动产役权的消灭都要进行注销登记，意思表示下不动产役权的消灭需要进行注销登记，而因客观事实引起的并非全如此。因客观事实消灭主要包括因不动产永久灭失或无法利用而自己不动产役权客观不存在、因利用事实的变化而不动产役权无继续存在的必要。其中不动产役权客观不存在无须办理注销登记便当然灭失，《瑞士民法典》便有相关规定；不动产役权是否无存续的必要存在价值判断的问题，不能仅凭借当事人给予客观的当然认定，因此当事人若想使权利消灭尚需以合意为基础进行注销登记。

（二）自己不动产役权类型化

地役权类型化引发了学界的众多思考，其对完善地役权制度、构建地役权体系意义重大。于自己不动产役权而言，地役权类型化有利于降低交易成本，保护第三人合法权益，从而弥补自己不动产役权下过度的契约自由导致受让人利益失衡之弊端。绝对的契约自由将背离于契约正义[③]，自己不动产役权设立行为的单方性更需对其自由性加以限制。且设立人自己事先设立不动产役权时常常因缺少相关“模本”参考而难以明确权利内容，因相关法律知识的欠缺导致设立内容常存在歧义，考虑不周之处难免引发争议。故此，若地役权类型化则受让人可根据相关规定了解自己不动产役权的设立规范，利用衡平原则对相关

---

① 《瑞士民法典》738 条：“权利和义务已经明确登记的，地役权的内容以登记为准。地役权的内容，在登记范围内，依地役权取得原因，或者依在较长时间内无争议且善意行使地役权的方式加以确定。”

② 程啸、尹飞、常鹏翱：《不动产登记暂行条例及其实施细则的理解与适用》，法律出版社，2016，第 296－297 页。

③ 李永军：《合同法》，法律出版社，2004，第 69 页。

约定加以具体化[①]，从而约束设立人的权利行使范围。再者，当事人所为的很多具有设立自己不动产役权性质的行为仅以债权契约的形式存在（如小区开发商的事先规划），违约责任的追究难以满足第三人利益之保护需求，且不能仅因当事人未将其约定为地役权而否认其物权性质。法国地役权类型化以法定地役权与约定地役权的划分得以实现，法定地役权因法律规定而有强制效力，对于规范典型地役权类型、公私利益保护具有极大功效。若将开发商规划行为归为法定地役权类型，则业主将取得物权请求权，开发商违反规划建造的侵权成本大增，相关纠纷将减少。即使以法定地役权的形式将其归类，地役权类型化亦能明定其物权性质，再辅之以登记制度即可对业主利益得以保护。即开发商以合同形式完成小区规划后，业主可取得不动产役权登记请求权，可要求开发商完成登记行为，将具体内容载入登记簿，从而排除对业主合法权益的侵害，确定权利行使方式。

## 四、权利行使平衡：第三人抗辩权

### （一）侵犯合法权益的行为

自己不动产役权在设立之初两宗不动产的相关物权皆属设立人所有，所以无论其对自己利用不动产的方式做出何种约定、对自己的物权做出何种限制皆在所不问。但是，一旦涉及供役不动产权利转让之后，不动产役权对受让人其他物权权利的限制是否都合法、合理值得重视，特别是小区开发商的事先规定有时会侵犯小区业主的专有权、共有权。司法实践中最常见是小区阳台业主能否完全自由利用的问题。小区阳台属于业主的专有部分业主有使用权，但使用权行使并非完全自由，在法律规定内的合理限制或合理约定下的限制是应该支持的，反之则不然。易言之，若开发商约定的限制使用方式与法律规定的权利合理行使方式一致则约定有效，如禁止在小区阳台上燃放烟花爆竹，此为基于法律禁止性规定和公共利益的考量。若开发商约定的使用方式无合理理由且不利用不动产的有效利用并侵害了业主的专有权，则小区业主有抗辩权。如在无任何理由下禁止小区业主封闭阳台[②]，阳台不封闭并不会利于其他权利主体对相关物的有效利用，且小区业主封闭阳台未侵犯公共利益和他人合法权益，此种限制性约定属于不合理且侵犯业主合法权益，业主可诉诸法院或通过业主大会与开发商调解。

### （二）有悖于公平原则

地役权设立依托于书面合同形式，同时受《中华人民共和国合同法》（以下简称《合同法》）与《物权法》的双重约束。首先，关于地役权设立无效的情形。《日本民法典》第280条对违反公共秩序设立地役权的行为做出了明文禁止性规定[③]，任何自由均非绝对，自己不动产役权内容虽遵循契约自由原则，其仍不得违反法律之强制性规定或公共秩序、善良风俗[④]。而且，违反物权法定原则，与其他物权内容相冲突的约定亦属无效。此外，关于受让人可行使变更权的情形。显失公平的合同行为受害人可行使撤销权，对于设立人

① 黄茂荣：《法学方法与现代民法》（第5版），法律出版社，2007，第81页。

② 北京市第二中级人民法院（2003）二中民终字第005574号民事判决书。

③《日本民法典》第280条："地役权人，依设定行为所决定的目的，有以他人供自己土地便宜之用的权利，但不得违反第三章第一节中关于公共秩序的规定。"

④ 谢在全：《民法物权论》（中册），中国政法大学出版社，2011，第503页。

事先设立的有悖于公平原则的行为，受让人应有权进行变更。司法实践中，有悖于公平原则行为通常与身份有关，行为人通常以身份特征为限实施不公平待遇，且其行为明显缺乏法律依据。例如，对高档住宅区与低档住宅区居民实施不同的门禁管理，同一小区中高档住宅区的居民可去低档住宅区活动，而低档住宅区居民无法在高档住宅区内通行。若自己不动产设立人可事先设立针对不同身份特征受让人的供役地利用方式，则设立人的权利过于自由，且明显有违公平法理。对此，美国1968年颁布《公平住宅法》，通过禁止种族歧视，实现公平居住权。因此，对于设立人自己单方事先设立的不公平条款，受让人有权进行变更。例如，开发商为将A栋房屋出售，规定A栋阳台业主可自由处置，B栋阳台不能封闭保证A栋房屋业主的眺望体验；B栋遭遇不公平待遇的业主可通过召开业主大会，对该与公平原则相悖的规定进行变更。

（三）自己不动产役权狭义变更

如发生情势变更，需役不动产无继续利用供役不动产之空间，原先设定的自己不动产役权无存在之必要，当事人可请求变更或终止，《瑞士民法典》第763条赋予了供役不动产人注销登记权。除此之外，尚有因事实关系变化引起不动产役权客体、内容变更但其依然有存在之必要的情形[①]。供役不动产事实变化原则不会影响不动产役权，而需役不动产上事实关系之变化可能会改变其对供役不动产的利用方式，增加负担。对于需役不动产利用需求的变化是否能当然成为调整不动产役权使用范围的理由，应当持否定态度。特别是自己不动产役权下，不动产役权之设立本就给予了设立人极大“话语权”，设立内容极大满足了其需求，若转让后，即使需役不动产使用需求增加，受让人仍要负担，对受让人不公平。故此，应当赋予受让人抗辩权，以此弥补设立人在权利设立和行使上对第三人造成的利益危险。但是，并非所有需役不动产的需求变化，受让人皆可拒绝役权人对供役不动产的利用，应当分情形处理，实现两者利益之平衡。谢在全先生、王泽鉴先生均认为在需役不动产需求自然增长的情形下，不动产役权范围之扩大应随之为之[②]。我国台湾地区学者将引起需求变化的事实因素分为自然原因和人为原因，对于自然原因下需求扩张则地役权随之扩大，而人为原因导致的需求变化不受保护[③]。此种分类下，只要自然原因引起的需求增加皆由供役不动产人一概忍受，其不仅有违设立内容，而且对受让人来说显失公平。而最合理的分类方式应当以供役不动产的负担变化情况、供役不动产人的忍受程度为标准，无论利用目的为何，只要不增加供役不动产负担，皆为供役不动产人可忍受的合理情形。例如，需役地A为影院，对供役地B享有通行地役权，即使A后来改为餐馆，其对B地并未增加适用负担，供役地人应继续忍受。而若A地为从B地实现日常生活取水，设立汲水地役权，A地后来改建为水产养殖场，需要从B地大量取水，B地负担增加则供役地人无须忍受。

① 李遐桢：《我国地役权法律制度研究》，中国政法大学出版社，2014，第162页。

② 谢在全：《民法物权论》（中册·修订5版），中国政法大学出版社，2011，第528页。王泽鉴：《民法物权》（第2版），中国政法大学出版社，2001，第88页。

③ 史尚宽：《物权法论》，中国政法大学出版社，2000，第242页。

## 五、结语

地役权自罗马法适用至今具有极大的历史价值与现实功用，其之所以能经受住时空的考验，原因在于内在构造的客观性，即供役地与需役地为权利设立、行使的基础。因此，随着时代变迁，以构造的客观性为基础的地役权也能有相应的适时发展，主要体现在权利主体、客体、适用范围的扩大以及新的地役权类型的出现。自己不动产役权作为地役权主体、客体范围扩张所致的新型不动产役权类型，以设立的事先性实现不动产规划之目的，以物权性稳固不动产利用关系，对于发挥物的效用、契合时代发展所需意义重大。然其主体特殊性使第三人利益之保护殊值重视，且我国现有地役权制度规定的弊端暴露更甚。故此，从第三人利益平衡的角度出发，通过赋予第三人合理抗辩权，满足维护合法权益之所需，通过完善设立制度，明确自己不动产役权内容，发挥公示公信原则之效用，从而在提高不动产资源利用效率的同时减免诸多纠纷。面对日新月异的现代化社会，地役权制度的重塑对于其制度价值的发挥显得格外重要，不动产役权及其特殊种类，如自己不动产役权等，均值得深入研究。

# 重识贝卡里亚的刑罚理论及其现代意义

罗有成*

**摘　要**：贝卡里亚的刑罚理论为现代刑罚制度奠定了基础，在法律史和社会史上兼具独到意义和重要地位。在反叛封建刑罚、张扬启蒙精神的历史语境下，贝卡里亚的刑罚理论始终依赖一种机械论范式的科学话语，以丝丝入扣的惩罚权力技术为中心，主要考虑惩罚如何作用于人类身心。与之相对应的刑罚技术是自由刑，自由刑异质于传统刑罚运行的宏观强制化，疏离拒斥“作为公共景观的酷刑”，转而作用于时间牢笼之中生命个体塑形与构序的自由。但是，贝卡里亚给出的刑罚方案在有效惩罚犯罪的同时，也亲手把人类推向了“技术统治”的深渊，以至于在后来的历史进程中一直面临着贝卡里亚始料未及的“惩罚合理性”难题。

**关键词**：贝卡里亚、惩罚权力技术、自由刑、技术统治

# Rethinking Beccaria's Penalty Theory and Its Modern Significance

Youcheng Luo

**Abstract:** Beccaria's penalty theory has laid the foundation for the modern penalty system, which has unique significance and important position in the history of law and society. In the historical context of rebelling against feudal penalty and publicizing the spirit of enlightenment, Beccaria's penalty theory always relies on the scientific discourse of a mechanical paradigm, centering on the fine technology of punishment power, mainly considering how punishment acts on human body and mind. The corresponding penalty technology is freedom penalty, which is different from the macro coercion of traditional penalty operation, alienates and rejects "torture as a public landscape", and acts on the freedom of individual shaping and order in the cage of time. However, Beccaria's penalty plan not only effectively punishes crimes, but also pushes all life existence into the abyss of "technological rule". As a result, in the later historical process, human beings have been faced with the problem of "punishment rationality" which Beccaria had never expected.

**Key words:** beccaria, punishment power technology, freedom punishment, technical rule

---

* 罗有成，西南政法大学行政法学院博士研究生，西南政法大学全面依法治国研究院助理研究员。

18 世纪 60 年代，一位年仅 26 岁的意大利青年贝卡里亚[①]轻蔑地撕下了“犯罪与刑罚”的神秘面纱。他断言，刑罚应是公开的、及时的、必需的和宽和的，同犯罪相对称的并由法律规定的。[②]他是以改革精神著称的进步主义者，其刑罚理论甫一登场，便引起了轩然大波，获得了广泛支持。当时的人们，似乎根本不在意他的论证与理由，只是从中模糊地意识到：刑罚并不是某些人对其他公民施加的暴行，也不是随意和擅断的，它应该是温和的、法定的。在那个酷刑威吓主义和罪行擅断主义盛行的时代，在那个亟待变革的时代，贝卡里亚一系列振聋发聩的批判和鼓舞人心的刑法原则，掀起了欧洲大陆刑法界的“暴风雨”。刑罚的起源是什么？什么才是衡量犯罪与刑罚的真正标尺？刑罚应当遵循哪些原则才能既有效惩罚犯罪又符合“人道”精神？死刑有存在的必要吗？贝卡里亚将深思的这些问题严肃地向人们提出。

贝卡里亚在《论犯罪与刑罚》这一论著中，试图解答这些问题，并系统地阐释了自己的刑罚理论，为现代刑罚制度奠定了基础。直到现在，仍有学者还对贝卡里亚用宽和的刑罚精神取代了严刑酷罚，指明了现代刑罚制度的发展方向这一丰功伟绩赞不绝口。[③]鉴于此，本文试图以《论犯罪与刑罚》为中心，借助观念史分析，对贝卡里亚的刑罚理论进行重新认识，揭示科学话语下的刑罚配置、自由刑的刑罚技术与现代社会“技术统治”之间的复杂关联，以此凸现贝卡里亚刑罚理论的独到意涵以及现代意义。

## 一、刑罚语境：反叛封建刑罚

一方面，18 世纪的整个欧洲大陆都被封建刑罚的乌云笼罩着，罪行擅断主义和酷刑威吓主义盛行。另一方面，启蒙运动的思想光芒也不时地射入封建刑罚观念，成为“批判的武器”，开始冲击旧刑法学说的基础。[④]人们用科学的最新发现说明自然界的客观存在和规律的同时，也运用启蒙运动所倡导的自由、平等和人权的观念阐发新的刑罚理论。用福柯的话来说，这是一个刑事司法的新时代。[⑤]贝卡里亚就处于福柯所说的“新时代”中，反叛封建刑罚、张扬启蒙精神也自然构成了其刑罚理论的历史语境。在这一语境下，贝卡里亚“将人道主义和科学话语作为立论的出发点”，并反复强调“惩罚的本质在于确定性，而不是严酷性”，以及主张“罪罚相称的观念”。[⑥]

---

① 切萨雷·贝卡里亚（Cesare Beccaria , 1738—1794），意大利刑事古典学派的创始人。1738 年 3 月 15 日生于米兰一个贵族家庭，1758 年毕业于帕维亚大学，攻读法律专业。1962 年发表处女作《论米兰公国 1762 年货币混乱及其救治》。1764 年完成《论犯罪与刑罚》，并于当年出版，由此一举成名，并为他赢得了长久的声誉。《论犯罪与刑罚》也被刑法学者们称之为“西方文明中有关犯罪与刑罚最具深远意义的论著”。

② ［意］切萨雷·贝卡里亚：《论犯罪与刑罚》，黄风译，北京大学出版社，2008，第 112 页。

③ See John D. Bessler, “The Italian Enlightenment and the American Revolution: Cesare Beccaria’s Forgotten Influence on American Law”, *Hamline Journal of Public Law & Policy* ,Vol. 37, No. 1, 2017, pp. 1 – 13.

④ 张智：《贝卡里亚启蒙思想的苏格兰渊源——以〈论犯罪与刑罚〉为中心》，《华东师范大学学报》（哲学社会科学版）2017 年第 3 期。

⑤ ［法］米歇尔·福柯：《规训与惩罚》，刘北成、杨远婴译，生活·读书·新知三联书店，2012，第 99 页。

⑥ ［英］马克·戈尔迪、罗伯特·沃克勒：《剑桥十八世纪政治思想史》，刘北成等译，商务印书馆，2017，第 531–543 页。

（一）封建刑罚笼罩下的时代

在西欧封建社会，君主至上原则和道义责任论占据了绝对的统治地位，各种社会调节手段并未泾渭分明，因而刑法尚未取得独立的发展地位，它与各种习惯、宗教信条和道德规范混杂在一起。刑法渊源的混杂性直接导致了刑法的残酷性和任性随意。在西欧封建社会末期，君主为了加强刑罚的威吓性，对罪犯往往施以酷刑，并且不断变换花样，竭力把处决罪犯变成一场仪式化的公开表演。18 世纪的法国就是一个典型的例子。当时，法国君主专制已经较为巩固和成熟，路易十四及其继承人按照“一个国王，一个法律，一个上帝”的宗旨建立起强大的中央集权统治，总揽了立法、司法和行政大权，“君主是正义的源泉”成为法律的基本原则。对于专制君主来说，统治权就意味着刑罚权。既然他的统治权是至高无上的，那么他的刑罚权也必然是不受限制的。君主常常借助于这种酷刑威吓主义的仪式表演，使自己成为权力辐射的中心，宣扬一种君主无限权力论。因此，君主完全支配了刑罚权，导致没有稳定的法律规定和法律解释，君主的个人意志成为犯罪与刑罚的标准。

（二）对封建刑罚的反叛

贝卡里亚反叛了封建刑罚理论，以罪刑法定反对罪行擅断主义，以罪刑均衡反对酷刑威吓主义。贝卡里亚不再用传统的眼光和方式去看待刑罚，相反，他运用自由、平等和人权这一套启蒙话语拆解、分割、解构了封建刑罚的随意擅断化，重新塑造了刑罚的新形象——公开的、及时的、温和的，同犯罪相对称并由法律规定的。由此，贝卡里亚在解构封建刑罚的基础上，为现代刑罚原则和刑法体系奠定了基础。[①]换言之，贝卡里亚把一种理性与人道主义观念融入刑法的各种要求中。这种融入，既可以把它视为对封建刑罚的理性主义反叛，也可以把它看作是人道主义和刑罚合法化的辩护理由。[②]

首先，贝卡里亚用罪行均衡原则批判了封建刑罚的酷刑威吓主义。在贝卡里亚看来，酷刑威吓作用是不必要的、多余的。这是因为，只要刑罚给罪犯所带来的坏处能够抵消犯罪所带来的好处，刑罚就足以发挥出惩治作用。其他的一切都是多余的，因而注定也是一种不合理的暴行。大部分的犯罪，本来采用较轻的刑罚就足以达到震慑和预防的目的，而当权者却故意不断变换花样，竭力把刑罚变成一场仪式化的公开表演。可是时间一长，人们也就习惯了这些多余的恐吓和表演成分。“人的心灵像液体一样，总是顺着它周围的事物，随着刑场变得日益残酷，这些心灵也变得麻木不仁了。”[③]人的感知毕竟是有限度的，这种威吓主义的刑罚强度一旦达到阈值，不管再怎样变换花样，它带来的效果将会是一样的。这时候，当权者就再也找不到更有效的手段来预防犯罪了。因此，贝卡里亚指出，要想有效的预防犯罪，刑罚应该舍弃这种酷刑威吓主义，让刑罚的强度和犯罪的大小始终保持均衡。

其次，贝卡里亚自始至终都提倡一种“分离理论”，主张把法律责任和道德责任相分离，以罪刑法定原则反叛了封建刑罚的罪行擅断主义。当时，罪行擅断主义和道义责任论

① 姜敏：《贝卡里亚对封建刑法的质疑和批判》，《理论月刊》2010 年第 1 期。

② 邱兴隆：《报应刑的价值悖论——以社会秩序、正义与个人自由为视角》，《政法论坛》2001 年第 2 期。

③［意］切萨雷·贝卡里亚：《论犯罪与刑罚》，黄风译，北京大学出版社，2008，第 62－63 页。

占据统治地位，刑法迫切需要挣脱道德观念的束缚，取得独立的发展地位。于是，贝卡里亚提出了“管辖分工”的理论，主张把神法、自然法与人定法区分开来。对于贝卡里亚而言，这三类规范本质上是不同的，所承担的职责也是迥异的。神法和自然法的任务是判断人行为时内心的善恶状态，据此划分正义与非正义的界限；而人定法则是通过衡量人的外在行为对社会的利弊关系来确立行为准则。“罪”不是别的，只是国家的法律所要惩罚的“不服从而已”，它是一种“外在的概念”，而不是表明心灵性质的属性。①贝卡里亚的同代人，被誉为“意大利的孟德斯鸠”的思想家菲兰杰里把这一结论概括为，“犯罪只不过是契约的违反”。

## 二、刑罚配置：符合科学话语

贝卡里亚在《论犯罪与刑罚》一书中指认，惩罚犯罪不是为了改变，而是制造一种易感的“阻力”，造成一种心理威慑，来抵消犯罪的引力，因而刑罚应是及时的、必定的、适度的和对称的。这种人道化刑罚原则的背后，所隐含的是一套精心计算的科学话语和丝丝入扣的惩罚权力技术学，主要考虑刑罚如何作用于人类的身体和心灵。与之相对应的惩罚方式也改变了，符合科学话语，精心计算、分寸适当、宽猛适宜的“惩罚权力技术学”，或者说“利益经济学”，开始占据刑罚原则的主导地位。

### （一）罪罚力学论

在18世纪，各门科学中获得最充分发展的是力学和数学。意大利数学家和力学家伽利略发现了物体惯性运动的特性。牛顿进一步补充和完善了这些科学知识，给予了准确的科学表述，提出物体运动的三条定律，并且根据对天体运动规律的具体分析提出万有引力定律。这些科学定律，打破了宗教关于宇宙是受“永恒的神明规律”支配的教义，为人类社会和人本身提供了一套科学的解释话语。贝卡里亚这位经典力学的推崇者，用自然科学的最新成果批判封建意识形态的同时，也努力发展了一套关于犯罪与刑罚的科学话语。

在贝卡里亚看来，促使人们自我保存并争取幸福的力量类似“重心力”，在这种力的作用下出现的“相互冲突、相互侵犯”行为就是犯罪。犯罪是出于人的“惯性”，并不是心灵趋向邪恶的表现，只是人们在特定社会条件下出于趋利避害的本性做出的必然性选择。刑罚并不能改变人这一本性，只能通过把犯罪的快乐与刑罚的痛苦联系起来，让人们主动避免犯罪。用贝卡里亚的话来说，就是制造一种刑罚意义上的“阻力”，来抵消犯罪的引力。②在这里，贝卡里亚对刑罚力学的挪用主要是喻指人的意志是受物质生活需求支配的，犯罪只不过是特定环境下趋利避害的必然选择。更为重要的面向在于，这种挪用还表明自然物体所遵循的力学规律也同样影响着人的意志和行为。

贝卡里亚挪用力学规律提出了一种新的刑罚方式。如果是根据传统的刑罚观念，刑罚的威吓性是必不可少的，对罪犯往往施以酷刑，并且不断变换花样，竭力把处决罪犯变成一场仪式化的公开表演，以达到震慑人心的效果。然而，新的刑罚方式不再强调刑罚的强烈性，转而利用起罪犯自身的利害计算。具体来说，刑罚不应该诉诸一些血淋淋的残酷场

---

① ［荷］斯宾诺莎：《伦理学》，贺麟译，商务印书馆，1982，第185－186页。

② ［意］切萨雷·贝卡里亚：《论犯罪与刑罚》，黄风译，北京大学出版社，2008，第17页。

面来威吓人心，而应当依靠刑罚本身的精确性、必定性和层次性，去影响人们对利弊得失的计算，从而一开始就阻止人们去实施犯罪。

值得指出的是，贝卡里亚的罪罚力学理论在包含惩罚主义的同时，也包含了功利主义的痕迹。[①]这是因为，贝卡里亚一开始就从功利主义的视角去论证犯罪是在特定的环境下趋利避害的理性选择，强调人类社会同自然界一样，都受自然规律的支配，自然物体所遵循的力学规律也同样影响甚至决定了人的意志和行为。贝卡里亚的威慑刑主张以及预防犯罪的刑罚目的观，也同样贯穿着统一的功利主义观念。但是，贝卡里亚带有功利主义色彩的罪罚力学理论可能具有致命缺陷。[②]由于人类的情感、欲望、苦乐等因素具有主体性、多样性和即时性等特征，这些因素的衡量和定值在刑罚实践中存在较大困难。准确地去设置一种“阻力”来抵消犯罪的“引力”可能只是一种理想图景，并不能在实践中进行具体实施。退一步讲，我们当然可以选择最能抑制导致犯罪的情欲的刑罚，但这样做的后果是既忽视了人类情感因素的复杂性，也丧失了刑罚在社会整合方面的意义，把刑罚改写成了一种纯粹的利益经济学和情欲动力学。

（二）罪罚对称论

一种刑罚策略要想有效地制止犯罪，前提是对犯罪加以分类。贝卡里亚十分注重把犯罪区分为一系列有序的等级，不同的等级对应不同的刑罚手段。区分犯罪的标准是什么呢？在贝卡里亚看来，这个标准只能是犯罪行为对社会的危害程度。刑罚所关心的不仅是控制犯罪，而且还关心制止犯罪的比例性和对称性。对社会危害程度高的犯罪需配置较重的刑罚，相反，则只需配置轻刑。贝卡里亚的这一对称思想后来被人们称为“罪刑适应原则”。

“对称”这个词的本义是指两个物体之间的比例或比值相等。这种比例关系也是牛顿力学在研究动量和外力、作用和反作用的基本概念。根据这种比例关系，人们在已知物体承受外力的情况下，可以推知物体的动量的变化；在已知物体的作用力的情况下，可以推知反作用力。贝卡里亚把自然科学中的这种比例关系应用到犯罪与刑罚中，将刑罚与犯罪对应起来：“犯罪对公共利益的危害越大，促使人们犯罪的力量越强，制止人们犯罪的手段就应该越强有力。”[③]这种比例关系的建立，仿佛为行为人提供了一张犯罪的“价目表”，行为人的罪行越严重，其遭受的刑罚也就越强烈。如此一来，刑罚将根据“价目表”所列出的罪行加以分类，分类的根据在于犯罪行为的社会危害性，分类时按照各种越轨行为的关系，严格地建立一个由犯罪行为构成的惩罚阶梯。

但是，贝卡里亚关于罪罚对称的理论中有一个矛盾，他一方面主张一个严格对称、由最强到最弱的刑罚阶梯，另一方面又提出要采取一种个案化的原则，根据每个罪犯的不同

---

① 贝卡里亚通常被认为更多地以功利主义的立场来解释法律和刑罚。他的著名表述“最大多数人分享最大幸福”常常为人引用，以作为证明。这一表述被稍作修改后，在边沁那里变得耳熟能详。后继者边沁对贝卡里亚的推崇，也进一步证实了贝卡里亚的功利主义立场。See David B. Young, “Cesare Beccaria: Utilitarian Or Retributivist?” *Journal of Criminal Justice*, vol. 11, No. 4, 1983, pp. 317－326. 相关的中文文献参见姜敏：《贝卡里亚功利主义刑法思想体系构建的理论基础》，《重庆文理学院学报》（社会科学版）2010 年第 1 期。

② See Mario De Caro, “Utilitarianism and Retributivism in Cesare Beccaria”, *The Italian Law Review*, Vol. 2, No. 1, 2016.

③ ［意］切萨雷・贝卡里亚：《论犯罪与刑罚》，黄风译，北京大学出版社，2008，第 17 页。

情况采取不同的刑罚措施。他曾指出，假如有两个人都犯了盗窃罪，贫穷者的罪行要比脑满肠肥者要轻；又如，在两个都犯了伪证罪的人中，受过教育者的罪行要比从未受过教育的人要重。[①]这种个案化要求在整个现代刑罚史上始终是一个强大的压力。从法学理论的角度和刑罚实践的要求来看，它无疑是与罪行对称原则相矛盾的。这样一种绝对客观主义的量刑标准很可能会遮盖“因人而异”的不平等。贝卡里亚似乎也注意到这种矛盾，他后面还专门提出了一种特殊预防的刑事策略。不过，贝卡里亚提出的这种刑事策略并不是一种完整和系统的刑罚理论，他始终没有在理论上解决客观主义标准与个案化原则之间的深刻矛盾。

（三）罪罚联想论

贝卡里亚指认，刑罚的根基致力于满足社会公众共同的心理需要，刑罚的配置必须符合科学的心理学规律，彰显刑罚的人道性、及时性和确定性，从而得到社会公众的心理认同。[②]如果说犯罪是出于人们的“惯性”，为了从犯罪中得到好处，那么刑罚之所以有效，就在于它和“痛苦”相联系，会对犯罪人造成一定损害。这种刑罚理论所带来的后果是，充分想象原则在刑罚领域中得到了最大限度的利用。在贝卡里亚看来，刑罚不应该建立在酷刑所带来的真实痛苦上，而应当建立在一种观念的“痛苦”上。惩罚应该利用的不是肉体，而是“痛苦”的观念。这种“痛苦”的观念就足以震慑人心，防止犯罪的蔓延。

事实上，这种罪罚联想理论是贝卡里亚利用18世纪联想心理学加以论证的结果。联想心理学是18世纪理论家经常借以解释社会主体行为背后心理活动规律的一种学说。联想心理学把人的心理现象都归结为“观念的联想”，而且把观念分为简单观念和复杂观念，复杂观念是由简单观念组合而成的。这种联想主义心理学深刻影响了贝卡里亚的刑罚理论。如果要想发挥刑罚的心灵威慑作用，就应该建立起犯罪与刑罚之间必然的联系，让犯罪与刑罚成为一对不可分离、牢不可破的统一观念。人们一想到犯罪就能立刻联想到刑罚，犯罪与刑罚这两个观念就好像一枚硬币的正反面。正面是一种犯罪及其可能获得的好处，反面则是与之相对应的特定刑罚及其明确的伤害后果。

按照贝卡里亚的罪罚联想理论，刑罚不再作用于罪犯的肉体痛苦上，人们应该尽可能避免“作为公共景观的酷刑”。可见，贝卡里亚无疑是把“精神”作为刑罚的新工具，把观念联想确立为科学刑罚的一个重要原则，将刑罚建立在大脑的软纤维组织上，力求刑罚技术达到最佳的心理效应。换言之，贝卡里亚提供的方案省略了惩罚对象的肉体，把刑罚看作一种情绪表达方式，不断强调刑罚技术的心理学原则：应该尽量扩展惩罚的表象，而不是体罚的现实。[③]

综上所述，贝卡里亚的刑罚理论始终依赖一种机械论范式的科学话语，将一套丝丝入扣的惩罚权力技术学作为中心，主要考虑刑罚如何作用于人类身体和心灵。不管是罪罚力学理论、罪罚对称理论，还是罪罚联想理论，都是贝卡里亚挪用18世纪的力学、物理学和心理学的最新成果加以论证所得出的结论。在这种科学话语的刑罚配置下，“作为公共

---

① ［意］切萨雷·贝卡里亚：《论犯罪与刑罚》，黄风译，北京大学出版社，2008，第51页。

② 徐伟：《简论贝卡里亚的刑罚心理学思想》，《学习论坛》2016年第5期。

③ ［法］米歇尔·福柯：《规训与惩罚》，刘北成、杨远婴译，生活·读书·新知三联书店，2012，第119－120页。

景观的酷刑”将会被搁置，被一种精打细算的惩罚权力技术学所取代。处于刑罚核心的痛苦不再是痛苦的实际感觉，而是维系“痛苦”的观念。让惩罚刺激起的痛苦大于犯罪的诱惑，通过“痛苦”的威胁，对人造成一种“心理强制”，从而制止人们犯罪。

## 三、刑罚技术：时间和自由刑

事实上，贝卡里亚一直在深思，刑罚技术究竟如何设置才能最符合犯罪的本质？刑罚权力究竟怎样安排才能使之产生更稳定、更有效、更持久的效果？刑罚作为一种易感的力量，必须直接作用于人类的身体和心灵，由此控制犯罪，而且，它还应当以一种规范和精巧的方式被建构出来。换言之，需要一种刑罚的新结构和新技术，既能有效控制犯罪，又能提高刑罚的效率，减少刑罚花费的经济代价。这无疑是 18 世纪刑罚改革最基本的存在理由。[①]为此，贝卡里亚把时间作为刑罚实现其社会功能的新工具：通过支配罪犯的时间，制造一种持续而反复的痛苦，以此震慑人心，增强刑罚的实效。与之相对应的刑罚技术是自由刑，自由刑异质于传统刑罚运行的宏观强制化，疏离拒斥血淋淋的残酷刑罚，转而作用于时间牢笼之中生命个体塑形与构序的自由。

### （一）时间和自由刑

1764 年，法国巴士底狱迎来了一座重达两吨的大钟。这座大钟被安装在巴士底狱最显眼的位置，专门用来为囚禁在巴士底狱的罪犯报时。这座大钟表面上套嵌了一个象征法国王权的精美图案，表盘由两个一老一少的男性奴隶支撑着。表盘的两个奴隶头部俯视地面，脖子、手脚和身体都被沉重的锁链捆绑着，脸上显露着痛苦的表情。王权图案和奴隶雕像暗示着君主的无上权力，他可以剥夺和支配罪犯的一生。然而，很少有人注意到的是，在巴士底狱安装一座如此显眼的大钟，其重要意义在于把精确时间送进了监狱。就在同年，贝卡里亚的成名作《论犯罪与刑罚》诞生了。有趣的是，法国巴士底狱安装大钟与贝卡里亚此书的诞生不仅在年份上存在巧合，而且还在更重要的面向上存在颇为深入的联系。巴士底狱把精确时间带入了监狱，贝卡里亚也试图把时间作为刑罚实现其社会功能的工具，主张依靠自由刑实现刑罚的有效化和人道化。所不同的是，伴随历史洪流的发展，巴士底狱的大钟已然成为博物馆的历史遗物，而贝卡里亚所提倡的自由刑这一刑罚技术却成为刑罚发展的主要方向。

这种具有时间上持续性的刑罚是一种自由刑。自由刑的精巧之处在于，一方面，它不仅能有效震慑犯罪，也符合人道化的要求。自由刑在明处收起了血淋淋的残酷刑杀、利剑和枷锁，却在暗处举起了隐性的时间射线刀，给罪犯制造一种持续的、摄人魂魄的和令人绝望的痛苦感。另一方面，自由刑得益于时间的易分割性，能够井然有序地搭建起一套可计算的、从轻到重的惩罚阶梯，对罪犯施以最彻底的震慑与惩罚，直到制止犯罪。

自由刑之所以是最强有力和最佳的刑罚技术，首先在于它采用了剥夺自由的方式。自由虽不构成人类身体的一个组成部分，也没有和身体的某个器官形成直接联系，但它却是人本身极易感触到的。自由属于一切生命存在，人类从一开始就对自由秉持着一种普遍而持久的渴望。因此，长久地失去自由是让一切人都感到恐惧的，阻碍自由构成了人们长期

---

① 石聚航：《知识背景、三维解构与智识启迪：贝卡里亚犯罪学思想论要》，《西南政法大学学报》2013 年第 1 期。

焦虑的根源。这种恐惧和焦虑并不是建立在血淋淋的残酷刑杀之上，“而是让理性人在长久的冷静斟酌之后依然会不寒而栗，是一种摄人魂魄的绝望与恐惧，它来源于人所认知的时间本身的恶，来源于人在对抗时间的历史中所遭遇的永久性失败”①。其次，自由刑与财产刑不同，它在带来更强震慑性的同时，也是一种更“公平”的惩罚，具有可计算的属性。自由刑得益于时间的可分割性，能够用一种时间调节方法对刑罚进行区分、分配和量化，做到分寸适当，宽猛适宜，触动人心。基于对时间的精确分割和计算，刑期制度最终得以产生。每一种特定的犯罪都和特定的刑期建立了对应关系，并把它公之于众，反复地强化它，从而消减人们犯罪的欲望。

最后，贝卡里亚的自由刑方案，实质上暗含了一套颇为精致的心理技术学。自由刑给罪犯所带来的绝望和恐惧，以及长久失去自由的痛苦感，都被浓缩为一个观念。这种观念甚至比剥夺罪犯生命的死刑观念更可怕，因为“让人们陷入漫长的苦难中，同人们总感到扑朔迷离的死亡观念相比，它更具有力量”②。通过这种观念，不断给民众的思想制造最持久、最深刻的惩罚记忆和印象，以此控制和预防犯罪。同时，自由刑的巧妙之处在于，它既给人们带来更强的震慑性，又是对罪犯的肉体最不残酷的手段。这无疑预示了人类惩罚史的一个转变，惩罚中心从身体转向了人心，与之相应的惩罚方式也不断走向精细化和隐匿化。

（二）现代监狱制度的观念基石

贝卡里亚提出的自由刑方案，把刑罚变成了一种时间调节机制，把阻碍人类的身体自由作为主要任务。当高墙满布和铁丝网成群的庞大建筑出现时，也就意味着监狱这种“文明社会的惩罚方式”诞生了。贝卡里亚关于自由刑的刑罚理论，为现代监狱制度体系奠定了观念上的理论基石。③

在贝卡里亚看来，时间与现代监狱制度具有特殊的联系。现代监狱制度的产生并不是依赖空间的限制，把罪犯限制在一个“自我封闭场所”中，而是在很大程度上来源于人们对时间的恐惧和被剥夺自由的痛苦。监狱得以存在的前提，恰恰在于时间能够作为惩罚的一种衡量标准。然而，福柯并不是这样理解现代监狱制度的。在福柯看来，现代监狱制度的根本目的是把监狱变成一个建立一套知识的场所，用这套知识来调节、教养和规训罪犯。监狱起源于一种规训权力所特有的机制。监狱惩罚并不是旨在消灭犯罪行为，而是旨在区分它们，分配它们，利用它们。既使易于犯罪的人变得驯顺，又倾向于把对法律的僭越吸收进一种一般的征服策略中。④福柯的理解貌似应当被视为一种隐喻，他主要关注的是规训权力和现代规训社会，而不是现代监狱制度本身。但福柯的讨论确实为我们理解“监狱”提供了更广阔的空间——现代监狱制度的权力机制悄然入侵着现代社会，监狱及其一般惩罚都是为了制造出受规训的个人。

① 陈雪：《刑罚、持续性以及现代监狱制度——读〈论犯罪与刑罚〉》，《政法论坛》2019年第6期。

②［意］切萨雷·贝卡里亚：《论犯罪与刑罚》，黄风译，北京大学出版社，2008，第67页。

③ 陈雪：《刑罚、持续性以及现代监狱制度——读〈论犯罪与刑罚〉》，《政法论坛》2019年第6期。

④［法］米歇尔·福柯：《规训与惩罚》，刘北成、杨远婴译，生活·读书·新知三联书店，2012，第307页。

## 四、现代意义：惩罚技术与现代社会

长期以来，贝卡里亚的《论犯罪与刑罚》被学者们解读为一部秉持人道主义关怀的作品。贝卡里亚自己在书中也时常提到，他的目的在于促进惩罚的宽和化，使一系列的惩罚符合人道主义精神。[①]然而，如前所述，从血淋淋的酷刑到监狱惩罚的转变并不只是向一种温和的惩罚转变，而是从一种粗糙的惩罚向另一种毫不逊色的、颇为精巧的惩罚技术转变。在很大程度上，贝卡里亚主张的“刑罚确定化”“罪行对称化”“刑罚温和化”等原则就是一个从粗糙到精细的过程，惩罚技术在这个过程中扮演了关键角色。值得我们注意的是，这种转变的背后标志着一种技术变化。从这种转变中产生了一种症状，一种象征，即技术社会时代的来临。[②]

惩罚技术的发展结果到底有没有违背贝卡里亚的“人道”初衷呢？同时，也促使我们开始思考，贝卡里亚主张刑罚改革的真实目的到底是张扬“人道”精神，还是建立起一套精致的“惩罚技术”？有学者就认为，贝卡里亚的刑罚观充斥的只是冷冰冰的计算法则和工具主义运用，并没有触及人类主体性关怀。[③]

### （一）惩罚技术

显然，我们肯定无法完全排除贝卡里亚秉持的人道主义关怀，但是仅从人道主义视角去理解其刑罚理论是不够的。这种视角遮蔽了其间的技术维度，不能提供很强的解释力与说服力。事实上，技术维度是理解贝卡里亚《论犯罪与刑罚》的关键，也只有从技术维度去重新把握《论犯罪与刑罚》，我们才能更清晰地看到其刑罚理论在法律史、社会史上的独到意涵和现代意义。

以贝卡里亚关于死刑的论述为例，他花了全书最长的篇幅来论证应该废除死刑制度，转而用自由刑来替代。但他并没有正面论证人类生命本身的道德价值，最主要的出发点反而在于一种惩罚技术的考量。他指出，之所以要用自由刑取代死刑，是因为自由刑通过制造缓和但永久持续的痛苦比死刑更能震慑人心，阻止犯罪；而且自由刑还具有“可计算”的优势，能够对刑罚进行分配和量化。因此，贝卡里亚主张废除死刑的背后，实际上是由一套精打细算的“惩罚权力经济学”和丝丝入扣的惩罚权力技术所支配的。在贝卡里亚的刑罚理论下，人类存在更多地被看作惩罚技术的对象，“人”本身的道德主体色彩是黯淡的。刑罚作为一种“惩罚技术”，首要考虑的是如何作用于人的生理恐惧，而不是去激发人的道德精神和审美情趣。只不过，这种恐惧不再建立在“作为公共景观的酷刑”基础上，而是建立在一种颇为精致的“惩罚技术学”基础上。这种技术控制的基础是更稳定、更牢靠、更科学的，也更能有效地控制犯罪，惩罚技术也正因此而不断获得“合理性”。所以，尽管贝卡里亚的刑罚理论中到处可见“人道”精神的彰显，但事实上，他一以贯之的只有

---

① ［意］切萨雷・贝卡里亚：《论犯罪与刑罚》，黄风译，北京大学出版社，2008，第 62－64 页；相关论述，参见董进宇、董玉庭：《浅谈刑罚的宽和化——兼评贝卡里亚的刑罚观》，《法制与社会发展》2001 年第 3 期。

② 贝卡里亚所处的时代恰好是“工业革命”开始的时代，这个时代不仅发明了大量的科学和工业技术，也发明了许多对后世影响深远的法律技术，贝卡里亚正可以被看作这样一位刑罚技术的发明人。

③ See Robert R. Sullivan, “Less Intensity, More Duration: Beccaria’s Justification of the Modern Prison”, *Legal Studies Forum*, Vol. 19, No. 4, 1995.

一套精致的惩罚技术。

（二）惩罚合理性与现代社会

贝卡里亚给出的刑罚方案在有效惩罚犯罪的同时，也亲手把人类推向了“技术统治”的深渊，以至于在后来的历史进程中，人类一直面临着贝卡里亚未曾设想的“惩罚合理性”难题。①这是因为，“技术统治”给人类社会的实践带来了双重效果。一方面，技术持续改善着人类的物质生活条件，使人们的生活日益技术化，成为席卷一切的“时代精神”。例如，以不可思议速度发展的网络和大数据技术，席卷全世界的新能源、航海航天、基因工程、人工智能等新技术，由于符合“持续进步、效率至上”的信念而不断获得“合理性”。另一方面，人类在享受技术所带来的前所未有的进步的同时，人类本身又处在了隐匿、普遍、精细的“技术控制”之中，变得更加依赖技术。由此一来，现代化进程也越来越表现为一种技术化进程。比如，技术不断嵌入惩罚犯罪和社会治理中。法官的司法判断、惩罚犯罪的手段以及治理社会的方式，和技术更加紧密地缠绕、交织在一起，它们将更多地借助乃至依赖各种生物科学技术、医学技术、心理学技术以及其他科学技术。而且，这种技术控制不仅仅只把罪犯作为作用的对象，它也凭借预防违法犯罪和社会治理的理由，泛化到社会的每个主体和各个角落。这种“技术统治”给人类带来的双重效果便是现代思想家一直深思的“惩罚合理性”难题。

在马尔库塞看来，“技术统治”很可能对人类进行一种高度合理化的“奴役”。在各种惩罚技术面前，人自身的主体性与本真性将无法展示，人被视作一种物和工具，深陷进技术“奴役”的泥沼中。此时，暴力早已退场，象征文明与进步的技术在人类社会中独掌全局。马尔库塞说，“一种舒舒服服、平平稳稳、合理而又民主的不自由在发达的工业文明中流行，这是技术进步的标志”，“技术也使人的不自由处处得到合理化”。②也许正是如此，尼采在《查拉图斯特拉如是说》序言中宣称“上帝死了”。尼采的“上帝死了”不仅仅是指宗教理想世界的衰落，更多的是喻指技术统治下人类精神表达的颓败与价值理性的缺失。在技术理性支配下，现代社会将成为一个彻底的同质化社会，通过各种各样的惩罚技术和治理技术消灭个体性，使个体淹没于虚无，个体若有若无。③当“人”本身的个体性彻底泯灭时，人类将会完全成为社会机器中一颗冰冷的“螺丝钉”，生活的意义也随之消失殆尽。韦伯也以一种悲悯的语气描述了技术统治下现代社会的前景，“完全可以，而且不无道理地这样来评说这个文化发展的最后阶段：‘专家没有灵魂，纵欲者没有心肝；这个废物幻想着它自己已达到前所未有的文明程度’”。④在韦伯的描述下，人类似乎注定陷入“现代性”的深渊而无法自拔——价值多元的“诸神时代”将黯然失色，“现代人”将彻底变成“无灵魂的专家”和“无心的享乐人”。

综上所述，对于现代社会以及推进国家治理现代化的中国而言，当务之急是认真检审现代性的技术理性，特别关注技术理性和价值理性之间的平衡，努力彰显人类个体的主体性与本真性。技术与人是手段与目的的关系，技术是手段，人是目的。人掌握技术、使用

① 胡水君：《惩罚技术与现代社会——贝卡里亚〈论犯罪与刑罚〉的现代意义》，《社会学研究》2007年第3期。

② ［美］马尔库塞：《单向度的人》，刘继译，上海译文出版社，2006，第3、8页。

③ 孙国兴：《技术统治与类人文明》，《开放时代》2018年第6期。

④ ［德］马克斯·韦伯：《新教伦理与资本主义精神》，阎克文译，上海人民出版社，2018，第326－327页。

技术，根本目的在于实现“人”本身的价值和生活的意义。如果本末倒置，让“科学技术主义”独断一切，人性一路衰微，生活的世界只剩下物质，未来的人类也许会蜕变为一种严重依赖各类技术的“恒温动物”，整日龟缩在技术打造的“恒温箱”里。[①]

因此，在法律和技术之间，要将一系列的惩罚技术与治理技术置于“人文”价值的约束下，在治理中灌注“人文”精神和道德感，凸显“人”本身所具有的主体性与本真性，重新回到一种“有意义的生活”中。值得我们特别注意的是，要始终警惕惩罚技术和治理技术在运作过程中的功能外化、非理性化和非人道化，努力通过法治化途径规范技术的使用。唯有如此，“技术治理”才有“人文”的温度，技术才真正为人所用。

① 禾刀：《莫让科技失去人文温度》，《中国纪检监察报》2020 年第 7 版。

# 论刑法规制高利贷行为之合理性

白 冰*

**摘 要**：随着《民法典》《民间借贷规定（2020 修正）》及《关于办理非法放贷刑事案件若干问题的意见》的陆续颁布，我国逐渐形成了从民法到刑法、从法规到法律的民间借贷法律规范体系。采用刑法规制经营性高利贷行为是因其具有足够的社会危害性与刑事可罚性。高利贷不仅不是借贷人的真实意思表示，而且严重影响金融安全，破坏传统信用体系。同时刑法也是民间借贷法律规范体系中的重要强制力保障，其意图在于压缩非法借贷行为的空间，试图降低实体经济融资成本，服务实体经济发展。应当从法体系的角度来考虑借贷利率空白地带的定性问题，视其为违法但不犯罪的空白地带。

**关键词**：非法放贷、经营性高利贷、合理性

# On the Rationality of Criminal Law Regulating Usury

Bai Bing

**Abstract:** With the promulgation of "Opinions on Illegal Lending", "Civil Code" and "Provisions on Folk Lending (2020 Amendment)", China has gradually formed a legal standard system of folk lending from civil law to criminal law, and from regulations to laws. Criminal law is adopted to regulate commercial usury behavior because it has enough social harm and criminal punishment which is not only not the real intention of the borrower, but also seriously affects financial security and destroys the traditional credit system. At the same time, criminal law is also an important coercive force guarantee in the legal standard system of folk lending. Its intention is to reduce the space of illegal lending behaviors, try to reduce the financing cost of the real economy, and serve the development of the real economy. We should consider the qualitative problem of interest rate blank zone from the angle of law system and regard it as a blank zone which is illegal but not criminal.

**Key words:** illegal lending, operating usury, rationality

---

* 白冰，天津大学法学院博士研究生，刑事法律研究中心助理研究人员。

本文系 2018 年度国家社科基金项目“犯罪分层背景下的犯罪附随后果研究”（项目编号：18CFX040）的阶段性研究成果。

2019年10月21日，最高人民法院、最高人民检察院、公安部、司法部印发《关于办理非法放贷刑事案件若干问题的意见》（以下简称《意见》）。其中规定："违反国家规定，未经监管部门批准，或者超越经营范围，以营利为目的，经常性地向社会不特定对象发放贷款，扰乱金融市场秩序，情节严重的，依照刑法第二百二十五条第（四）项的规定，以非法经营罪定罪处罚。"2020年8月20日，最高人民法院发布《最高人民法院关于审理民间借贷案件适用法律若干问题的规定（2020修正）》（以下简称《民间借贷规定（2020修正）》），规定"出借人请求借款人按照合同约定利率支付利息的，人民法院应予支持，但是双方约定的利率超过合同成立时一年期贷款市场报价利率四倍的除外。"同时，《中华人民共和国民法典》（以下简称《民法典》）也明确规定禁止高利贷。

这实际上是近年来对民间借贷行为进行系统性规制的一部分，有助于我国的金融领域体系改革。然而，学界对高利贷是否应当入刑、如何综合治理尚存疑点。民间借贷利率调整后，《意见》中有关借贷利率的规定也需要讨论，本文便旨在回答采用刑法规制高利贷的合理性，并解释《意见》与民间借贷利率调整后的关系。

## 一、刑法规制高利贷的进程

首先应当说明，高利贷是一种属于民间借贷的借贷方式，特点在于较高的利息，因而被称之为高利贷。以往刑法学者往往使用"高利贷"进行讨论，虽然也有学者对一般意义上的高利贷和刑法中的高利贷进行了区分，[①]但并未形成系统性概念。《意见》中规定的"非法放贷"不同于广义上的高利贷，而属于"经营性高利贷"，不仅有着较高的借贷利率要求，同样还对借贷次数或者金额设定了较高的标准。应当说，"经营性高利贷"是"高利贷"的下位概念，而"高利贷"是"民间借贷"的下位概念，这是一个层层递进的概念体系。

在《意见》出台之前的不同时期，我国司法实践中，刑法对于广义上的高利贷行为是否构成犯罪有着不同的认识。1979年，刑法中以投机倒把罪规制高利贷，而后，1997年，刑法取消了投机倒把罪，但把非法经营罪从投机倒把罪中分解出来单独成罪。2004年，"武汉涂汉江案"中涂汉江一开始按照2.5%，后升至9%的月息一共发放高利贷907万元，获利143万元，法院认定这一行为属于"非法经营罪"中的第四款"严重扰乱市场秩序的非法经营行为"，构成"非法经营罪"。

至2012年，最高人民法院在《关于何伟光、张勇泉等非法经营案的批复》中指出"被告人何伟光、张勇泉等人高利放贷的行为具有一定的社会危害性"，但是"相关立法解释和司法解释尚无明确规定，故对何伟光、张勇泉等人的行为不宜以非法经营罪定罪处罚。"该文件实际上将高利放贷行为做了出罪处理，表明了我国的最高司法机关对于高利放贷行为的新认识，是吸取了2004年以后学界对于司法机关将高利放贷行为以"非法经营罪"处理的批评、建议。2015年，最高人民法院颁布了《关于审理民间借贷案件适用法律若干问题的规定》，其中明确规定了民间借贷的范围和行为性质。同年6月，银监会颁布了《中国银监会非银行金融机构行政许可事项实施办法》，将金融从业机构的审批制度改为许

---

① 周铭川：《论刑法中的高利贷及其刑事可罚性》，《社会科学研究》2018年第4期。

可制，导致大量的可以从事信贷业务的金融主体出现。至此，我国法律对于高利贷的限制下降到了一个较低的水平。

近年来，高利贷引发的社会问题频频出现，不仅引发了一系列家庭惨剧，同时还产生了许多区域性的金融风险。从“女大学生‘裸贷’”[①]到“于欢案”[②]，从“温州借贷危机”到“鄂尔多斯借贷危机”，都给社会拉响了警钟。2017年，习近平总书记在党的十九大报告中明确指出：“健全货币政策和宏观审慎政策双支柱调控框架，深化利率和汇率市场化改革。健全金融监管体系，守住不发生系统性金融风险的底线。”随之，最高人民法院颁布了《关于进一步加强金融审判工作的若干意见》（以下简称《金融审判意见》），该规定保护了借款人的实际利益，在一定程度上否定了高利贷相关合同内容效力。还有《关于立即暂停批设网络小额贷款公司的通知》，该通知表示部分机构开展“现金贷”业务存在较大风险隐患，所以暂停批设网络小额贷公司。2018年，最高人民法院、最高人民检察院、公安部、司法部发布了《关于办理黑恶势力犯罪案件若干问题的指导意见》，其中对于暴力催债的行为规定了相关治理办法，但并没有认定高利放贷属于犯罪。2019年4月，最高法、最高检、公安部、司法部又联合发布了《关于办理“套路贷”刑事案件若干问题的意见》，明确规定了“套路贷”与一般民间借贷的区别与治理方式。2019年10月《意见》出台。2020年，《民法典》明确禁止高利放贷。2020年8月20日，《民间借贷规定（2020修正）》将民间借贷利率调整为LPR（贷款市场报价利率）的四倍，这是动态式且显著低于以往规定的。因为《意见》是基于2015年《关于审理民间借贷案件适用法律若干问题的规定》的，2020年修正后则对《意见》中关于借贷利率的规定产生了冲击。

梳理刑法规制高利贷的立法进程可以发现，在我国的司法实践中刑事司法对待高利贷的态度实际上经历了四个阶段，即“放松规制——刑法规制——再次放松规制——正式纳入刑法规制”。司法机关的态度实际是随着我国社会情况的变化而变化的，《意见》的出台是我国司法机关针对社会现实所做的回应，其试图通过刑法的力量治理当前民间借贷领域中的诸多问题。同时，随着我国外部经济环境的转变，2020年调整民间借贷利率也是同样的目的，其试图引导资本放弃“避实就虚”的思维，防范系统性金融风险。而结合《民法典》来看，应当说《意见》《民法典》《民间借贷规定（2020修正）》是国家宏观经济政策调整的一部分，是一系列健全金融监管体系的措施的一部分，其目的在于促进市场经济的健康发展。

## 二、刑法规制高利贷的反对意见与风险

我国学术界对刑法规制高利贷的研究可以追溯到20世纪80年代末，当时即有学者提出增设“放高利贷罪”的建议。[③]到2010年左右，学界对于刑法规制高利贷问题的讨论逐渐增多，所围绕的论点主要有两个方面：（1）是否需要以刑法对高利贷行为进行规制；

---

①《女大学生“裸贷”4 000还10万 家长仍收到裸照》，http://tech.southcn.com/t/2016－12/08/content_161217250.htm，2019年11月7日访问。

② 于欢案，https://baike.baidu.com/item/4·14 聊城于欢案/20583854?fromtitle=于欢案&fromid=20583863&fr=aladdin，2019年12月10日访问。

③ 邹伟，杨静：《应当增设“放高利贷罪”》，《现代法学》1988年第2期。

（2）如何以刑法对高利贷行为进行规制。虽然最高司法机关已经通过《意见》明确表明以刑法对高利贷行为进行规制的态度，但我们仍有必要从理论上对这两个问题进行梳理与讨论，因为这将有助于我们更为准确地理解与使用这一文件。应当说明的是，以往学者往往使用高利贷概念，而非非法放贷或者经营性高利贷概念，所以在这一部分中，若无说明，则“高利贷”均为广义的高利贷概念。

（一）为何不应该以刑法规制高利贷

反对刑法规制高利贷的学者一般认为高利贷行为本身不具有社会危险性，基本立场是借贷双方基于共同的真实意思表示缔结合同，借贷合同合法有效，将高利贷纳入刑法规制有违契约自由精神①。主要有以下几种具体的观点。

首先，有观点认为高利贷所引发的相关犯罪属于其他犯罪构成，其本身不具有严重的社会危害性，也不能构成非法经营罪。一方面，高利贷确实会衍生出许多犯罪，但导致犯罪的并不是高利贷本身，其衍生行为构成犯罪也并不意味着高利贷构成犯罪。如有学者指出“现代的高利贷行为特点发生了转变，对人民压迫、剥削的属性减弱”“虽然在一定程度上或许对国有银行等正规金融机构的利益造成侵害……社会危害性可以忽略不计”。②另一方面，非法经营罪的构成以“违反国家规定”为基础，而高利放贷行为不属于刑法中的“违反国家规定”的行为，系借贷双方合意达成的借贷合同，没有侵害任何法益。所以，高利放贷行为难以构成非法经营罪。

其次，也有观点认为刑法不能轻易地介入金融、经济领域。刑法具有暴力的属性，是一种在其他法律规范不能对特定社会关系进行有效调整之后，才能进行规制的法律规范。也就是说，基于刑法的保障法地位，只有当民事法律、商事法律、行政法律等不能有效的规制高利贷及其衍生问题的时候，刑法才能够介入这一社会关系来保护相关法益。这样的看法确实有其道理，刑法随意地介入经济生活会导致对刑法谦抑性的违反，如此治理社会问题并非正途。“我国经济刑法已明显患上了‘肥大症’，调整范围明显呈现过度化。”③滥用刑法治理社会问题可能导致一种刑法学者试图避免的情况，即社会治理极度依赖刑法。相当数量的高利贷问题源于制度的不健全，相关供给不足，使用刑法“一刀切”而不采用制度构建来解决问题显然并不恰当。④

最后，还有观点认为高利贷是市场经济环境下的必然产物，有需求才有供给，也应当供给。我国民间经济活动中确实存在一种情况，即金融机构的借款条件较高，一般情况下较难借贷，不仅手续繁复，同时还有诸多限制。许多人手中却存在相当数量的闲散资金，因为银行利率较低而倾向于将闲散资金用于放贷活动，以获取高于银行存款的利息。⑤高利贷不仅可以为难以借到贷款的借款人提供一个可以短期周转的简易借贷方式，还可以促进民间资本流通，增加市场活力。由市场经济催生出的高利贷有其存在的必然性，强硬地以公权力进行限制甚至禁止明显不具有合理性的基础，也无法有效解决高利贷衍生的社会

① 邱兴隆：《民间高利贷的泛刑法分析》，《现代法学》2012 年第 1 期。

② 姚万勤：《用刑法规制高利贷的合理性质疑》，《内蒙古社会科学（汉文版）》2016 年第 4 期。

③ 何荣功：《经济自由与经济刑法正当性的体系思考》，《法学评论》2014 年第 6 期，第 56 页。

④ 吕垚瑶：《我国高利贷刑法治理策略的反思与重构》，《中国政法大学学报》2019 年第 4 期，第 130－133 页。

⑤ 邱兴隆：《论高利贷的泛刑法分析》，《现代法学》2012 年第 1 期，第 120－121 页。

问题。

（二）刑法规制高利贷的制度风险

第一，高利贷纳入刑法规制范围有可能导致“非法经营罪”作为兜底性罪名的滥用，存在导致犯罪圈不断扩大的风险。这种担心实际上来源于两个方面。一方面是，认为刑法随意介入经济领域可能违背谦抑性原则，认为高利贷实际上并不违法，属于民事行为，这种考虑实际上对于高利贷的社会危险性认定存在疑问。另一方面的担心则与具体罪名无关，而是源于对我国刑法中存在的兜底性罪名的顾虑。兜底性罪名的存在导致具体条文在实践中需要进行大量的解释，而且具有扩大乃至类推解释的潜在风险。刑法第二百二十五条第四项“严重扰乱市场秩序的非法经营行为”即为“非法经营罪”成为“口袋罪”的原因之一。这一条文存在空白罪状与弹性条款相结合的情况，不当的司法解释和法官滥用自由裁量权导致“非法经营罪”不断扩张乃至变异，逐渐变成了覆盖经济社会的“口袋罪”。①如果将高利贷解释为非法经营，则会进一步扩大这一口袋罪的范围。

第二，高利贷纳入刑法规制范围可能导致法官在应用刑罚时处罚不当，甚至将高利放贷者的本金也当作犯罪工具进行没收。按照我国刑法通说，认为非法经营罪的犯罪行为在实质上扰乱了市场经济秩序，所以保护法益为社会主义市场经济秩序。然而，经济秩序被破坏的程度并不等同于经济损失，经济损失仅为秩序被破坏后所表现出的一个侧面，在秩序恢复、重建等方面的影响难以直接以货币为单位进行量化考量。高利贷犯罪所造成的社会危害是不能完全量化的，单纯以放贷数额进行社会危害的评价有失准确。如果高利放贷属于犯罪，则高利放贷者的本金属于其在犯罪过程中获得非法利益的必备工具，即犯罪工具。依据如此推论，显然应当按照一般情况将本金作为犯罪工具予以没收。但是，高利贷行为中本金往往数额较大，如果没收本金则可能产生比一般的刑罚更为严厉的后果，超出放贷者应当承担的责任范围。而且人民币作为一般等价物难以特定化为犯罪工具，与一般意义上的犯罪工具并不相同，将其作为犯罪工具予以没收并不合理。

第三，高利贷纳入刑法规制范围无法从根本上解决高利贷问题，仅仅对其采用刑法进行严厉打击，反而有可能引发更多的社会问题。首先，高利贷所衍生的暴力、软暴力催收是因为我国民法不保护超出法定范围的利息，放贷人只能自力救济进行催收。高利贷如果纳入刑法规制，本金与利息更难收回，放贷人会因为承担的交易风险增加而继续抬高利息，而且其暴力、软暴力催收的行为本身就涉及其他犯罪，不会因为刑法规制高利贷就使其他暴力行为消失。其次，我国治理高利贷乱象忽略了制度是产生高利贷的根源，将高利贷入罪会减少其他法律和方法的治理空间，会造成“源头性制度供给严重不足与刑法过度压制”的悖论性难题。②

## 三、刑法应当规制高利贷行为

总结前述反对意见，可以发现反对刑法规制高利贷是刑法学者基于刑法的谦抑性的立场所得出的结论，体现着刑法学者对于国家这一公权力机关使用合法暴力时审慎的态度。

① 高翼飞：《从扩张走向变异：非法经营罪如何摆脱“口袋罪”的宿命》，《政治与法律》2012 年第 3 期，第 37 页。

② 吕瑶垚：《我国高利贷刑罚治理的困境与破解路径》，《重庆社会科学》2019 年第 9 期，第 104 页。

而论证“高利贷不应当入罪”这一观点的几个主要论点在一定程度上与基于同样立场来批评其他行为不能入罪的观点极为相似。事实上，判断一个行为是否应当适用刑法规制，谦抑性不应一概而论地成为其否定说的理由，对特定行为社会危害性的判断更适合作为论证的出发点。具体而言，高利贷是否具有刑法意义上的社会危害性才是讨论的重点。笔者将先对前述反对意见做出回应，之后再对高利贷对市场经济秩序的严重危害性来论证采用刑法规制高利贷行为的合理性。

（一）刑法规制高利贷反对意见之否定

首先，也是最需要明确的，高利贷并非像一些学者所说的是平等的借贷双方基于意思自治而达成的。在民商事活动中，契约自由原则应当以当事人具有平等的议价能力为前提条件，否则便难以称之为真正的契约自由。①但在事实上，因为高利贷具有“暴力”与“暴利”的双重特性，借贷人通常只有在极度困窘状态下，走投无路才会寻求高利贷。借贷人在借贷关系中，明显处于弱势地位，其借贷关系能否缔结受到放贷人的控制。放贷人可以通过多种手段隐性地提高实际利率，严重侵害借贷人利益，如“砍头息”②、高额的手续费、阴阳合同等。而借贷人却受限于紧迫、困窘的状态，急需贷款，很难对利率的高低展开平等的商议。如此看来，借贷双方并非处于平等地位，弱势的借贷人难以得到对等的保护，并不存在严格意义上的契约自由。以高利贷属于契约自由、是双方自愿的行为而不具有社会危害性的观点，来反驳刑法规制高利贷显然不能够成立。

其次，在市场经济中，经济自由与效率之间并不是简单的线性关系，自由的增加并一定不意味着效率的提高。不能说经济应当是自由开放的，刑法就不能介入。市场这个看不见的手是强有力的，但是并不是无所不能的。③它一般可以进行有效的资源配置，但并不总是能够达到这一效果，市场失灵时有发生。这就要求政府通过政策、法律来介入其中，维持对经济发展具有重要作用的制度。绝对自由主义经济学已经在实践中被抛弃，世界各国已经在不同程度上接纳了通过国家法律政策来管制经济的治理手段。现代经济社会中，国家对经济进行调控并不是一个是否可以做的问题，而是必然要做的。也有相当数量的国家采用刑法规制高利贷问题。具体而言，在我国刑法规制高利贷的问题不在于公权力“能否”对经济进行规制，而在于在何时、何种情况下才应当进行规制。

最后，高利贷是市场经济的必然产物，但并不能论证高利贷存在的合理性，也无法得出刑法规制高利贷不合理的结论。以事物的必然性论证其合理性，这显然是一种错误的逻辑。犯罪同样是社会的必然产物，刑法只能预防犯罪而无法消灭犯罪，可是我们也不能认为犯罪的存在就具有其天然的合理性，刑法的存在便不合理。退一步讲，高利贷的供求关系确实存在，但是认为满足了供求关系之后便当然有利于经济发展的观点并不严谨。一方面，相当数量的借贷人的偿贷能力不足，无法从非高利贷途径获得借贷，这样的高利借贷人也更加难以偿还利息更高的贷款，满足此类人群的需求是否可以有助于经济发展，结论有待商榷。另一方面，现今中国的高利贷利率极高，实际上远高于大多数实体经济产业的

① 张勇：《高利贷行为的刑法规制》，《江西社会科学》2017 年第 7 期。

② 在所谓的“九出十三归”中，借 10 000 元钱，借款人到手却只有 9 000 元，应还 13 000 元。这扣掉的 1 000 元，就是砍头息。

③［美］曼昆：《经济学原理（第七版）：微观经济学分册》，梁小民、梁砾译，北京大学出版社，2015，第 13 页。

5%到 10%的盈利率，导致大量的社会资本“避实就虚”选择高利放贷。[①]正如马克思所言，“高利贷不改变生产方式，而是像寄生虫那样紧紧地吸附在它身上，使它虚弱不堪……并迫使再生产在每况愈下的条件下进行。”[②]从这一角度来看，显然也不能认为高利贷有助于我国市场经济的发展。同时，随着民间借贷法律规范体系的逐渐形成，刑法不再是规制高利贷的唯一手段。在这个法律规范体系中，刑法本身就作为一种强制性的保障力量存在，而非越过其他法律规范来进行规制。

（二）高利贷严重危害市场经济秩序、破坏信用体系[③]

从高利贷的实践来看，高利贷可以分为两种表现形式：一是亲朋好友之间基于信赖而产生的，小范围、偶然性的借贷。显然，此种高利贷不具有刑法上的社会危害性，并不是刑法学者所讨论的是否应当入罪的高利贷。二是面向的是不特定的社会公众，以盈利为目的、职业化的高利贷，可以称之为“经营性高利贷”。[④]“经营性高利贷”的特点包括逐利、自由两大特性。逐利是指以利益为根本导向，从高利贷的资金流向来看，主要是集中在房地产、汽贸、证券、金融等具有较高利润率且风险较大的产业。自由是指其脱离政府监管、税收体系，我国之前对于高利贷的监管、治理体系存在制度性的问题，导致实践中难以对其进行有效规制。逐利与自由两个特点相结合，在实践中便极易显现出盲目与无序，呈现出“避实就虚”的趋势，容易引发区域性、系统性、高度传染性的金融风险。[⑤]

以“温州民间借贷危机”为例，2011 年温州一批涉足民间借贷的中小企业和担保公司扎堆倒闭，老板或潜逃或自杀，大量民间借贷无法收回。[⑥]据《温州民间借贷市场报告》的数据显示，温州个人和企业参与民间借贷比例分别高达 89%、59%，总量达到 1 100 亿，甚至使温州的银行系统也受到了严重影响，温州市银行的不良贷款率在 2011 年至 2012 年之间飙升了 370.27%[⑦]。该危机不仅在温州乃至浙江造成了严重影响，甚至波及全国多个地区，如榆林、鄂尔多斯、神木等，成为改革开放以来影响最严重的一次民间借贷危机，对我国经济发展产生的负面影响极为深远。至今，一些地区的房地产等与高利贷紧密关联的产业依然难以恢复正常。有学者的研究表明：我国正规金融市场安全受到了民间资本的威胁，原因在于民间资本的逐利性与“避实就虚”的倾向使我国民间金融的风险持续积累，这种风险可以由金融系统的贯通性渗透进传统的正规金融市场和实体经济当中，严重威胁着我国金融市场安全。[⑧]

---

① 陈晓枫、周鹏：《高利贷治理之史鉴》，《法学评论》2019 年第 4 期。

②［德］马克思：《资本论（纪念版）第三卷》，中共中央马克思恩格斯列宁斯大林著作编译局，编译，人民出版社，2018，第 674－675 页。

③ 早已有许多学者就高利贷的其他社会危害展开详细的论述，可参见：周铭川，《论刑法中的高利贷及其刑事可罚性》，载《社会科学战线》2018 年第 4 期；张善根，《入罪拟或信用治理：高利贷衍生犯罪的“中西疗法”》，载《法律科学》2019 年第 1 期等文。如前所述，也有诸多新闻报道了高利贷所导致的社会问题。所以本文主要就高利贷本身对其所在的经济制度造成的危害性进行论述，其他高利贷所衍生出的社会问题便不再赘叙。

④ 陶建平：《高利贷行为刑事规制层次论析》，《法学》2018 年第 5 期。

⑤ 岳彩申：《民间借贷风险治理的转型及法律机制的创新》，《政法论丛》2018 年第 1 期。

⑥ 高柳旭：《温州借贷危机折射出民间借贷乱象》，《中国商界》2016 年第 8 期。

⑦ 张笑、胡金焱：《民间借贷会引发银行的违约风险吗？——来自温州的实证研究》，《东岳论丛》2017 年第 6 期。

⑧ 方先明、孙利：《民间金融风险:形成、传染与演化》，《中央财经大学学报》2015 年第 7 期。

大量的“经营性高利贷”还会破坏传统的信用体系。依照经济学理论，借贷利率中相当一部分实际上是风险的转化，风险越大意味着利率越高，而实际上此处的风险即为放贷人在评估借款人的偿债能力之后所产生的不信任度。这也是高利贷不应当刑法规制的支持者论点之一，认为高额的利率是市场的作用，进而便可以通过高额的利率降低借贷的信用门槛。传统信用体系的基础是借贷人或担保人的偿债能力，在高利贷中，高额的利率便意味着借款人的偿债能力较低，这样的借款人往往是无法在传统途径借贷成功的。极高的利率并不能改变借款人的偿债能力，反而会使借款人更加难以偿还所贷款项，形成恶性循环。高利贷将其对借贷人的高度不信任度转化为高额利率，在实质上突破了传统的信用体系，扰乱了市场经济秩序。

## 四、高利贷的刑法规制意图与利率调整

根据前文论述，可看到高利贷应当属于民间借贷的一种高利息的借贷方式，《意见》中规定的“非法放贷”不同于广义上的高利贷，而属于“经营性高利贷”。“经营性高利贷”“高利贷”“民间借贷”是一个层层递进的概念体系，而我国规制民间借贷就采用了这个体系。如：《意见》将“经营性高利贷”纳入刑法规制、《民法典》规定禁止高利贷、《民间借贷规定（2020 修正）》规定了民间借贷利率的标准，也是层层递进的。这一系列法律规范显然意在维护整个经济社会的稳定发展与秩序，而《意见》在其中的作用绝非仅仅是用刑法来惩罚性质恶劣的高利贷行为。

在内容上，《意见》规定了非法经营罪中兜底性条款的一种犯罪行为，实际上是对非法经营罪兜底性条款的进一步解释，属于是进一步“去口袋罪化”的体现[①]。《意见》是最高人民法院经过了深入调研，总结实践经验，听取多方意见而修改完善形成的。虽然《意见》的出台是源于刑事政策的变化，在本质上通过刑事政策将特定行为纳入了刑法规制，但是从其规范内容来看，是可以通过合理的解释、适用达到良好的实践效果的；从后续出台的民事法律法规来看，其属于民间借贷法律规范体系的一部分，有助于维护其他有关规范的权威。正如有的学者认为的，中国所处的市场经济具体阶段，决定着立法者对于“社会主义市场经济秩序”的理解。[②] 一系列有关民间借贷、高利贷、套路贷的法律法规的出台，恰恰明确表示立法者有意地在压缩非法借贷行为的空间，降低实体经济融资成本，服务实体经济发展。

在实践中，随着《民间借贷规定（2020 修正）》中将原规定民间借贷利率的“两线三区”调整为“一线两区”，《意见》中关于借贷利率的规定显然也应当重新进行理解。根据 2020 年 8 月 20 日中国人民银行公布的一年期 LPR（3.85%）的四倍计算应为 15.4%，远比旧规定中 24%、36%要低。而《意见》出台时《民间借贷规定（2020 修正）》尚未颁布，是根据旧规定中 36%的上限来规定非法放贷行为。这便可能出现两种解释，一是《意见》中的规定与《民间借贷规定（2020 修正）》无关，仍然按照 36%来进行认定非法放贷行为；二是认为《意见》中关于借贷利率的规定是基于《民间借贷规定（2020 修正）》的，既然

① 郑勇：《非法经营罪的扩张:原因及其对策》，《中国刑事法杂志》2018 年第 1 期。

② 陈兴良：《刑法各论精释》，人民法院出版社，2015，第 844 页。

《民间借贷规定（2020 修正）》修改了借贷利率，则《意见》也应当进行变通性解释。然而，后者的解释明显存在着过度扩大犯罪圈的问题，虽然一年期 LPR 是由中国人民银行公布的动态标准，但峰值也不过 4.25%，即使四倍标准的一年期 LPR 也与 36%之间存在巨大空白地带。显然，将这一巨大的空白地带也纳入刑法规制远远超出了刑法谦抑性的范围。基于体系性考虑，笔者认为可以将这一空白地带认为是“违法但不犯罪”的范围，即民事法律予以禁止，但不需要刑事惩罚。这是因为，高利贷是违反民法典的违法行为，具有社会危害性。但只有满足了《意见》的相关规定，才具有足够的刑事可罚性。对于这一空白地带，其区别于“两线三区”中的自然债务区，债务人不仅无须偿还，因其属于违法行为，即使偿还后还可以行使返还请求权。

## 五、结语

可以看到，高利贷行为具有严重的社会危害性，而《意见》将具有刑事可罚性的经营性高利贷纳入刑法规制，显然具有合理性。同时，我国已经逐渐形成了《民法典》《民间借贷规定（2020 修正）》与刑事法律为主要内容的民间借贷法律规范体系，即由民事法律法规提前对高利贷行为进行规范性引导，刑法为民事法律法规提供强制力的保障的法律规范体系。应当说，《意见》将经营性高利贷纳入刑法规制具有重要价值。

# 人工智能创作物属性的法律界定研究

杨小燕*

**摘　要**：人工智能产业的迅速发展将带来新一轮的对法律的挑战，人工智能创作物可版权性便是其发展对法律发起的挑战之一。通过讨论人工智能创作物的定义及特征，根据著作权制度构成要件进行逐项分析。结果发现，人工智能创作物符合我国现有的对作品的形式要件，为应对未来的发展应适用更加客观的独创性标准进行判断。从著作权制度的立法目的出发，为人工智能创作物提供保护也符合激励政策的要求。从权利主体、客体、内容等方面试图对人工智能创作物的保护制度进行构建。

**关键词**：著作权客体、独创性标准、激励功能

# Study on Legal Definition of Attributes of Artificial Intelligence Creatures

Yang Xiaoyan

**Abstract:** The rapid development of the artificial intelligence industry will bring a new round of challenges to the law. The copyrightability of artificial intelligence creations is one of the challenges. Through discussing the definition and characteristics of artificial intelligence creations, analyze item by item according to the constituent elements of the "works". It turns out that artificial intelligence creations conform to requirements for works of our country's Copyright-Law. Objective originality standards should be applied to judge in response to future development. Starting from the legislative purpose of the copyright system, providing protection for artificial intelligence creations also meets the requirements of incentive policies. This article try to construct a protection system for artificial intelligence creations from the aspects of the subject, object, content and so on.

**Key words:** copyright object, originality standard, incentive function

## 引言

3A 时代已经来临，人工智能触及我们生活的方方面面，本文所讨论的人工智能创作物只是其中一个方面。现阶段，人工智能在文学、绘画、音乐等各领域均有“作品”。简

* 杨小燕，上海政法学院硕士研究生。

举两例，2014年，美联社已经开始使用人工智能机器人 Dream Writer 撰写新闻；微软公司开发的人工智能产品“小冰”已经出版了自己创作的诗集，曾引起轰动。这些由人工智能所创作的“作品”是否应在诞生的同时进入公共领域，抑或受到知识产权法的保护？针对这些疑问，司法实践中，已经有了一些回应：2018 年 5 月，北京互联网法院判决了被称为国内首例人工智能创作物著作权案。判决认为，人工智能创作物具有独创性，但由于现行法律规定中要求文字作品必须由“自然人”创作完成，因此不符合文字作品。同时认为人工智能创作物凝集了大量的资金、人力投入，具有传播信息的功能，涉案作品不应当即时进入公共领域供公众自由使用，应在现有法律制度范围内提供保护，不宜将人工智能过早列入民事主体范围。[①]虽然司法实践对人工智能创作物是否应当受到法律保护给出了回答，但我国立法并未对此做出回应，如何对其进行保护也无规定。笔者认为讨论人工智能创作物是否应当受到知识产权法相应法律法规的保护，应当回答以下问题：人工智能属性是什么？人工智能创作物是否满足著作权制度中“作品”的相关要求？人工智能创作物是否满足邻接权对保护客体的要求？是否应当给予人工智能相关人员在人工智能创作物上的经济权利？如何为其提供相应保护？

## 一、人工智能创作物属性分析

人工智能创作物并没有确定的定义，笔者认为以定义确定其范围是必要的。笔者认为可以对人工智能创作物下如下定义：人工智能创作物是完全独立于自然人的人工智能程序，以不可预测的方式进行创作的，具有艺术价值及经济价值的，不同于现有作品的文字、绘画、音乐等艺术形式表现的“作品”，因此，人工智能创作物要求创作主体是人工智能程序本身，创作客体是人工智能程序所创作的不同表现形式的“作品”。

### （一）人工智能创作过程独立于人类

人工智能创作物的创作过程与计算机利用模板进行“创作”的过程具有很大的区别。人工智能最重要的技术支持为“深度学习”，使其区别于过往模板创作，能够进行独立创作，是本文讨论的重点。深度学习技术的灵感来源于人类大脑神经元之间的网状连接模式，开发者将人工智能程序设计为多层的网状程序，通过组合低层特征的学习形成更加抽象的高层表示，从而对某一任务进行深层次的学习。[②]深度学习神经网络（deep neural networks），其中 deep 是指神经网络的深度，即层次，通过学习，人工智能利用归纳推理的方式将学习对象分解为较为抽象的信息。多层次的学习使得人工智能提取到传统机器学习所不能获得的丰富信息，对于任务的完成度的提高具有很大的意义。

笔者认为这种学习方式与人类的学习非常相似，根据心理学上对”学习“的定义，学习是指个体在一定情形下由于经验而产生的行为或行为潜能的比较持久的变化。[③]笔者认为人工智能在深度学习过程中所学习到的内容与人类认知学习所得内容性性质相同，即思维。思维是认知活动的高级形式，具有概括性特征，是在大量感性材料的基础上，把学习

① 参见北京互联网法院（2018）京 0491 民初 239 号判决书。

② 高扬、卫峥：《白话深度学习与 TensorFlow》，机械工业出版社，2016，第 14 页。

③ 彭聃龄：《普通心理学》（第 5 版），北京师范大学出版社，2019，第 486－498 页。

对象的共同特征和规律提取出来的活动，人工智能深度学习技术所达到的结果非常符合思维的概念，是经过对大量材料的学习后形成的对学习对象较为稳定的认知。①

人工智能通过习得的思维方式进行创作，而人类仅仅在创作过程中开启人工智能创作的“开始”键，并未实质上参与人工智能的创作活动。人工智能通过自身的思维方式对人类给定的任务进行创作，与人类创作过程相似，均是借助学习所得的中介变量（思维）进行的活动。不同于“相机”类的工具程序，人类仅仅是将相应的程序作为工具进行创作，即在实质的创作过程中具有人类的参与，并因此体现相应工具使用者的创作思维的创作过程。人工智能的创作已经摆脱了简单的工具作用，其创作实质上是独立的创作，所体现的创作思维也是自己的深度学习的成果，而非使用者的思维，也非开发者的思维。②人工智能创作过程中三处体现人类的“帮助”：其一，人工智能学习程序的开发者对于人工智能创作过程的帮助体现在其“创作思维”来源于人工智能的学习程序，但创作思维与学习程序具有明显的区别性，学习程序的创作主体为程序开发者，并不意味着人工智能创作物的创作主体也为程序开发者；其二，学习数据的选择在一定程度上决定了人工智能程序最终学习的结果，但不可否认的人工智能学习的过程是其自我发现的过程，期间自然人并不能控制其因学习而进行的相关参数的改变，因此选择学习数据的人员并不能决定和预测人工智能的学习结果；其三，开启人工智能创作行为的使用者，其实质上仅提供了一个简单的“按下按钮”的行为，对于人工智能的创作物的创作并未做出任何具体的贡献，也并非上述的利用人工智能帮助其创作的行为，人工智能是创作者本身而非“工具”。因此，笔者认为，人工智能创作物是人工智能经过大量学习后，独立创作的“作品”，人类的力量在其中可称为“父母”“老师”，但并非创作者。

（二）人工智能创作物具有艺术价值及财产价值

人工智能通过思维所创作的“作品”，从客观角度观察与人类所创作的作品非常相似，能够为公众带来美的感受，即其拥有一定的艺术价值。艺术价值是指艺术作品对于满足作品接受主体的精神愉悦需要所具有的审美效用，其中最根本、最主要的是审美价值。③人工智能创作物在客观表现上与人类作品相似的特征，使得其接受主体能够获得同人类作品一样的精神上的愉悦，其具有艺术价值所要求的核心价值——审美价值。

就其经济价值而言，首先，人工智能创作物已经被商业领域所接纳，成为“商品”的一种，例如人工智能”小冰“已经正式出版了诗集；其次，人工智能编写新闻的程序为新闻发布企业节省了大量的人工成本，同样具有财产价值。笔者认为人工智能创作物的财产价值来源于其为所有者所带来的经济上的消极或积极增加，人工智能“小冰”的例子为典型的经济上的积极增加，人工智能编写新闻程序同时反映了财产上的积极增加与消极增加。

（三）人工智能创作物在范围内区别于现有作品

人工智能在创建模型时，开发者会在网状学习结构中编写“反馈”程序，在创作过程中保证人工智能最终创作的“作品”是与现有的作品不同的：“创作”程序在创作完成一

---

① 彭聃龄：《普通心理学》（第 5 版），北京师范大学出版社，2019，第 254 页。

② Kalin Hristov, *Artificial Intelligence and the Copyright Dilemma*, 57 IDEA 431，436－437 (2017).

③ 朱立元主编：《美学大辞典》，载中国知网 https://kns.cnki.net/kns/brief/default_result.aspx，2020 年 6 月 7 日访问。

次创作时会将创作结果交由“反馈”程序进行分析判断，若判断结果不能区别于现有作品，“创作”程序需要进行再一次的创作直到被“反馈”程序认定为其所创作的作品与现有的作品不同时，才最终完成对一项作品的创作。因此，有学者认为，人工智能的这种创作过程决定了其创作非对现有作品的简单模仿，更不是基于模板的僵化输出，而是基予自身思维的创作。①

但值得注意的是，人工智能的深度学习过程是通过大量的学习数据实现的，学习数据库越大其学习效果越好。由于“反馈”程序的也是深度学习后所得的“思维程序”，因此其所能判断的现有作品范围也限定于学习数据库中，“反馈”程序并不能保证人工智能最终输出的结果与上述学习数据库以外的现有作品具有区别性。

（四）人工智能创作物具有不可预测性

人工智能程序的开发设计过程仅仅被设计了初始的学习程序，经过学习后的思维模型是初始程序自我学习的结果，是不受开发者控制的。进一步讨论，人工智能创作过程是根据学习后的思维模型进行的创作，使用者为人工智能提供目标，创作过程同样不受使用者控制，也不受人工智能程序开发者控制。总结上述创作过程可以发现，就单个人工智能而言，最终输出“作品”是无法被学习程序开发者与使用者预测的。

另一方面，虽然两个人工智能可能存在相同的学习程序，甚至投入相同的学习数据库，但由于程序开发者对人工智能学习程序的不可控制，因此每一个人工智能最终的学习结果实际上并不相同。人工智能的训练过程中，神经网络的参数和权重都是随机的，而且，即使是相同的训练数据，经过多次迭代的学习，最终的学习成果无法受人工控制。在接收到相同的创作指令时，在各自的学习成果的引导下所创作的作品并不相同，笔者认为这类似于同一个老师并不会教出两个相同的学生。因此也无法试图通过创造两个相同的人工智能，预测其“未来”可能创作的“作品”。

## 二、人工智能创作物的法律界定

《中华人民共和国著作权法实施条例》（以下简称《著作权法实施条例》）第2条规定，我国著作权法所保护的客体是指文学、艺术和科学领域内具有独创性并能以某种有形形式复制的智力成果。可见，作品受保护的要件包括：（1）形式要件：作品必须具有可复制的外在表达；（2）实质要件：作品须具有“独创性”。对于是否要求创作主体必须是自然人，本文认为若承认此要件的必须性则人工智能创作物是否应纳入著作权保护客体的讨论是无意义的，因此本文排除作品对创作主体的要求。

（一）“作品”构成要件分析

1. 形式要件——作品必须具有可复制的外在表达

作品必须具有可复制的外在表达，包括两个方面的要求：其一，作品必须是外在表达，仅仅是内心的思想不能被传播，不具有社会价值；其二，作品必须具有可复制性，即其以有形的形式被固定下来。

① Nina I. Brown, *Artificial Authors: A Case for Copyright in Computer-Generated Works*, 20 Colum. Sci. & Tech. L. Rev.1, 8 (2018).

根据上述确定的人工智能创作物的概念，外在表达是指作品需要以某种作者以外的其他人可以感知的文字、图画、音乐等形式表现出来。上文中已经讨论过，人工智能创作的表现形式与自然人作品无异，是可以被感知的。而人工智能经过学习后的“思维“程序属于思想部分，虽然不可能属于著作权保护的软件作品，但也不属于本文所讨论的人工智能创作物。作品以有形的形式被固定下来，要求这种固定是永久的或稳定的，以允许“作品“能够被感知、复制或以其他方式传达”。[①]人工智能创作物多是以电子数据的形式存在，但仍旧能够被他人所感知、复制等，且这种电子存储方式是稳定的且永久的。因此，对于作品构成要件中的形式要件，人工智能创作物是非常容易满足的，这一条件也是非常容易判断的。

2. 实质要件——作品须具有“独创性”

独创性表达的判断，是学者争议的焦点。《伯尔尼公约》仅对独创性提出了要求，并未就其进行明确定义，每个成员国都必须定义本国的独创性概念及标准。但无论是美国还是我国的立法，也未对“独创性“的具体含义做出说明，采取较为模糊的定义，理论上和司法实践中均存在不统一的理解。但可以肯定的是，独创性包括两个方面的要求：（1）原创，即作品由作者独立完成创作，非简单地复制他人作品所得，包括从无到有与在他人作品基础上进行的创作；（2）创造性，作品必须是作者本人的表达，包含其个性的表达，对于创造性高度的要求，各国有不同的标准。[②]

（1）原创——源于本人

原创的要求，重点在于判断创作主体是否独立完成创作、作品非对他人作品的简单复制，区别于现有的作品。对应人工智能创作物，要求其为创作主体，即人工智能程序本身的独立创作，该“作品”非是对现有作品的简单复制。

根据上文中对人工智能创作物的属性分析，可以认定人工智能创作物是由人工智能进行的独立创作：人工智能对大量的学习数据进行分析、总结、学习，进而产生自我创作思维，其创作也是根据自我的创作思维进行的。当然，人工智能创作需要来自人类的帮助。例如，人类启动人工智能的创作是与人类创作主要的不同点——人工智能的创作缺少主动性，但这些帮助于人工智能创作而言均非决定性的。笔者认为，创作过程是否是创作主体本身主动而为，不是判断创作主体是否独立完成创作的要点，实际上，创作缺少主动性与创作是否独立毫无关系。在人工智能的实质创作过程中，是由其根据自己的创作思维进行的独立创作，人类并不能对其创作过程及创作结果有任何“干涉”，笔者认为人工智能的创作是独立的创作行为。

另一方面，人工智能创作物非对他人作品的简单复制，区别于现有的作品。上一部分的论述中已经讨论过，人工智能的“反馈程序”保证了人工智能不会创作出与现有作品相同的作品，与人类的创作相比，人工智能的创作可以更大程度上保证自身的创作的创新，排除简单复制他人作品的可能性。

---

① Nina I. Brown, *Artificial Authors: A Case for Copyright in Computer-Generated Works*, 20 Colum. Sci. & Tech. L. Rev. 1*s*, 17 (2018).

② 王迁：《知识产权法教程》（第 5 版），中国人民大学出版社，2016，第 32－37 页。

（2）创造性——个性表达

各国均要求作品需要具有创造性，但对于创造性并没有给出具体的定义及可操作的判断标准，我国的司法实践中对于作品的创造性要求较低，法律法规中也无相关要求，这也是造成司法不统一的原因所在。但可以肯定的是，无论是版权法国家抑或是著作权法国家，均要求作品应当具有作者的“个性表达”，或多或少，或高或低。下文试图从更加客观的角度分析人工智能创作物是否符合我国独创性的要求。

司法实践与部分学者认为创造性的来源只能是人类，是人工智能创作物非著作权保护客体作品的主要论据。此种观点认为，于创作而言，是创作主体经过大量的客观学习，结合创作主体的主观方面，最终创作出新的作品。不同的主体对客观部分的学习结果可能呈现相同的结果，因此体现创造性的部分是创作主体将其主观认知体现在其作品之中，因此主张将“主观”方面作为独创性判断的重点考察部分。此部分学者认为，人工智能的学习只学习到了社会各种现象中的客观认知，并不能使人工智能产生主观认知。人工智能的创作过程是利用学习到的客观知识所形成的“思维”程序进行的创作，其创作仅仅是客观到客观的输出，并无主观认知的参与，不能体现人工智能的“个性”，即其作品并不具有创造性。这是一种作者中心主义的独创性标准，是作者权体系典型的判断标准，是一种受到自然法思想影响的，对作者人格尊严和精神的关注重于对商业主体经济利益的关注的思想。这种判断标准认为作品是作者人格的延伸，因此对作品是否具有独创性是从作者的角度进行考察。

笔者认为上述判断作品独创性是一种过于主观的判断方式，带来的结果是创作者以外的人对作品的创造性判断较为困难。对于一个作品而言，一千个读者有一千个哈姆雷特，作者以外的人对于作品的理解与作者所要表达的意图可能相差万里，作品离开作者，一旦开始流通，就已经“不属于”作者。随着市场力量进入创作领域，独创性标准逐渐从“作者中心”转移到“作品中心主义”。作品中心主义认为企业和组织要求享有作品版权以获得投资回报是应该被支持的，作者的个性判断，转变为作品与作品之间的差异性。[①]在美国 *Chamberlin v.Uris Sales Corp* 案中，法官认为艺术家的创造性的主观意图在某些时候并不能通过他的最终作品表现出来，即使缺乏创造性的主观意图是不需要考虑的。因此，学者 Shlomit Yanisky-Ravid 认为传统的著作权着重于保护机器背后的人，不能适应现有社会环境，主张设计一种更加客观且更适应现有社会环境的作品概念。现有的法律环境从获得独创性出发定义独创性，而不是从如何感知独创性来定义。Shlomit Yanisky-Ravid 认为虽然从作者角度考察其意图因素，关注创作者的思想与灵魂可以揭示独创性的来源，但其中需要考察的因素却极为主观，操作性较低；从观众角度定义独创性更加具有可操作性，更加客观：将待评估的作品与现有作品进行合理比较——与现存作品有所区别。因此 Shlomit Yanisky-Ravid 认为应当建立一个更加客观的独创性判断标准：① 从观众角度出发；② 与现有作品比较。[②]我国的著作权制度倾向于激励创作，根本目的在于使更多的作品被创作

① 李宗辉：《人工智能创作物版权保护的正当性及版权归属》，《编辑之友》2018 年第 7 期。

② Shlomit Yanisky-Ravid; Luis Antonio Velez-Hernandez, *Copyrightability of Artworks Produced by Creative Robots and Originality: The Formality-Objective Model*, 19 Minn. J.L. Sci. & Tech. 1, 18 – 31 (2018).

出来，更多的作品被公众接触、欣赏。

从这一角度出发，笔者认为，在“独创性”没有被明确定义的情况下，如何判断作品是否具有独创性是可以被讨论的，Shlomit Yanisky-Ravid 所提出的判断标准也是在现有法律规定的解释范围以内的。现有法律的一些规定也反映了国家法律为应对市场改变而做出的调整，以我国为例，职务作品、视听作品等均体现了这种调整。

以“作品中心主义”的独创性判断标准对人工智能的创作物进行独创性判断，从观众角度出发，人工智能创作物符合“独创性”要求。人工智能创作物并非文字、图形的随机排列组合，而是经过人工智能创作得出的类似于人类作品的创作物，大量的事实证明其艺术价值并不低于人类的作品。从观众角度出发，人工智能创作物能够给其带来美的、区别于其他作品的艺术享受，即使人工智能创作物本身在创作过程中并无在作品中加入自我情感的表达，但并不影响其作品具有艺术价值。另一方面，上文中经过讨论可以确定的是人工智能创作物是区别于现有作品的。虽然，根据主流的独创性判断标准人工智能创作物的独创性无法达到著作权制度的保护客体标准，但并非不能被其他独创性判断标准所接纳。

（二）赋权必要性分析

人工智能生成物是人工智能经过“深度学习”技术与大数据技术结合而创作得出的，大量的“作品”被证明其艺术价值并不低于人类作品的平均水平，且人工智能学习能力在某些方面明显强于人类，其平均创作时间显然少于人类个体。一方面，文学领域，人工智能的加入无疑增加了此领域的竞争力度，根据经济学原理，市场充分的竞争会促使该市场与市场内个体的进步；另一方面，人工智能生成物的质量并不低于普通人类作品，其流入大众视野对大众而言是一次学习与欣赏的机会，并有利于拓展人类思维的深度与广度，进而创作出更多、更加优秀的作品，最终的结果是文化得到迅速的发展。

人工智能产业在我国才初步形成一定规模，仍需要更多的来自社会与政府的支持。众所周知，人工智能的研究与开发需要在前期投入大量的人力、财力与物力，而现阶段，各公司更是加大对人工智能“深度学习”研发的投入，以推进人工智能具有更强的学习能力。产业的成长需要产业内部与外部共同提供良好的发展环境，其中法律环境的稳定可以为其保驾护航。人工智能生成物法律属性的确定除可以为人工智能研发公司减少法律纠纷外，还可以有效保护各公司的投资权益。人工智能生成物法律属性的不确定和无法律保护的状态会挫伤有关主体设计、开发和应用具有作品创作功能的人工智能的积极性，最终阻碍人工智产业的发展。[①]笔者认为，人工智能适用激励政策可以激励人工智能公司、程序员或用户，使其在获得劳动成果的同时，激励其披露人工智能在其中所做的贡献，该行业的发展需要相应的政策予以扶持，与国际接轨也需要赋予权利人相应的权利保护，避免在国际交往中我国人工智能产业的利益失衡。日本为避免在未来的知识产权市场中失去人工智能创作物的利益，其知识产权部署机构认为应当对人工智能创作物提供保护，我国未来的知识产权布局若放弃对人工智能创作物的保护，将失去人工智能所能带来的经济利益，也可能无法与国际立法接轨。

① 李宗辉：《人工智能创作物版权保护的正当性及版权归属》，《编辑之友》2018 年第 7 期。

否认人工智能创作物适用激励政策的学者认为，首先，人工智能属于机器人，其并不具有被激励的可能性，因此不应当被著作权制度所保护；其次，人工智能的开发者在人工智能的程序中已经得到了法律的激励，人工智能创作物是否应当再一次被激励是值得怀疑的。

上述理由忽略了人工智能背后的人类是否需要激励。著作权制度的激励目的是在个人创作占主导地位的时代被确定的，人工智能是商业社会的产物，商人的逐利性更强，若失去激励，人工智能在艺术领域的开发将无法继续。根据知识产权法的激励理论，著作权制度可以弥补创作者的创作成本（它主要由作者的时间、精力，加上出版商延揽、编辑手稿并将之录入排版的成本所组成[①]），使得创作者可以更自由地投入创作。人工智能的开发过程中，开发者需要投入大量的人力、物力与财力，人工智能的学习需要较长的时间，也意味着开发者更多的时间与精力的投入。若需要商业主体继续进行相关人工智能的开发研究，则需要满足商业主体的营利性质。如果竞争对手无须承担开发费用即可复制他人新开发的产品，并以与创新者相同的边际成本生产该产品，那么企业就不可能花费资源去开发新的产品，创新的沉没成本无法得到补偿。[②]

市场中有两种典型的投资者利用人工智能的商业模式，有学者认为投资者均可在其中得到回报：（1）投资人利用人工智能创作物获取利益的模式，投资人即为使用人，典型的如利用人工智能进行新闻编写工作的美联社等新闻部门；（2）投资人将人工智能投入市场，授权使用人使用人工智能进行创作，并收取相关费用的模式，用户为使用人。其认为，在第一种商业模式中，人工智能的使用者减少了其他成本，在此基础上获得人工智能创作者的成本已经获得补足；第二种商业模式中，人工智能投资人的重点不在于创作物的本身的版权价值回报，而是通过免费使用的方式引用用户数量或提高用户使用黏性，借助用户规模向第三方获取广告或其他收益。[③]但笔者认为以上两种激励模式中，虽然投资者的投资有所回报，但也不能因此否定著作权赋权的激励作用。从著作权制度建立的历史来看，未获得保护时，可能存在其他市场激励措施来创造作品，但存在这样一个市场的事实与法律是否应当授予保护无关。有效激励作者与不激励作者之间的选择，取决于与人工智能创作物有关的利益主体是否期望从法律保护中获得收益。[④]排除人工智能为机器人，不需要经济激励外，这条产业链上的任何一环都需要在商业活动中获得一定的经济激励，才能促使产业可持续地发展下去。一方面，笔者认为否认人工智能背后人类需要激励的理由中，没有将产业链中的每一个环节考虑进去。人工智能创作物能否被赋予权利，一定程度上影响人工智能本身程序的价值。参考影响专利评估的因素，人工智能本身程序的评估应当考虑到的经济因素有：成本因素、收益因素、市场因素以及风险因素。[⑤]训练一个较为合格的

---

① ［美］威廉·M·兰德斯、理查德·A·波斯纳：《知识产权法的经济结构》，金海军译，北京大学出版社，2005，第47页。

② ［美］威廉·M·兰德斯、理查德·A·波斯纳：《知识产权法的经济结构》，金海军译，北京大学出版社，2005，第17页。

③ 许明月、谭玲：《论人工智能创作物的邻接权保护——理论证成与制度安排》，《比较法研究》2018年第6期。

④ Nina I. Brown, *Artificial Authors: A Case for Copyright in Computer-Generated Works*, 20 Colum. Sci. & Tech. L. Rev. 1, 20–22 (2018).

⑤ 郑成思：《知识产权价值评估中的法律问题》，法律出版社，1999，第32–78页。

人工智能创作程序，需要开发者投入大量的时间与训练材料进行训练，因此成本较高。但若产业链中的下游产业的交易成本都过高的情况下，产业链上游的产业即使在短时间内能够获得成本上的抵消，也无法进行未来的开发与研究，此时人工智能程序的价值将不再被商业社会所认可，最终停滞不前或消失在大众视野中。另一方面，没有证据证明上述学者所认为的“足够”的激励是确实足够的，反而大量的诉讼证明商业主体认为激励是不足的。

## 三、人工智能创作物保护的比较研究

### （一）版权法国家

版权法的前身是出版特权，是出版商等利益团体运作的结果，目的在于垄断作品带来的利益。因此，版权的价值在于其作为财产的可转移性，通过保护权利人的相关版权利从而使得公众、社会从中获利，根本目的在于公众利益的增加。[①]英国历史上第一部版权法《安娜女王法令》的立法目的是保护现代文化传播功能的充分实现，鼓励人们对文化产业的投资。[②]在此历史基础上，版权法国家设立版权法的目的在于“激励”，因此版权各项权利的主要内容也侧重保护权利人能够享受到该无形财产带给其的经济潜力。[③]在作品独创性的要求上，版权法国家普遍要求作品有较低的创造性即可，在美国 *Feist Publications, Inc.r.Rural Telephone Serice Co* 案中，法院虽然否认了“额头流汗的标准”，但也认为满足宪法和法律所要求的创造性要求仅仅需要作者在作品中有不仅仅是微不足道的贡献即可，这意味着法律仅仅禁止简单的“复制”行为。[④]通过后续的案例的进一步细化，美国最终形成对于不同种类的作品要求不同程度的独创性：对于虚构的作品，原创性要求一般较低，仅仅是多于“*trivial*”即可。[⑤]

面对人工智能创作物是否应当得到版权法的保护，版权法国家之间存在着分歧。以美国为例，早在 1956 年，就有人工智能开发者（Martin Klein and Douglas Bolitho）申请注册人工智能所创作的歌曲，但最终被版权局拒绝。美国不论是国会还是最高院均遵循先例中已经确立的要求，即作品的作者智能是人类，人工智能不能成为作品的作者，意味着人工智能创作物不具有可版权性。但学界对于人工智能创造物的可版权性持不同意见：学者 Russ Pearlman 认为，确定人类作者要求的判例是在强人工智能存在之前所判决的，像无法预测“相机”的创造一样，未来人工智能创作物的相关冲突将必然爆发，他认为美国现有的判例在逃避应做出的改变；[⑥]学者 Victor M.Palace 认为人工智能创作物符合版权法要求的原创性和可复制性的要求，但认为人工智能创作物仍应当在创作完成之时进入公共领域，人工智能产业发展的趋势是不可阻挡的，对于人类作者的要求可以确保人类仍是

---

① Russ Pearlman, *Recognizing Artificial Intelligence (AI) as Authors and Investors under U.S. Intellectual Property Law*, 24 Rich. J.L. & Tech.1(2018).

② 吴汉东：《知识产权基本问题研究》，中国人民大学出版社，2005，第 168 页。

③ 汤宗舜：《著作权法原理》，知识产权出版社，2005，第 3 页。

④ Annemarie Bridy, *Coding Creativity: Copyright and the Artificially Intelligent Author*, 2012 Stan. Tech. L. Rev. 5, 13 – 17 (2012).

⑤ 陆剑玲：《美国版权法》（第 2 版），对外经济贸易大学出版社，2012，第 18 页。

⑥ Russ Pearlman, *Recognizing Artificial Intelligence (AI) as Authors and Investors under U.S. Intellectual Property Law*, 24 Rich. J.L. & Tech. 1，4 – 11 (2018).

创造性领域不可缺少的一部分，避免打击人类作者的创造积极性。①

不同于美国，部分版权法国家已经试图接纳“计算机生成”作品，英国从最初的否定人工智能创作的独立性，到 1988 年在版权法中规定“计算机生成的作品是在没有人为作者的情况下由计算机生成的”，相应的作品不具有人格权利，权利期限为 50 年，并将相应的权利归属为“从事创作作品所需的安排的人”。与之有类似安排的还有爱尔兰、新西兰。

（二）作者权法国家

将著作权视为作者权的国家，顾名思义，他们更加关注对作者的保护，这起源于法国立法中的“天赋人权”原则。作者权法国家认为作品是作者人格的延伸，作者的精神权利应是法律保护的重点，但同时也限制了作者的范围——自然人。②与版权法国家相比，作者权法国家对于作品的独创性要求更高，仅在作品体现作者的个性并具有一定的创作高度的情况下才可能获得法律的保护，例如：德国著作权法要求作品必须满足：（1）具有创造性的劳动；（2）体现作者的个性、智力、思想或感情；（3）具有一定的创作高度。

以日本为例，著作权法第 2 条认为作品是用积极的方式表达思想或感情的文学、学术、美术或音乐等领域的创作，现行的法律制度认为人工智能创作物并不能称为“作品”。目前，日本关于人工智能创作物的文件主要有《知识产权推进计划 2016》《知识产权推进计划 2017》《次世代知识产权系统检讨委员会报告书》及《新型信息财产检讨委员会报告书》等。整体上，日本政府意识到在本国现有的知识产权体系下，人工智能创作物并不符合本国著作权法对作品的定义，不能列为著作权保护客体。但日本政府认为若赋予人工智能创作物法律保护可带来一定的经济利益，他们主张给予人工智能创作物适度的保护，避免过度保护的同时分类处理人工智能创作的保护问题。③学者田村善之认为知识产权制度不应当过度膨胀，造成知识财产的泛滥，应当设立知识财产登记制度控制作品数量，从而间接提高著作权保护门槛④，这与美国学者认为缺乏被激励者的潜在目的是相同的。

（三）我国法律规制及研究现状

我国著作权法在立法目的上认同作者权法国家的保护作者人格权，同时也认同版权法国家的激励政策，值得注意的是在建立我国著作权制度时，着重参考了美国的版权法制度，因此《著作权法实施条例》中虽然有“独创性”的要求，但并未对其进行具体化，无法确定创造性高度的要求。实际上，我国司法实践中的表现，具有较低程度的独创性的作品在我国也可获得著作权法的保护，但明确要求作品作者只能是自然人，这也是北京互联网法院否定人工智能创作物可版权性的主要原因。因此，我国有“著作权”与“邻接权”之分，但“邻接权”的种类远少于德国等作者权法国家，在德国等作者权法国家受到低独创性保护的作品在我国则由著作权制度给予相应的保护。⑤

---

① Victor M. Palace, *What If Artificial Intelligence Wrote This: Artificial Intelligence and Copyright Law*, 71 Fla. L. Rev. 217, 241 – 242 (2019).

② 汤宗舜：《著作权法原理》，知识产权出版社，2005，第 3 页。

③ ［日］知的财产战略本部，http://www.kantei.go.jp/jp/singi/titeki2/index.html（last visited Jun.07.2020）。

④ ［日］田村善之：《デジタル化時代の著作権制度—著作権をめぐる法と政策》，《知的財産法政策学研究》2009 年总第 23 卷，第 27 页。

⑤ 王迁：《知识产权法教程》（第 5 版），中国人民大学出版社，2016，第 38 页。

针对人工智能创作物，国内学者争议比较大的是人工智能创作物是否满足“创”的要求，创作过程是否为创作者留下足够的创作空间。王迁认为人工智能创作物是应用算法、规则和模板的结果，通过对人工智能生成图片为例进行分析表明，采用算法的修图软件一旦编制完成，其所谓的创作行为则是完全按照已经获得模板进行创作，多次创作结果并不会不同，未能在作品创作过程中体现出创作的空间[①]；而易继明、尹卫民、熊琦等学者认为人工智能的设计已接近于人脑，其在创作过程中有价值取舍，具有一定“思想”，认为人工智能通过深度学习技术，已经可以实现数据的收集、分类、学习，获得独立于人工智能学习程序的创作程序，其创作行为独立于人类，符合著作权制度对于作品独创性的要求。部分学者为了避免讨论创作主体人工智能的身份带来的问题，建议采用物权法“孳息”的方式对其进行保护，符合“物生物”的逻辑外观。[②]相比于国外的讨论，我国对于人工智能创作物的可版权性讨论，主要集中于其是否符合独创性的要求，否定其可版权性的学者认为其为僵化的输出，并未留下任何创作空间，从客体判断上已经否定赋予作品资格的可能性。但国外学者多认为人工智能创作物符合独创性判断标准，而否定的原因集中在主体缺乏可激励性。

我国的法律虽然排斥对人工智能进行保护，但司法实践已经承认了人工智能创作物的价值，以及投资者对其可主张一定的权益。司法实践所给予的这种保护，在法律上没有实际的支持，而是一种法理上的支持。上述版权法国家以及作者权法国家所进行的一系列实践和讨论，对我国相关立法、司法具有一定的借鉴意义。

## 四、人工智能创作物的立法缺失及相关立法建议

本部分是基于 Shlomit Yanisky-Ravid 理论下，承认人工智能创作物具有创造性，赋予其作品身份，并可获得著作权制度的保护，在此基础上讨论人工智能创作物权利制度构建，包括：产业链上的哪一或哪些角色应得到赋权（权利主体）；权利客体；权利内容；权利限制。

### （一）权利人的选择

人工智能创作物的未来需要激励，以赋权的方式给予激励，重点在于赋权给何人才能将各角色之间的利益平衡起来。人工智能创作物在权利人的选择上主要限于人工智能或人工智能程序有关的开发者、所有者、使用者。在权利人选择上，从著作权法制度的起源与发展可以看出，著作权制度经历了以激励为主要目的，逐渐开始关注保护作者人格的发展历程，因此笔者认为权利主体的选择应当主要考虑以下因素：（1）人格因素；（2）劳动价值论——激励。

#### 1. 人格因素

人工智能创作物中体现了谁的“人格”？Annemarie Bridy 认为根据直觉或传递原则都可以推理出人工智能软件的程序员是其软件创作物的逻辑拥有者，我们可以将创作过程中的“middle-machine”在逻辑上删除，进而得出人工智能软件开发者真的进行了相关创

---

① 王迁：《论人工智能生成的内容在著作权法中的定性》，《西北政法大学学报》2017 年第 5 期。

② 黄玉烨、司马航：《孳息视角下人工智能生成作品的权利归属》，《河南师范大学学报》2018 年 7 月第 4 期。

作。但如 middle-machine 所说，在直觉上可以接受的逻辑，在法律上并不一定能得到支持。[①]人工智能软件的开发者虽然设计了学习程序，并且为人工智能选择了学习数据，但最终的学习成果是人工智能自我完成的，软件开发者甚至不能预测该结果。现实生活中，父母也在儿童的学习过程中教会其如何学习，并提供学习材料，但显然不能认为儿童所创作的作品是其父母的成果，甚至因此赋权给其父母而非该实际进行创作的儿童。与软件开发者相比，软件所有者及使用者显然更不可能在人工智能创作物中做出能够体现“人格”的贡献。

实际上，笔者认为人工智能创作物所体现的人格是人工智能本身的，人工智能通过学习获得了创作的思维方式，其创作独立于人类，创作过程与创作结果不受人类控制，创作过程中自由地通过自己的创作思维进行选择，可以说在一定程度上、一定范围内拥有了意志自由，即其拥有一定程度、一定范围的人格。但现阶段人工智能的人格是否应当受到法律的保护？可以肯定的是人工智能人格并没有得到现有法律的认同与保护，其受到保护的正当性问题，笔者认为这是一个更为基础性的问题，并不是著作权制度可以回答的问题，在此不做讨论。按照现有的法律制度，可以确定的是人工智能人格并不受法律的保护。从人格因素出发，我们并不能确定应将人工智能创作物的相关利益赋权给谁，但出于某些原因，笔者认为应当将署名权赋予人工智能的开发者，具体原因笔者将在下文中予以陈述。

2. 劳动价值论——激励

著作权制度的最终目的是在激励创作的情况下，使得公众能够获得接触更多优秀作品的机会。作为市场驱动下的结果，人工智能是在商业主体的参与下的科技进步，并非简单的个人劳动可以完成的工作，创作物的权利归属参考适用激励理论似乎更加合理。那么，在产业链中，对哪一环节的主体进行激励会更有利于公共利益的实现？

首先可以肯定的是，作为非人类的人工智能本身是不能被激励的，能够被激励的是产业链中的开发者、所有者和使用者。作为开发者，若其是所有者的雇佣者，其开发行为是在所有者的支持下进行的，包括其工作报酬、开发所需资金、设备等；若其为独立的商业主体，则其将拥有人工智能软件的知识产权。若不对开发者进行赋权激励，在第一种情况下，开发者并不会因为缺少激励而不再进行相应的工作，在第二种情况下，赋权给开发者存在过度激励的问题。作为所有者，其为获得人工智能软件显然付出了巨大的成本，若其持有是以为他人提供免费的使用人工智能软件的机会，并通过广告费用回收成本，与较多的使用者相比，所有者是软件实际支配者；若其持有是为了使用人工智能软件，这时其身份与使用者实际上是混同的。无论以上哪种情况，将权利赋予人工智能软件的所有者都可以在一定程度上使得实际支配人工智能软件的所有人使用该软件进行更多的创作，并为人工智能技术进一步的开发投入更多的热情。作为使用者，除上述混同情况，应为免费使用软件的情况，鉴于其使用是一种免费的使用，对其进行激励虽然可以促进使用者更多的使用该软件，但呈现出“搭便车”的现实，会打击付出成本但未获得足够回报的所有者为人工智能技术投资的热情，长远来看并不有利于公共利益；若上述情况中的使用者并非免费而是在付费的前提下使用的，笔者赞同易继明教授的看法，可以允许所有者与使用者之间

① Annemarie Bridy, *Coding Creativity: Copyright and the Artificially Intelligent Author*, 2012 Stan. Tech. L. Rev. 5, 22 (2012).

对人工智能创作物的相关权益进行自由的约定。①从激励角度来看，人工智能创作物的相关利益赋予软件所有者的安排是符合产业链各主体的利益诉求的。

除激励因素外，将权利赋予所有者还有以下更多的理由，例如所有者一般是有一定经济能力的商业主体，对于人工智能创作物可能存在的侵权行为或被侵权行为有足够的能力和积极性对其进行处理②。

（二）权利客体

权利需要有明确的保护对象，人工智能创作物作为权利的客体，即其保护的对象，需要符合以下几点要求。首先，其应当符合著作权制度对作品的要求，即可复制性、独创性，这要求人工智能创作物不能是停留在“idea”层面上，且应当区别于现有的作品，因此人工智能程序中的反馈程序是保证其可获得保护的充分条件。其次，人工智能创作物应当区别于自然人的作品，即要求其为人工智能程序独立创作而非作为协助自然人进行创作的工具。再次，人工智能创作物应当区别于由模板程序输出的“作品”，无论该模板是由开发者设计，抑或是由学习程序学习所得。最后，人工智能创作物应当具有独创性，区别于不具有任何创造性的事实信息，单纯的事实信息不能获得著作权制度的保护。

（三）权利内容

人工智能作品的外在表现与人类作品是十分相似的，但人工智能软件的创作能力远远高于人类，其可以在短时间内创作大量的作品，有学者认为其强大的生产能力很容易产生“符号圈地”效应，会抢占人类的作品市场，而且会增加人类作者的侵权风险，增加其他创作者的创作成本，权衡对商业主体的激励程度，对人工智能创作物的保护程度应当低于人类作品保护程度。③

现阶段，世界各国的法律均不承认人工智能的独立人格，著作权制度为自然人作者提供的人格权的保护，在人工智能创作物的保护上是不需要考虑的。但搭便车行为始终是人工智能创作物在市场上流通时被担心的问题，人工智能创作物内容表面与普通作品无异，因此有必要进行标记。④因此就署名权而言，笔者认为不仅应当是人工智能所有者的权利，也应当是人工智能所有者的强制义务。考虑到人工智能所有者进行署名的积极性，笔者认为应当将人工智能进行强制署名的义务由人工智能开发者负担，在人工智能软件设计阶段在程序中必须加入署名的“水印”程序，表明人工智能创作物是由人工智能创作。为促使开发者积极履行上述强制义务，笔者认为可以规定人工智能软件程序只有添加上述程序的情况下才能获得法律保护。

人工智能的财产权部分是商业主体关注的焦点，也是法律激励权利主体的主要手段。但鉴于人工智能自身较强的创作能力，笔者认为应当在某些权利上有所限制，避免过度的激励，例如：对人工智能创作物进行汇编、翻译等可不经权利人的许可，但应当给付权利人一定的费用。另外，有学者认为人工智能创作物数量巨大，为其提供演绎权的保护将急

① 易继明：《人工智能创作物是作品吗？》，《法律科学》（西北政法大学学报）2017 年第 5 期。

② 许明月、谭玲：《论人工智能创作物的邻接权保护——理论证成与制度安排》，《比较法研究》2018 年第 6 期。

③ 许辉猛：《人工智能生成内容保护模式选择研究——兼论我国人工智能生成内容的邻接权保护》，《西南民族大学学报》2019 年第 3 期。

④ 易继明：《人工智能创作物是作品吗？》，《法律科学》（西北政法大学学报）2017 年第 5 期。

剧扩张其权利范围，给其他创作者的创作行为带来较大的阻碍，因此应当排除对人工智能创作物赋予演绎权的保护。权利期限方面，笔者认为一方面人工智能创作物是数据的产物，数据具有一定的时效性，另一方面对人工智能创作物的保护应当低于人类作品。笔者建议权利期限的设置可以参考邻接权制度，赋予相关作品 10—15 年的权利保护，从创作完成之日起计算。

著作权制度现有的所有的对作品的权利限制应当均对人工智能创作物适用，包括但不限于教学使用、个人使用等。同时有学者指出，人工智能技术迅速发展，为促进该行业的发展不应限制其他主体运用技术对人工智能创作物进行再次提取和利用。①

① 陶乾：《论著作权法对人工智能生成成果的保护——作为邻接权的数据处理者权之证立》，《法学》2018 年第 4 期。

# 人工智能背景下劳动法的适用路径研究

顾宗文*

**摘　要**：人工智能因其迅速发展，深入社会诸多领域，进而严重影响原有传统劳动者权益。在人工智能背景下，劳动法不仅需要积极发挥就业促进作用以保证劳动者的就业素质不断提升，还需要加强劳动者个人信息保护，并将就业歧视上升至人工智能版。面对人工智能可能带来的新型冲击与挑战，劳动法必须坚守和谐稳定的基本价值，并结合人工智能发展规律，适时增加安全和伦理作为基本价值规范予以应对。此外，人工智能的迅猛发展必将导致劳动法律出现全新变革，在彼时可以选择赋予人工智能以有限人格，并根据时代特点和法律规制必要赋予人工智能劳动者身份及其权利，由此让科学技术的理性之光和法律规范的智慧之彩在人工智能时代交相辉映。

**关键词**：人工智能、劳动法、伦理价值、劳动者

# Research on the Applicable Path of Labor Law Under the Background of Artificial Intelligence

Gu Zongwen

**Abstract:** Due to its rapid development, artificial intelligence has penetrated into many areas of society, which has seriously affected the rights and interests of the original traditional workers. In the context of artificial intelligence, labor law not only needs to play an active role in promoting employment to ensure the continuous improvement of the quality of employment of workers, but also needs to strengthen the protection of personal information of workers, and to upgrade employment discrimination to artificial intelligence version. In the face of the new impact and challenge that artificial intelligence may bring, labor law must adhere to the basic value of harmony and stability, and combine the law of artificial intelligence development, we can also increase safety and ethics as the basic value norms to deal with the challenge timely. In addition, the rapid development of artificial intelligence will certainly lead to a completely new change in labor law, at that time, artificial intelligence can be given a limited personality, according to the characteristics of the times and legal regulations, it is necessary to endow the artificial intelligence workers with their identity and rights, so that the rational light of science and technology and the wisdom of legal norms will complement each other in the artificial intelligence era.

* 顾宗文，南京航空航天大学法学系本科生。

**Key words:** artificial intelligence, labor law, ethical value, laborer

## 一、引言

自 1956 年“人工智能”概念的提出，人工智能距今发展已逾 60 年。①60 多年以来，人工智能发展历经三次浪潮。2016 年 3 月，随着标志人工智能第三次浪潮的里程碑事件——AlphaGo 智能计算机程序以 4:1 的比分轻松战胜围棋九段棋手李世石的出现，人工智能日益呈现井喷式发展并且发放异彩。人工智能凭借其深度算法不断自主学习，以云计算、大数据等数据和计算能力为支撑，在医疗、金融、自动驾驶等领域发挥重要作用。可以预见，人工智能将从专业性较强的领域拓展到与人民群众生活密切相关的各个领域，由此转变为通用智能而推动新一轮的产业革命。②

国际社会基于科技创新对于国家发展的重要性，纷纷将人工智能发展上升为国家战略，并发布一系列政策规划。从欧盟的《欧盟机器人研发计划》到联合国发布的《人工智能政策报告》，从美国的《美国国家人工智能研发战略计划》到日本的《新机器人战略》，这些政策规划充分彰显出国际社会对于人工智能的重视与积极应对。而我国政府为了不断加快建设世界科技强国和创新型国家，于 2017 年 7 月 20 日发布《新一代人工智能发展规划》（以下简称《规划》）。该规划明确提出我国面向 2030 年新一代人工智能发展的任务和目标，对于我国打造人工智能的先发优势具有建设性作用。

人工智能的迅猛发展既是机遇，同时也是挑战。2017 年 7 月，美国开始使用“世界上第一个机器人律师”（DoNotPay），中国地震台网的智能机器终端能够在 2017 年 8 月九寨沟地震后的第 18 分钟即完成一篇用词准确、行文流畅的新闻稿，耗时仅为 25 秒。虽然人工智能以其创新、高效的优势成为传统领域的新兴力量，但人工智能也会严重削弱传统劳动者的竞争力，造成传统劳动者市场的萎缩，正如李开复先生所言：“未来十五到二十年间，中国有至少 50%的工作岗位将会被人工智能取代。”③由此可知，人工智能将严重影响传统劳动者的就业权益，而人工智能时代的劳动法律如何应对这一问题成为亟待研究的方向。不仅如此，劳动法的基本伦理价值是否会因人工智能而改变，以人工智能为载体的劳动形式是否可纳入现行劳动法的保护范围等问题，因密切关系到劳动法律关系稳定和发展，也需要我们进行深刻思考。只有深入分析劳动法律关系内涵，重新检视劳动法的价值体系，调整主体和目的，才能在人工智能技术不断发展和革新的背景下真正发挥劳动法的功能和作用，从而让科学技术的理性之光和法律规范的智慧之彩在人工智能时代交相辉映。

---

① James Hendler & Alice M. Mulvehill. *Social Machine: The Coming Collision of Artificial Intelligence, Social Networking, and Humanity.APress*, 32（2016）.

② 杨婕：全球人工智能发展的趋势及挑战，《世界电信》2017 年第 2 期。

③ 李开复、王咏刚：《人工智能》，文化发展出版社，2017，第 137 页。

## 二、人工智能对传统劳动者的挑战与应对策略

人工智能凭借其深度学习与创新形式在诸多领域被广泛运用，如前所述，人工智能发展迅猛，造成大量传统劳动者失业，进而严重影响到传统劳动者的就业权益。不仅如此，当前很多用工单位都开发了大数据、“互联网+”这些新形式的公司经营管理手段，人工智能被广泛运用到劳动者招聘、工作考勤、业绩考核等环节，由此也将深刻影响传统劳动者的基本权益。

（一）传统劳动者的就业权益及其保障

对于用人单位而言，人工智能因工作效率更高、使用成本更低而备受青睐。用人单位为追求经济效益，不惜解除部分劳动者的劳动合同而进行人工智能工作置换，由此将严重影响传统劳动者的基本就业权。2017 年 7 月，上海的一位数据分析师王某就向当地劳动仲裁委员会提起劳动争议仲裁，原因就是其公司因使用智能系统而选择与王某解除劳动合同。[①]可以预见的是，随着人工智能技术不断发展与革新，越来越多的领域将采取人工智能工作模式，大量传统劳动者将会被取代。[②]如何在现行劳动法框架下切实保障传统劳动者的正当权益，将深刻影响人工智能背景下的劳动法施行。

在我国当前施行的劳动法框架下，用人单位若因使用人工智能能够大幅提升工作效率、减少成本而选择辞退传统劳动者，其所能依据的是《中华人民共和国劳动合同法》（以下简称《劳动合同法》）第四十一条第三项之规定。[③]不可否认，人工智能的使用的确会在很大程度上提升工作效率，且从体力型劳动提升到脑力型劳动，例如摩根大通利用 AI 系统在几秒之间就完成一份原本需要银行业人员、律师花费上千小时才能审核好的金融合同。但为了充分发挥我国劳动法的制定价值，切实保障传统劳动者合法的就业权利，在人工智能取代传统劳动者的用工纠纷案件上，必须要结合人工智能发展规律，采取严格证明标准，即使用该项人工智能的确使原先用人单位产生重大技术革新或者能够使经营方式发生全局性改变。重大技术革新的认定当前并无具体标准，因而赋予劳动仲裁机构、人民法院较大的自由裁量范围。劳动仲裁机构、人民法院在进行具体案件认定时，应当要求用人单位提供明确的量化数据，根据采用人工智能所给用人单位带来的直接用工成本、经济收益等来具体分析是否的确属于《劳动合同法》第四十一条第三项规定的“重大技术革新”。

当前，人工智能所取代的多为工人、服务员等机械性劳动者，这充分反映出技术进步对就业的一种替代，而这种替代虽然很大程度上会造成传统就业市场的破坏、传统劳动者权益的损失，但它作为劳动手段的替代对于提升整体劳动力科技水平也具有一定的作用。[④]历史上，世界范围内的工业革命都体现出技术对于工种、工人、工作的深刻影响，所以站在

① 程子彦：《上海首例智能取代人工劳动争议仲裁开庭 失业 or 转型?》，《中国经济周刊》2017 年第 3 期。

② 季卫东：《人工智能开发的理念、法律以及政策》，《东方法学》2019 年第 5 期。

③ 我国《劳动合同法》第四十一条规定：“有下列情形之一，需要裁减人员二十人以上或者裁减不足二十人但占企业职工总数百分之十以上的，用人单位提前三十日向工会或者全体职工说明情况，听取工会或者职工的意见后，裁减人员方案经向劳动行政部门报告，可以裁减人员……（三）企业转产、重大技术革新或者经营方式调整，经变更劳动合同后，仍需裁减人员的……”

④ 韩伟：《人工智能与劳动法的未来挑战》，《黑龙江社会科学》2018 年第 5 期。

人工智能深刻影响传统劳动者的重要关头，我们也需要看到一种劳动者发展规律，那就是只有真正具备职业技能，并且具有“不可替代性”的劳动者才不会被技术革命所取代。具有建构和谐稳定劳动法律关系之价值和目标的劳动法，应当充分利用劳动者就业促进制度，多层次全方面提升劳动者的技能素质，以劳动法治造福劳动者，而这也正是对《规划》所提出的“要大力加强人工智能劳动力培训”的贯彻落实。

（二）传统劳动者的个人信息保护问题

人工智能主要通过大量算法数据的深度运用实现其创新、高效的功能和价值，而劳动者个人信息，由于被人工智能广泛收集和处理，则成为人工智能影响劳动就业领域的重要方面。①个人信息保护原属于民法上私权之隐私权保护范畴，但在劳动关系中的劳动者与作为人工智能使用者的用人单位存在密切关系，故劳动者个人信息保护理应也由劳动法进行适当规制。

美国的一项调查和数据分析显示，人工智能对劳动者个人信息的搜集范围，从和劳动密切相关的受教育情况、基本技能掌握情况，到劳动者日常使用的社交媒体、常用网站等，乃至劳动者的日常活动轨迹、个人消费等严重涉及个人隐私且与工作完全不相关的信息也会被人工智能轻易查找并储存。②人工智能可能是基于用人单位通过有关算法和指令植入程序而为之，也有可能是具备超强自主学习功能的程序自动进行数据处理。但无论是何种情况，人工智能对于劳动者个人信息的肆意收集和储存，将使劳动者成为几乎缺乏任何个人隐私的透明人，对劳动者的个人人格尊严会产生严重的负面效应。这也就不利于调动劳动者认真工作的积极性，更无法构建劳动法所鼓励建立的和谐稳定的劳资关系，因而必须通过相关途径对人工智能收集劳动者个人信息进行规制，切实保障劳动者的隐私权。

如何妥善规制人工智能搜集劳动者个人信息程度、加强劳动者隐私权保护，需要在劳动法律层面上有所作为。首先，应当贯彻落实劳动者对于人工智能收集其个人信息的知情同意原则。正如侵权责任法上将“知情同意”作为侵权的抗辩事由，在涉及人工智能任意搜集劳动者个人信息程度达到涉嫌侵犯隐私权的程度时，如果存在劳动者自身同意的情形，自然不成立人工智能对劳动者个人信息的侵犯。所以，劳动法赋予劳动者同意或不同意的权利将会有利于保障劳动者的隐私权。

其次，劳动法需要明确用人单位可以合理收集劳动者的信息范围。用人单位基于便捷管理、劳动者工作岗位优化设置等特定目的，有收集劳动者个人信息之必要。

但用人单位依靠人工智能收集的个人信息，必须具有正当的理由，且被限制在合理的范围内，这样才不会造成用人单位滥用人工智能任意搜集劳动者个人信息的严重侵权事件发生。再者，劳动法应当对用人单位使用人工智能侵犯劳动者个人信息的法律责任进行规定。就一般法理而言，法律责任的设定有利于义务主体积极主动履行义务。在涉及劳动关系的人工智能背景下，用人单位作为人工智能的使用者或监管者理应具有保障劳动者个人信息的义务。所以，在劳动法中明确规定用人单位的法律责任，对于用人单位积极履责，加强对人工智能收集和监视劳动者个人信息的监管，尽量主动排除可能会损害劳动者隐私

① 涂永前：《人工智能、就业与我国劳动政策法制的变革》，《河南财经政法大学学报》2018 年第 1 期。

② 丁冶文：《人工智能背景下机器人投入劳动的法律问题初探》，《决策探索（下半月）》2017 年第 9 期。

的因素具有积极作用。

（三）人工智能人力资源管理（HR）所带来的就业歧视及其应对策略

人力资源管理部门作为用人单位招募、筛选劳动者进入劳动岗位的直接参与者，对求职者的各项基本能力进行考核或排名以确定最符合条件的劳动者。人工智能能够对求职者的简历进行自动数据分析比对，使用大数据算法综合选拔出高质量的求职者作为用人单位的劳动者。正因人工智能具备效率性、科学性等优势，人工智能 HR 被众多企业使用。人工智能 HR 虽然具备上述优势，但人工智能所依据的仍是通过大量已有数据进行高智能分析，从而得出相关程序运作规律。人工智能 HR 在实际人力资源管理过程中所依据的数据也可能存在着歧视性元素，或者尽管一些元素本身不含有歧视色彩，但却是由当前已经客观存在的歧视性背景因素造成的。[①]欧盟委员会法律事务委员会在一份报告中显示，通过已有的人工智能 HR 实例可以发现，人工智能在使用大数据进行分析运算过程中，可能会得出男性比女性更能胜任工作、健康人比残疾人更符合工作岗位要求的结论。[②]劳动法一直将反对就业歧视，保障各位劳动者的平等就业机会作为基本理念和目标，因而人工智能 HR 的运用将会在很大程度上造成某些传统劳动者的就业歧视问题，所以人工智能背景下需要直接回应相关问题，并及时采取措施以切实保障劳动者的平等就业权。

一方面，当劳动法遭遇人工智能因素所造成的就业歧视挑战时，需要审慎分析人工智能就业歧视发生的内在原因，从而有针对性地反就业歧视。用人单位作为人工智能 HR 的使用者，理应对人工智能的算法代码进行规制。用人单位可以加强科技力量，进一步完善人工智能算法和代码程序的设计，通过技术规范从源头上避免人工智能 HR 的就业歧视。另一方面，充分发挥人类 HR 的主观能动性作用。在实际人力资源管理中，用人单位原有的人类 HR 仅仅将人工智能 HR 的分析结果当作一种重要参考，但不能完全依赖，因为人工智能 HR 并不能对职场上劳动者所必备的人际交往能力、抗压能力等主观事项进行评判。通过采取人工智能 HR+人类 HR 的工作方式，有利于确保人工智能雇佣决定的合理性，同时能够发挥人类 HR 的主观能动性，使其与人工智能 HR 实现完美兼容，为人工智能背景下针对传统劳动者的反就业歧视增添双重保障。

## 三、人工智能背景下劳动法价值的审视和转型

随着高新技术的日益发展，人工智能将在更多领域以更加智慧的方式进行深刻变革，对于以保障劳动者基本权益为核心、以构建和谐稳定的劳动法律关系为目标的劳动法而言，其基本价值需要在立法层面上进行审视。[③]如前所述，对劳动者就业权、隐私权、平等权的侵害是当前人工智能影响传统劳动者基本劳动权益的表现形式，但人工智能因其技术发展迅速、创新能力强等特征，势必会出现现行劳动法还无法完全对人工智能所表现出来的侵犯劳动者权益之方面进行规制的局面。这时候，要想能够从学理上解决这一问题，必须深刻分析劳动法的基本价值和理念，以此作为理论规范，在具体新情况下予以适用。

① 李妮：《AI 时代,HR 的进击之路》，《人力资源》2017 年第 10 期。

② ［德］霍斯特·艾丹米勒：《机器人的崛起与人类的法律》，《法治现代化研究》2017 年第 4 期。

③ 吴汉东：《人工智能时代的制度安排与法律规制》，《法律科学（西北政法大学学报）2017 年第 5 期。

同时，人工智能新技术将不仅仅是作为“挑战者”，对原有劳动法制度下的劳动者进行影响，它还会以新的表现形式对劳动法律关系等宏观法律内容进行冲击。因此，传统劳动法势必需要与时俱进，根据人工智能的发展规律和实现路径进行合理适当的转型，进而确保劳动法在人工智能背景下能够更具创新活力和时代价值。

人工智能虽然可以深刻变革劳动形式和劳动方法，但在法律层面而言，人工智能无论多么强大，它都只能够表现为对于法律规则的适用推理，却不能够像人类一样根据具体事件进行价值判断。凭借程序和算法构建和运行的人工智能，尽管不能够直接影响劳动法的价值确定，但可以通过影响劳动力市场和劳动形式，进而在一定程度上左右劳动法的价值选择。构建和谐稳定的劳动关系是当前劳动法的价值取向，①我国《劳动合同法》在第一条立法宗旨部分更是直接对其进行明确规定。

（一）人工智能背景下的劳动法的和谐价值分析

人工智能背景下的劳动法，和谐是其保障劳动者合法权益、规范劳动法律关系的重要价值。劳动法上的和谐，需要劳资双方能够相互协作、相互配合，构建安定祥和的劳动生产秩序，以实现双方共赢的局面。不可否认，用人单位作为生产资料的占有者，势必具有劳动关系中的优势。而且人工智能的出现，使用人单位能够以更少的单位成本获取更多的生产利益。但用人单位必须紧紧树立其作为劳动法规制对象的基本社会责任，始终铭记其与劳动者为命运共同体的和谐价值要求，在人工智能使用过程中，努力为传统劳动者提供更多实现自我价值的工作岗位，并努力提升劳动者技术知识和劳动技能。作为构建人工智能背景下劳动法所提倡的新兴和谐价值目标的重要一方，劳动者也必须树立高度的职业使命感，充分发挥积极主动性，将个人发展规划紧密融入用人单位的发展战略，②以己之力，共筑劳资双方新发展。作为劳动法律关系的双方主体，对于构建以人工智能新形式下的劳动法和谐价值目标，劳动者和用人单位应当心连心、齐发力、共成长，由此才使“和谐”真正成为推动劳动法律在人工智能背景下蓬勃发展的强大力量。

（二）人工智能背景下劳动法的稳定价值维护

人工智能在创新技术革新的基础上，在各个领域呈现出新形式和新业态。对于在此背景下的劳动法而言，稳定作为其重要价值则显得尤为重要。劳动法上的稳定，并不仅仅局限于劳动职业的不变、可以参加工作的机会持续等方面，而是对于用人单位和劳动者而言，双方都能够采取积极措施主动去维护劳动关系按合同约定的预期发展。在人工智能背景下的劳动法，对于稳定价值的维护和贯彻落实，首先应当保障的是劳动者能够凭借自身能力，较为自由地选择能够满足其自身成长，并且也有利于用人单位发展壮大的工作岗位，而不会因缺乏就业信息或者就业市场已经饱和无法就业。其次，在关于劳动合同期限的选择上，一般而言，无固定期限劳动合同与固定期限合同相比，由于从时间上限制用人单位过早解除与劳动者的劳动合同，所以相对更具有稳定性。但在人工智能背景下，劳动者在深谙人工智能技术的运作规律后可能会产生转岗或者暂时辞职，③以集中学习，提升自身技能的

① 翁玉玲：《人工智能时代的劳动法功能调适》，《西安交通大学学报（社会科学版）》2019年第1期。

② 田野：《劳动法遭遇人工智能:挑战与因应》，《苏州大学学报（哲学社会科学版）》2018第第6期。

③ 马中英：《关于人工智能潜在风险引发的法理思考》，《山西省政法管理干部学院学报》2018年第4期。

想法，这时候劳动法应当赋予劳动者自主选择的权利，这样才能够去促进劳资双方关系稳定并有利于双方互惠互利。最后，当人工智能被广泛适用到高技能领域，原有传统劳动者虽然仍然在原有岗位，但却因无法产生足够价值而导致收入下降，因而人工智能背景下的劳动法也要保证劳动者的收入稳定。

（三）人工智能背景下设定以“安全”为核心的劳动法基本价值考量

人工智能背景下的劳动法，需要始终坚守和谐、稳定这两大基本价值，并以此为基础，随着人工智能对于劳动法的冲击与时俱进，在对具体问题的分析上具备更深层次内涵。与此同时，劳动法面对新科技力量的影响，也应当针对人工智能发展的特点和规律，在基本价值上予以适当转型并进行必要的制度完善。据此，笔者认为，人工智能背景下的劳动法，应当构建以安全为重要内容的核心价值。①

人工智能通过数据算法开展自动运行进程，个人在很大程度上无法预料人工智能的具体表现及其影响，所以对于劳动者和用人单位而言，只有具备安全要素防范人工智能风险，才能营造劳动所必需的生产环境，也才有建立和谐稳定的劳动关系之可能。当前，人工智能所造成的侵权主要包含两个问题，一个是自然人利用智能系统而发生的智能损害，另一个是人工智能系统自身缺陷所导致的侵权损害。具体到劳动领域而言，一方面，越来越多的工作岗位开始适用“自然人+智能技术”的工作模式，这就对对于人工智能技术利用处于支配地位的传统劳动者提出了更高要求。传统劳动者在人工智能时代背景下需要不断加强自身职业能力素质，秉持创新理念，主动适应人工智能技术在传统领域的广泛运用，安全高效利用人工智能技术投入生产经营，从而提高生产效率，实现个人能力提升与企业发展效益更优的双向互利。另一方面，随着一些工作岗位纷纷采取人工智能技术进行替代性生产劳动，由此也会引发人工智能技术对于安全价值的挑战。例如，早在 2007 年，人工智能机器人在美国医疗机构作为医用辅助工具，广泛运用在外科手术中。然而美国药品监督管理局一年内收到超过 200 份投诉，指控医疗外科手术智能机器人对患者所造成的切割伤、感染等现实损害，其中还包含致使 89 人死亡的惨重后果。②因此，要想在劳动岗位中妥善运用人工智能技术，必须要构建起以安全为价值的基本价值理念。具体而言，人工智能的研发者作为智能技术的直接创造者，应当肩负保障人工智能技术安全、妥善运用的直接责任。人工智能研发者作为专业人士，需要尽其所能，注重对数据、算法的设计和调试，以确保人工智能技术能够被安全高效地使用。另外，设立人工智能监管制度，对运用到具体劳动岗位的智能机器人进行登记，加强对人工智能技术的检测和定期排查，从源头上真正防患于未然。

此外，人工智能背景下的劳动法还应当注重劳动伦理，促进劳资关系良性运行。劳动行为规范作为劳动关系中重要的调整器，对于人工智能时代的劳动文明具有重要意义。人工智能涉及劳动领域的发展、运行，需要有相关的伦理规范进行调整和制约。劳动法、劳动合同法作为劳动法律领域的重要立法，针对当前劳动关系中密切相关的法律问题进行明确规定。由于人工智能并未直接进入我国法律规制范围，因而对于建立人工智能的劳动法

① 吕荣杰、郝力晓：《人工智能等技术对劳动力市场的影响效应研究》，《工业技术经济》，2018 年第 12 期，第 135 页。

② 张玉洁：《论人工智能时代的机器人权利及其风险规制》，《东方法学》，2017 年第 6 期，第 59 页。

伦理规范，可以由国务院或人社部、工信部等政府部门发布相关的指导意见，指引建立人工智能在劳动领域运作的使用条件和适用范围，并对用人单位进行伦理约束，以更好地保障劳动者权益。

## 四、人工智能能否纳入劳动法律规制范围之新探

人工智能的算法程序在科技进步中不断发展，其所表现出来的应用形式也更为宽广，从原先的家政、餐饮服务拓展到医疗、交通等诸多行业。在很多传统领域中，人工智能机器人已经取代原有劳动者，实际履行原先劳动者的工作职责。人工智能科学技术的不断进步，也促使我们去思考现在的劳动法，是否应当与时俱进，将人工智能纳入劳动法律的规制范围。而如果确有必要变革原有劳动法律关系，必须紧紧依靠劳动法的立法原则和宗旨，遵循一般法理，审慎思考相关劳动法律修改之可行性。

### （一）人工智能是否可以具备独立法律人格

法律人格，是指作为一个法律上的人的法律资格，即维持和行使法律权利、服从法律义务和责任的条件。根据我国《民法典》的规定，法律上的人包含自然人、法人和非法人组织。也就是说，当前我国法律范围内，只有自然人、法人和非法人组织具备法律人格。只有具备法律人格，才能够拥有法律权利和承担相应法律义务。而劳动法调整劳动法律关系，主要就是调整劳动者的劳动权利义务内容。所以，要想将人工智能纳入劳动法律规制范围，势必需要基于“人工智能具备独立的法律人格”这一前提条件。

当前，大多学者对于人工智能是否能够享有法律人格采取“工具说”和“控制说”。[①] 赞成采取“工具说”的学者认为，人工智能因其本身无法表达意识，只是作为辅助人类工作的工具存在。而主张“控制说”的学者则认为，人工智能并非直接行为责任承担者，人类应是人工智能的实际控制人并承担相应后果。赞成上述两种观点的学者，正是看到了人工智能本身不具有任何目的，其工作目的由人类设定、工作成果由人类所享有，故人工智能尚不足以取得独立的法律人格。

笔者认为，法律人格的设立不必拘泥于传统已有的法律人格类型。例如，当“法人”可以作为法律上的人时，这一过程也伴随着法律学者们旷日持久的论证与分析，最终由于赋予法人以法律人格具有正当性、必要性而最终予以施行。同样，否定人工智能应当具备独立的法律人格，不利于解决当前现实社会中已经出现的，人工智能在劳动中损伤传统劳动者的侵权问题，不利于妥善应对人工智能对于传统劳动者的劳动就业权益影响，更不利于在现阶段对人工智能时代的劳动法律制度进行优化路径设计。所以，笔者赞成赋予人工智能以独立的法律人格。理由在于人工智能是科学技术发展到一定程度的产物，而且是人类社会发展不断进步的成果，其本身具备创新、智慧特征，并且拥有独立的行为决策能力，在一定程度上可以做出意思表示。但同时，赋予人工智能的只能是有限的法律人格，原因是虽然人工智能本身可以做出独立的意思表示和行为，但由于其并非自然而生，而是依靠人类通过科技手段予以创造，所以其承担行为后果的能力有限。对于人工智能法律人格的

① 段伟文：《人工智能时代的价值审度与伦理调适》，《中国人民大学学报》2017年第6期。

限制，可以借鉴“公司人格否认”制度，设立“人工智能人格否认”的具体适用标准，[①]在制度层面上打造人工智能无法担责时由其开发者、制造者或使用者承担的补充责任，由此才能在劳动法层面上平衡促进人工智能发展和规制人工智能维度的关系。

（二）人工智能能否成为劳动法意义上的“劳动者”

探究人工智能能否成为劳动法上的“劳动者”，是将人工智能纳入劳动法律关系的重要内容。要想在法律层面上认可人工智能为劳动法意义上的“劳动者”，必须基于人工智能具备能够享受权利、承担义务的独立法律人格这一前提条件。当前劳动法律范围内，劳动者是指具备劳动能力，并且以从事劳动获取合法收入作为生活资料来源的公民。其作为劳动法所倾斜保护的对象，在劳动法律关系中作为重要一方，对于劳动法律规范的设立具有重要作用。

要想在劳动法领域创立新的劳动者主体，需要充分证明人工智能作为劳动者具有现实必要和正当合乎法理。虽然当前越来越多的工作岗位用人工智能取代传统劳动者，而且赋予人工智能以主体地位有利于利用劳动法律调整人工智能背景下的劳动状态，但是原先传统劳动者作为劳动法律关系的主体，其本身享有如平等就业、劳动安全保障、获得报酬等权利，但人工智能本身并不需要上述权利。[②]而且，劳动立法遵循人权思想的基本理念。人权思想在劳动法中的贯彻就是在劳动法律关系制度的设计上，注重“以人为本”，也就是以劳动者为本，通过设定恰当的劳资双方权利义务以促进和谐稳定的劳动关系。一旦人工智能在立法上允许拥有“劳动者”的劳动法主体资格，则意味着劳动法同时也需要赋予人工智能以人权属性，但这样的制度设计并非现实之必要，也违背现有制度下劳动者所具有的特定权利义务这一基本法理。在这两种为劳动法增设主体的判断条件不成立情况下，人工智能不应当在当前劳动法制度规范下拥有劳动者身份。但笔者还想强调的是，尽管现在将人工智能认定为劳动者主体的“劳动者”缺乏社会必要性和正当法理，但这本身并不是天方夜谭、不切实际的推论，而仅仅是较为超前的倡议和话题。随着人工智能技术在未来的迅猛发展，诸多行业或领域纷纷采用人工智能技术进行劳动，从而很大程度上解放传统劳动力，到那时赋予人工智能以“劳动者”身份完全合理正当且必要，[③]应当被彼时的劳动法律所认可和接纳。

（三）人工智能是否可以享有劳动法规定的劳动权利

探究人工智能可能享有的劳动权利，其目的并不在于重构当前劳动法规范，而是结合当下实际劳动岗位情况，前瞻性地对未来阶段人工智能的法律制度进行构想。

现行劳动法规范下，与人工智能最密切相关的，当属劳动者所享有的“休息权”。休息权是指劳动者在工作一定时间后可以依法获得必要休息时间的权利，劳动法通过规定劳动者一周最长工作时长的方式保障劳动者依法足额享受休息的权利。与传统劳动者工作一段时间需要休息不同，人工智能能够长时间运转并且产生更多的工作产量。但倘若人工智能在未来真正被纳入劳动法律规范调整范畴，并且具有作为劳动法主体的劳动者资格，在

① 袁曾：《人工智能有限法律人格审视》，《东方法学》2017 年第 5 期。

② 施小珊：《试论新技术对劳动法的挑战——以人工智能为基点》，《上海法学研究》集刊第 9 卷，第 330 页。

③ 汪银涛、吴延溢：《人工智能时代劳动法立法范式的转型》，《人文杂志》2019 年第 10 期。

设定人工智能所享有的劳动权利时，需要着重考虑就是人工智能的休息权。赋予人工智能的休息权，即在使用人工智能进行劳动的工作岗位，不能长时间连续不断使用，而是需要给予人工智能休息的权利，因为人工智能运作也必须遵循过度损耗将严重侵害设备的科学规律。只有高度重视人工智能的休息权利，给予人工智能暂缓修复的机会，才能够使人工智能在相关劳动岗位发挥更高效、更持久的作用。此外，虽然人工智能本身不会主动主张休息权利，但是人工智能的设计者、制造者需要明确人工智能所享有的劳动权利，通过算法程序设定，落实人工智能在工作一段时间内自动感应休息的机制。总之，为人工智能在劳动法领域适用原先已有劳动者权利或者创设新兴权利，需要遵循人工智能运行特点和规律，审慎考虑相关权利之必要和正当，[①]这样才能够真正造福于能够被劳动法律规范纳入规制范围的人工智能。

通过上述对于人工智能机器人在劳动中与传统劳动者所享受权利最为相像的休息权进行分析，可以很清楚地发现，人工智能因其数据、算法特性，与传统劳动者在权利主体方面还存在较大差异。而一旦需要将人工智能纳入劳动法律保护范围，势必需要在传统劳动权利体系框架下审慎分析人工智能所具体享有的权利属性。当人工智能技术随着时代和科技发展被劳动领域广泛采用之际，有必要审时度势将人工智能纳入劳动法律规范体系。立法层面，既可以采取修改《中华人民共和国劳动法》（以下简称《劳动法》）、《劳动合同法》等现有法律规范，也可以采取另立专法，即针对人工智能机器人设置《人工智能劳动法》。针对人工智能时代的劳动关系特性，笔者更赞同修改现有劳动法律规范，巧妙将人工智能纳入现有法律框架体系之中。理由在于，一方面，劳动法的基本伦理价值并不会随着人工智能技术的纳入而发生较大改变，还是会在原有和谐、稳定劳动关系基础上进一步发展，很有可能因为人工智能技术的纳入而发展出“安全”这样本就有利于劳动者的重要价值。另一方面，通过分析人工智能技术的特性，在立法上只需要对传统劳动法律规范的部分内容，如工伤保险、劳动者权利等内容进行修改，而不会很大程度上影响就业促进、反就业歧视等现有规范，因而立法成本更小，从而更有利于促进法律的安定性和高效性。

## 五、结语

人工智能作为科学技术日益进步的高新产物，自其1956年被正式提出以来，就广受学者关注。当前的人工智能依托大数据、云计算等新型媒介，具备高效、创新的时代特点，深刻影响服务、工业等诸多领域，并且给传统劳动者的就业带来全方位的冲击。我国劳动法作为构建和谐稳定的劳动关系、促进劳资双方互利共赢的重要法律，理应对人工智能所提出的挑战予以回应。劳动法需要积极发挥就业促进制度，切实提高劳动者的职业技能和职业素质，以保证传统劳动者能够随着人工智能技术的发展与时俱进。同时，劳动法也必须加强对劳动者个人信息的保护，采取强有力措施应对人工智能所带来的就业歧视问题。当然，人工智能对传统劳动法律带来的挑战远远不及这些，因而要想顺利解决人工智能随着科技发展而日益对劳动法施加的适用难题，必须结合人工智能发展规律，坚持遵循劳动法和谐、稳定的劳动价值，并且将安全、伦理作为劳动法的新兴价值予以遵照。

① 秦国荣：《劳资伦理：劳动法治运行的价值判断与秩序维护》，《社会科学战线》2015年第7期。

当下，赋予人工智能以独立的法律人格，因人工智能能够做出独立的价值判断和意思表示，并且具有现实之必要而成为可能，但同时也必须要设立人工智能人格否认制度而加以限制。而因为不符合劳动法的具体制度规范和调整目标，人工智能并不适宜成为劳动法上所规定的“劳动者”。最后，尝试探究人工智能在未来可能具备的权利，选取人工智能与传统劳动者最为相近的“休息权”进行预测性论证，以此得出人工智能若真正能够获得劳动法上的权利，必须将人工智能发展特征和现有法律规范妥善结合。

法律制度由于需具备一定的社会现实实践基础，并且经过一系列论证才能确立，因而存在滞后性，但我们也应当前瞻性地思考未来技术可能带来的法律问题。在终将到来的人工智能时代，对于深受影响的劳动法律，我们既需要充分认识现行劳动法律制度构成的深层原因，同时也要分析原有劳动法律的困境之初，从而努力探索，构建出与科学技术相伴而生的制度文明，[①]打造真正有利于人工智能在劳动法律关系中健康有序发展的法律规范体系。

① 唐鑛、刘兰：《〈劳动合同法〉的价值重塑与制度创新——基于劳动关系多元论视角》，《法律科学（西北政法大学学报）》2016 年第 3 期。

# 从算法规制和劳动关系看外卖困境的解构和破局

刘子婧*

**摘　要**：以互联网技术为依托的平台经济的兴起，动摇了传统的社会结构和社会治理方式，也挑战了劳动保障、社会保障等传统制度。以平台—骑手关系为例，骑手们为外卖行业创造了巨大价值，却不幸成为算法剥削品和制度牺牲者，缺乏职业安全感的同时也面临着高位运行的职业风险。破解“外卖困局”的关键不在于制定严格的管控制度规制骑手违章行为，而是通过对话算法开发者（外卖平台），明晰事实劳动关系的存在和构建有效的社会保障制度，实现外卖送餐行业从业人员的权利保障和职业安全。

**关键词**：算法、外卖骑手、劳动关系、社会保障

# The Deconstruction and Resolution of the Food Delivery Dilemma from the Perspective of Algorithm Regulation and Labor Relations

Liu Zijing

**Abstract**: The rise of the platform economy based on Internet technology has shaken the traditional social structure, governance, and also the existing legal systems such as labor security and social security. An example is the relationship between food delivery platforms and the delivery workers. Food delivery workers have created great value for the platform, but unfortunately become the victims of algorithm exploitation and system deficiency, which rendered them work in high professional risk with lack of job security. The key to solve the “food delivery dilemma” is not to formulate strict rules that regulate traffic violations for food delivery workers, but to guarantee food delivery workers legitimate rights and occupational security through building an open algorithm available for workers’ feedback, clarifying the existence of factual labor relations between platforms and workers, and constructing an effective social security system.

**Key words:** algorithm, food delivery workers, labor relations, social security

---

* 刘子婧，中国政法大学硕士研究生。

## 引言

在互联网、大数据和云计算技术的支持下，代表着新兴经济业态的共享经济和平台经济迅速崛起，同时也悄然改变着传统的社会结构和治理方式，对人们的生产生活产生了翻天覆地的影响。作为新经济模式典型代表之一的外卖平台，在满足消费者需求，创造巨大经济价值的同时，也与外卖骑手之间产生了紧张、复杂的关系，并使后者面临难解的困境。《外卖骑手，困在系统里》一文揭示了这种困境，并引起了广泛的社会关注：即秉着“最优配置”原则的平台智能算法为骑手们设置了最短的配送时间和最近的配送路线，但这种算法看似合理，实则不合理，一些骑手为避免差评和投诉，可能超速、逆行或闯红灯，成为大量道路交通事故的施害方或受害者。[①]上海市公安局交警总队提供的数据显示，2017年，在上海平均每 2.5 天就有 1 名外卖骑手伤亡。[②]

外卖骑手们面临的困境既是社会性的，也是法律性的，既是骑手们自身的困境，也成为一个迫在眉睫的社会问题，给社会治理提出了挑战。解构和破解这一外卖困局需要重新审视平台、骑手与社会之间的三方关系。具体而言，需考察：依托智能算法的平台系统天然享有正确话语权吗？平台—骑手的关系是否应该纳入劳动法规制框架？公权力机关又应如何治理和改善骑手的违章问题？从上述问题出发，本文旨在：第一，探讨外卖骑手所面临的困局是如何形成的，并从平台智能算法、平台与骑手之间的劳动关系两点出发，尝试分析并解构这一局面；第二，从合法性层面探讨广州交警为规制骑手违章行为创设的“电子黄马甲”制度，并对如何治理骑手违章问题进行一些思考。

## 一、平台智能算法的赋权和失控

### （一）平台系统演变历程

从 2010 年至今，外卖平台的派单调度系统共计历经了四次发展和变革，其发展史中最显著的特点就是由电脑决策替代了人工决策，进行路线规划和调度。最初的外卖派单系统为“电话预约—人工分餐—送餐上门”，属于纯人工模式；随后为了提高效率，降低人力成本，外卖公司引入了系统派单模式，电脑取代了人工对派送距离和时间的计算，人只需完成派单决策；随着云端技术的成熟，大量数据脱离电脑硬盘储存在网络上，极大增强了电脑的储存和运算能力，外卖系统演变为“电脑计算+电脑决策”的云端分组派单模式；近几年，大量的数据流和日益提升的计算能力成就了人工智能技术的飞速发展，人工智能技术成为了现阶段外卖派单系统的核心。至此，负责接受点餐、规划路线、预设时间、进行派单的外卖平台系统完成了“虚拟技术劳动”对“传统人力劳动”的全面接管和替代，后者则退出了舞台。[③]

### （二）算法权力及其失控

外卖系统中，替代人工的自动化系统会出错吗？这是一个必须被追问的问题。从社会

① 金石：《外卖骑手，困在系统里》，载微信公众号“人物”，2020 年 9 月 8 日。

② 薛永玮：《外卖员创数十亿利润却难分一杯羹？上海每 2.5 天就有 1 名外卖员伤亡》，载新浪财经网，http://finance.sina.com.cn/chanjing/cyxw/2020-09-10/doc-iivhuipp3636472.shtml（最后访问时间：2020 年 11 月 16 日）。

③ 孙萍：《如何理解算法的物质基础》，《科学与社会》2019 年第 3 期。

学研究者孙萍的田野调查结果来看，基于人工智能算法的外卖系统并不天然具有“技术正确”的逻辑话语，反而相比于人类调度员而言，更容易“忽视”现实路况的复杂程度。[①]一名外包送餐员抱怨平台系统的时间是按照直线距离计算的，但是他送餐的时候得拐弯、等红灯，有时候还得绕一大圈。[②]因此，尽管人们具有自动化偏好（更倾向于相信电脑的决定），但依托于人工智能技术的外卖派单系统在进行路线规划等自动化分析和决策时，仍然具有显著漏洞。当缺乏谈判和议价能力的外卖骑手向平台反馈这种漏洞时，面临的却是狭窄的渠道、低效的沟通和无力改变的局面，换而言之，外卖平台系统对骑手享有“单向话语权”。

脱离人工控制的外卖平台送餐系统，在取得调配和决策权力后，却进入了一种“失控”状态，这种状态的表现为：系统采用有限的数据和简化的模型对现实问题进行建模、筹划和运算时，需要依据反馈数据不断进行自我修正，使其趋于完善，但当回馈通道遭遇堵塞时，封闭的、依托人工智能算法的系统将愈发作出错误决策，从而出现一种偏离现实的失控状态。

（三）算法失控的成因及其解决

问题的解决还需要回到外卖送餐系统中的人工智能技术本身。目前，人们对人工智能技术的理解，特别是基于深度学习模式的人工智能，存在两个误区。第一，认为人工智能技术由于知识的前沿性和技术的复杂性，与非专业领域的普通民众之间具有不可逾越的“知识鸿沟”和“技术屏障”，无法为后者所理解。[③]第二，认为人工智能算法的内部决策过程难以被外部观察者察觉，构成了“算法黑箱”，因此具有不透明、不接受审查和无须解释的特点。[④]而通过阅读和研究，笔者认为，首先，人工智能技术及其所依托的信息技术原理具有可解释性，真正的技术性屏障仅在于编程人员将基于人类语言的生活逻辑转化为可被电脑解读的代码逻辑的“翻译”过程，其原初逻辑可以由设计者向一般大众说明和解释。其次，算法黑箱之喻与其说是对算法特质的描述，不如说是人为构建的结果。相比于外国推广的“开源运动”，国内厂家更倾向于打造封闭算法，这一方面是对其商业秘密的自我保护，另一方面也是一种巧妙地掩盖失误、规避审查的手段。

进行上述分析后，我们再回到依托智能算法的外卖平台系统上，“困在”系统里的外卖骑手们所面临的问题从技术层面是可解的。目前来看，外卖平台的智能算法对骑手们享有“单向话语权”，即：以原初设计逻辑和数据库作为支撑，通过源源不断的现实数据进行自我训练、学习，并不断优化，但这种算法决策可能因多种原因存在漏洞，甚至是“歧视”。由于平台和算法都没有为使用者（骑手）提供反馈和修正的渠道，因此智能算法实质上构成一种封闭的内循环运算系统，单向地对使用者享有决定和支配的权力。破解这种困局的方法有二：开放源代码和进行说明解释。换言之，就是作为开放和使用主体的外卖

---

① 孙萍：《“算法逻辑”下的数字劳动：一项对平台经济下外卖送餐员的研究》，《思想战线》2019年第6期。

② 孙萍：《“算法逻辑”下的数字劳动：一项对平台经济下外卖送餐员的研究》，《思想战线》2019年第6期。

③ See Jenna Burrell, *How the machine 'thinks': Understanding opacity in machine learning algorithms*, Big Data & Society, 2016:1 – 12.

④ 张凌寒：《算法权力的兴起、异化及法律规制》，《法商研究》2019年第4期。

平台对智能算法进行公开，对其运行逻辑进行解释，并正面接受、采纳骑手的反馈，修正系统的不足。但这一操作面临法律层面的问题，即由谁对平台提出上述要求，又基于何种理由平台需要遵守上述要求（假设平台并不自发性的进行公开—解释—修正，事实证明也是如此）。显然，缺乏议价能力的骑手群体无法做到这一点，最可能提出上述要求的只有政府。但政府具有何种权力、以何种理由要求私主体公开信息，则需要进一步论证。关于私人公司掌握的信息是否应该向大众公开，Alfred C.Aman 和 Landyn W.Rookar 撰有“*Private government and the transparency requirement deficit*”一文，对此加以深入探讨，其核心观点在于信息是否需要公开不宜由其制作主体决定，而是由其内容决定，并主张通过订立民事契约的方式规定私主体何种信息需进行公开。[①]简言之，随着私主体以日益重要的角色参与社会建设、分享社会权力，其收集、掌握或制作信息对社会生活产生重要影响，因此需要在一定程度上进行公开并接受审查，Alfred C.Aman 和 Landyn W.Rookar 主张政府通过与私主体订立民事契约的方式，规定后者涉重要公益信息的公开范围和程度。笔者认为这种方法在处理外卖平台智能算法失控问题，对私主体算法提出透明性要求和可解释性要求时，不失为一种可供借鉴的路径。具体而言，对于具备一定“公共性”的外卖平台算法而言，[②]可以通过行政机关（例如享有行政主体资格的交通管理部门）与平台订立协议的方式，规定算法向公众公开并解释其原理，接受社会监督。如涉及商业秘密，则可以将平台算法交由受委托的独立第三方机构进行审查，将平台算法置于政府监管之下，以确保算法设计的合理性。

## 二、平台—骑手间的劳动逻辑和法律关系

从表面上看，外卖困局似乎是由设计不合理的外卖平台系统导致的，但背后隐藏的却是平台和骑手之间紧张、畸变的劳动法律关系，这种关系的产生既是法律性的，又是社会性的。

### （一）外卖市场的劳动力盈余

截至 2018 年 12 月，中国外卖送餐就业人口已达 300 多万，市场覆盖扩至全国 1 300 多个城市，生产总值达到 4 000 万美元，外卖骑手已然成为具有规模性、足以产生社会效应的一个群体。透视外卖从业人群的人口构成，可以发现外卖送餐从业者们多以曾从事建筑、搬家、装修、工厂做工等体力劳动职业的 20～30 岁的男性为主。这种年轻、自由和灵活的劳动力在外卖行业红利期迅速注入，为后者的繁荣发展提供了充沛的劳动力支撑。[③]行业巨头美团之所以具有不断压缩外送时长，高额惩罚超时骑手，甚至联合交警实施违章惩处的底气，得益于它从来不缺少人。在笔者看来，外卖市场上出现这种劳动力盈余现象，有以下原因。第一，来自第一、二产业的从业人员流入外卖行业。近年来中国城镇化率不断提高，许多劳动人口从农村土地中解放出来，流入城镇市场，成为“农民工”。这些人

---

① See Alfred C. Aman & Landyn W. Rookar,*Private government and the transparency requirement deficit*,71 Administrative Law Review 437 (2019).

② 所谓算法的“公共性”指的是算法与公共利益相关，具有影响社会运行的规则属性，其公共性特点更容易带来普遍的社会风险。孙清白：《人工智能算法的“公共性”应用风险及其二元规制》，《行政法学研究》2020 年第 4 期。

③ 孙萍：《“算法逻辑”下的数字劳动：一项对平台经济下外卖送餐员的研究》，《思想战线》2019 年第 6 期。

最早从事的行业就是用工需求大、劳动力密集型的建筑和制造行业。但是随着经济增长趋缓，尤其是新冠疫情对经济造成了巨大冲击，加之城市建设逐渐饱和和国家房地产政策的收紧，这类从业人员选择了向新兴的外卖行业流动。第二，早期外卖平台红利的吸引。类似于滴滴早期派发各类优惠券，外卖平台在初期为打开并占领市场，提供了多项福利补贴政策以吸引骑手和消费者。加之媒体对外卖小哥“月薪过万”的报道，使更多人选择了这一行业。

（二）劳动保障缺失及其成因

行业人口迅速发展壮大的同时，明晰的劳动关系却没有得到有效建立，导致外卖骑手的劳动行为无法纳入劳动法的保护框架，继而使外卖送餐行业从业者的劳动风险高位运行。传统意义上的单位承担了很多社会职能，是劳动者取得社会资源、获得保障的一个重要途径。用人单位与劳动者订立劳动合同后，需为其缴纳社会保险、工伤保险，在劳动者受到工伤后具有先行垫付的义务。劳动者在劳动过程中也受到《中华人民共和国劳动法》（以下简称《劳动法》）、《工伤保险条例》等法律法规的保护。随着互联网经济发展，许多以滴滴、美团等互联网公司为代表的共享经济新业态如雨后春笋般涌现，同时也催生了劳动关系的新形态。新经济形态下，公司的传统社会职能被剥离，劳动者与公司关系更疏离，成为原子化的个人。外卖平台与骑手之间的关系更彰显了这种疏离的特质，并具有从属关系淡化、合同签订率低、社会保险权缺失等特点。学者闻效仪犀利地指出，这种共享经济新业态在本质上仍是一种劳动密集型经济，而非大众所认为的基于科技创新的新兴行业。[①]共享经济平台虽然依托大数据、云计算等信息技术实现基础架构，实现供需匹配效率，但是真正实现这种供需匹配的是平台在广泛的地理疆域内所调配的大量劳动力。共享经济平台企业从业人员（科技、管理人员）仅占行业从业者 10%，其余皆是以体力劳动为主的普通劳动者（如滴滴司机、外卖骑手、货运等），这是典型的劳动密集型经济的表现。[②]一方面，共享经济平台享受着低成本劳动力带来的巨大收益，另一方面却拒绝承认与普通劳动者之间的劳动关系，声称自己仅是网络服务提供平台，以避免劳动保障成本的支出。外卖平台与骑手的关系便是上述现象鲜明的体现。

（三）劳动关系成立理由和难点

考察外卖平台是否与骑手们成立劳动关系，需要追本溯源，即平台—外卖骑手之间的关系和普通劳动关系有何异同？平台是否需要承担传统单位所需承担的社会责任？普通劳动关系的成立，一般需具备以下特征：（1）关系双方分别是用人单位与劳动者；（2）劳动者给用人单位提供了劳动并创造价值；（3）用人单位与劳动者形成了管理与被管理的关系。值得注意的是，订立劳动合同并不是劳动关系成立的必要条件，实际上只要劳动者提供了劳动行为，且不具备其他排除劳动关系的情况，便可以认定与用人单位之间成立了劳动关系。在平台—骑手的关系之中，平台方最常列举的抗辩理由是其并不具有管理地位，骑手拥有充分的选择自由和就业灵活性。从某种意义上而言，平台与骑手之间确实突破了

① 闻效仪：《共享经济本质是劳动密集型经济》，载澎湃新闻网 2018 年 12 月 10 日，https://baijiahao.baidu.com/s?id=1619427761135430072&wfr=spider&for=pc，2020 年 11 月 16 日访问。

② 闻效仪：《共享经济本质是劳动密集型经济》，载澎湃新闻网 2018 年 12 月 10 日，https://baijiahao.baidu.com/s?id=1619427761135430072&wfr=spider&for=pc，2020 年 11 月 16 日访问。

传统劳动关系特征，例如后者的工作时间具有不确定性，收入构成为“每单提成+额外奖励”，大多数人未与平台订立合同，且工作中形成了“平台—商家—骑手—消费者”四方关系等等。但在我看来，平台与骑手之间仍具有两点最为核心的特征，可以证成二者劳动关系的存在。其一，骑手们的劳动构成了平台收益的核心部分，为后者创造了极大价值。从前述有关劳动密集型行业分析来看，骑手作为供需关系的桥梁，在平台业务中发挥了不可替代的作用，并且在行业从业人员构成中占主要地位。其二，平台在事实上处于管理、控制的地位。对劳动者的管理地位并不体现在能否约束劳动者的流动（事实上普通公司也做不到这一点），而体现在劳动者是否在平台构建的框架内，依据其要求和安排进行劳动行为。事实上，外卖平台不仅严格控制骑手的劳动过程（派单时长、路线、对象），还通过奖惩的手段建立了综合有效的管理体系。

但是现实情况远比法律分析要复杂。孙萍通过田野调查发现，外卖骑手的就业形态多样，分为直营、外包、众包、自营四种模式，其受雇方既有外卖平台，也有劳务派遣公司或餐饮商家，同时也存在骑手自主零散送单情况。①此外，受雇于餐饮配送服务公司的骑手与公司签订的合同也种类多样，呈现承揽、雇佣等多种名目。法院在裁判由骑手引发的交通事故案件时，对平台（或地方加盟商）与骑手之间的关系认定也并不统一。有的法官认为二者存在雇佣关系，②有的认定为承揽关系，也有部分法官认定为劳动关系。③不同关系的认定决定着不同的法律将被适用，但综合来看，较少的案例认定二者劳动关系的存在。在具体案例中，更有餐饮配送服务公司（外卖加盟商）在与骑手订立的合同中大量适用免责条款，限定自身责任，并试图以合同的方式排除劳动或劳务关系的存在。综上所述，现实情况里，骑手和平台的劳动关系被认可的标准并不统一，未被法院认可劳动关系存在的骑手难以享受《劳动法》《工伤保险条例》等法律的保障，而平台也往往通过订立合同、购买商业保险的方式移转自身风险和责任，无疑使骑手成为高危职业。

## 三、骑手违章的治理实践和制度缺陷

前文论述了外卖平台智能算法作为技术媒介在“平台—骑手”关系中的介入与失控，和劳动法律框架在“平台—骑手”关系认定中的摇摆与失灵，这一部分将以“骑手—社会”关系为切入口，聚焦到执法人员及其身后以政府为代表的公权力机关上，探讨他们在外卖困局中正在发挥着怎样的作用，又应该如何应对这一治理难题。

### （一）黄马甲制度简述

2019 年初，广州交警首创“一人一箱一码”制度，试图规整外卖骑手们屡禁不止的交通违章行为。骑手们需要穿着统一编码的反光黄背心，使得违章抓拍系统可以对其进行清晰识别，违章的骑手需接受交警部门的处罚和教育，违章一次即停驶一天，三次则将被

---

① 孙萍：《“算法逻辑”下的数字劳动：一项对平台经济下外卖送餐员的研究》，《思想战线》2019 年第 6 期。

② 武汉市中级人民法院（2020）鄂 01 民终 1772 号民事判决书；黑龙江省七台河市中级人民法院（2019）黑 09 民终 461 号民事判决书。

③ 江苏省苏州市中级人民法院（2020）苏 05 民终 2639 号民事判决书；安徽省滁州市中级人民法院（2020）皖 11 行终 59 号行政判决书。

外卖平台拉黑。且不论该措施实施效果如何，仅从法律角度而言，该举措有待商榷。[①]依据《广东省道路交通安全条例》第五十五条，非机动车驾驶人违反道路交通安全法律、行政法规和本条例关于道路通行规定的，处警告或者二十元罚款；逆向行驶、不按规定车道行驶的，责令改正，处警告或者五十元罚款。[②]且行政处罚的种类必须由法律法规设定，可见广州交警对驾驶非机动车违章的外卖骑手最高罚款限额为五十元，且没有权限设定其他处罚。假设广州警在处罚层面不存在违法行为，那么可推知进行“停驶一天”和“开除”处罚的主体为外卖平台，后者可以通过合同约定的方式合法规定并执行上述处罚措施。但私主体平台并不具备收集违章信息的能力，因此一个合理猜测是，交警收集外卖骑手的违章信息并反馈给外卖平台，由后者“代替”交警部门对骑手实施惩处。

### （二）黄马甲制度的合法性问题

需要追问的是，广州交警创设的制度合法吗？这一制度包括让骑手穿上具有区分作用的“黄马甲”和与外卖平台“联合”执法，需要分别讨论。第一，交警是否有权让骑手穿上统一编码的“黄马甲”？解答这一问题需要考察让骑手身着“黄马甲”这一制度的目的是否涉及我国宪法所禁止的歧视，并且是否符合行政法上的比例原则。首先，让隶属于非机动车驾驶者一员的外卖骑手穿上易于辨识的黄马甲，是一种“分类”，这一分类的结果是大大提高了骑手违章被处罚概率，而这种分类是否涉及歧视需要具体考察分类的标准是否合理。交通管理部门进行“分类而治”的前提在于其首先预设了外卖骑手的违章风险远高于一般非机动车驾驶员。如果这一假设成立，则这种分类不涉及歧视。因此交警部门仅需证明这一预设现实存在即可。其次，黄马甲制度符合比例原则吗？行政法中的比例原则要求行政机关采用的手段有助于行政目的达成，且这一手段对公民造成的侵害最小，或者其所实现的公共利益大于或等于被侵害的公民权利。交警部门设置这一制度的目的在于减少骑手违章行为，保障道路交通安全，但这一制度对为数众多的“众包”骑手（兼职/自主送单）却鞭长莫及，因为他们与外卖公司关系最为疏离，流动性强，难以统计和管理。因此黄马甲手段能否有效降低违章率，也是一个待证事实。但该制度侵犯的是外卖骑手的财产权和就业权，这一权利的价值位阶低于公众的生命权和安全权，因此从这一点而言并

---

① 陈晓嘉，郑迎春：《一件黄马甲起奇效！外卖小哥交通违规数量一月下降超五成》，载搜狐网2019年3月1日，https://www.sohu.com/a/302139893_100195706，2020年11月16日访问。

②《广东省道路交通安全条例》第五十五条：行人、乘车人违反道路交通安全法律、行政法规和本条例关于道路通行规定的，处警告或者十元罚款。

非机动车驾驶人违反道路交通安全法律、行政法规和本条例关于道路通行规定的，处警告或者二十元罚款；但有下列行为之一的，责令改正，处警告或者五十元罚款：

- ◆（一）逆向行驶的；
- ◆（二）醉酒驾驶或者驾驭的；
- ◆（三）违反规定载人，或者行驶时速超过十五公里的；
- ◆（四）进入高速公路的；
- ◆（五）驾驶自行车、电动自行车、三轮车横过机动车道时未下车推行的；
- ◆（六）非下肢残疾人驾驶残疾人机动轮椅车的；
- ◆（七）自行车、三轮车加装动力装置的；
- ◆（八）电动自行车等安装有动力装置的非机动车未依法登记，或者未按照规定悬挂号牌，或者未携带行驶证的；
- ◆（九）在划分机动车道、非机动车道和人行道的道路上未按照规定车道行驶的。

未违反比例原则。

（三）黄马甲制度的有效性问题

若跳出法律分析框架，可以从另一个视角考虑上述问题。“黄马甲”制度的设置看似是为了制止骑手违章行为，保障道路交通安全，但是其是否能有效、彻底地解决骑手为赶时间而违章的问题呢？我认为答案是否定的。骑手违章行为背后是智能算法不断压缩的送餐时间、不合理的路线规划，以及骑手们因为缺乏最低工资保障和社会保障而铤而走险、不惜代价赚钱的心理。若前述问题未得到妥善解决，出台更为严格的管控制度也只能是治标而不治本。而最重要和最棘手的问题反而最容易被忽视，因为解决它们的难度倍于设置一项管理制度。回顾“黄马甲”制度，不论其在合法性上能否得到证成，这一制度并不足以称得上“良善”，它不仅没有从根本上解决外卖送餐行业的高危性，为外卖骑手提供社会保障的“安全网”，反而加速了外卖人群在社会中“下沉”的过程。他们不仅要面临迟送的处罚，更可能面临失业的风险，而一旦因为违章被列入行业黑名单，便可能被整个行业拒之门外。

## 四、小结

基于互联网技术的经济新业态动摇了传统的社会结构和社会治理方式，同时也挑战了劳动保障、社会保障等传统制度。骑手们为外卖行业缔造了巨大价值，却不幸成为算法剥削品和制度牺牲者，缺乏职业安全感的同时也面临着高位职业风险。在平台系统不断缩短的时间要求下，骑手们铤而走险，频频违章，成为道路管理的隐患。

如何减少外卖骑手的违章行为，保障道路交通安全？在回答这一问题时，广州交警开创性地选择了以“黄马甲”作为解答，即通过与外卖公司合作，强制骑手们穿上具有识别效果的黄马甲，并对违章的骑手处以罚款、停岗培训甚至辞退的处罚。但这一制度未能从根本上破解困局，并使本就位于底层、缺乏保障的骑手人群再度“下沉”，即具有多次违章历史的骑手将被计入企业乃至行业“黑名单”，从而无缘外卖行业。

笔者认为，破解“外卖困局”的关键不在于制定严格的管控制度规制骑手违章行为，而是通过对话算法开发者（外卖平台），明晰事实劳动关系的存在和构建有效的社会安全网，实现外卖送餐行业从业人员的权利保障和职业安全。

# 外卖骑手侵权事件中的平台责任

郑少杰*

**摘　要**：外卖骑手侵权事件中，外卖平台是否需要承担责任，与平台采取的经营模式紧密相关。直营模式中，外卖平台与外卖骑手间存在劳动关系，需要承担替代责任；加盟模式中，外卖骑手与第三方公司建立了劳务关系，外卖平台无须为外卖骑手的侵权行为承担责任；众包模式中，如果外卖平台引入第三方劳务公司，第三方劳务公司与外卖骑手建立了劳务关系，那么外卖平台就无须为外卖骑手的侵权行为担责。外卖平台除承担替代责任外，还可能基于自身的过错承担自己责任，分别是产品责任和违反安全保障义务的责任。

**关键词**：替代责任、自己责任、产品责任、安全保障义务

# Platform Responsibility in the Takeaway Rider Infringement Incident

Zheng Shaojie

**Abstract:** In the takeaway rider infringement incident, whether the takeaway platform needs to bear liability is closely related to the business model adopted by the platform. In the direct operation model, there is a labor relationship between the takeaway platform and the takeaway rider, and it is necessary to assume alternative liabilities;in the franchise model, the takeaway rider has established a labor relationship with a third-party company, and the takeaway platform does not have to bear liability for the infringement of the takeaway rider;in the crowdsourcing model, if the takeaway platform introduces a third-party labor service company, and the third-party labor service company establishes a labor relationship with the food delivery rider, then the takeaway platform will not be liable for the infringement of the takeaway rider. In addition to taking alternative liabilities, takeaway platforms may also assume their own liabilities based on their own faults, which are product liability and liability for breach of security obligations.

**Key words:** substitute liability, own liability, product liability, security obligation

## 一、引言

随着互联网技术的蓬勃发展，越来越多的互联网平台活跃在公众日常生活中，他们利

* 郑少杰，对外经济贸易大学法学院硕士研究生。

用互联网科技改变人们的生活习惯，改善人们的生活品质，同时，亦创新了商业模式、交易规则。但是，互联网平台并不总是为公众带来积极的影响，越来越多的消极影响日益突显，例如，用户的个人信息遭到平台肆意贩卖，用户的数字账户遭到黑客入侵，消费者遭到平台商户欺诈却投诉无门等等。或许，公众对于个人信息被平台出卖、遭到平台商户欺诈印象不深，但是，当一位守法公民在绿灯亮起正欲过马路时，一辆悬挂某外卖平台标志的送餐车与其擦肩而过，刹那间经历生死，想必任何人都无法泰然处之。这时，公众能深刻感受到线上外卖平台对线下公众生命权、健康权带来的巨大影响。

现在，为外卖平台服务的外卖骑手几乎遍布全国的每一座城市，形成了一个数量庞大的群体。据美团公布的《2020 年上半年骑手就业报告》和饿了么蜂鸟即配官网公布的骑手数据，外卖平台中的两大巨头——美团和饿了么，分别拥有骑手 295.2 万人和 300 万人。外卖骑手数量多，其引发的交通事故数量亦多。在外卖骑手引起交通事故侵权的案件中，外卖平台是否需要承担侵权责任成为司法实践中争议颇大的问题。从保护受害人的角度看，外卖平台相对于外卖骑手拥有更雄厚的经济实力，如果其为外卖骑手的加害行为承担侵权责任，显然可以充分、及时地填补受害人的损害，使受害人的权益得到有效保护；从促进互联网经济发展的角度看，不区分外卖平台与外卖骑手之间的法律关系，一味要求外卖平台为外卖骑手的加害行为承担侵权责任，将极大增加外卖平台的运营成本，打击其进行科技创新的积极性，阻碍经济发展。因此，在外卖骑手引起交通事故侵权的案件中，外卖平台是否需要承担侵权责任不能用单一的结论简单概括。本文拟首先考察外卖骑手与外卖平台之间的法律关系，明确外卖平台的法律地位；其次从替代责任和自己责任的进路出发，运用请求权基础的分析方法，判断外卖平台的侵权责任是否成立，在不同情形下，明确外卖平台承担侵权责任的规则。

## 二、外卖平台的配送模式及外卖平台的法律地位

目前，外卖平台的配送模式主要分为三种，分别是直营模式、加盟模式和众包模式。

直营模式中，外卖平台会直接与外卖骑手签订劳动合同。以美团专送骑手为例，专送骑手与美团外卖平台签署劳动合同，成为美团内部员工，接受平台管理，有固定的上下班时间，按月领取固定工资，并根据工作绩效领取奖金，有相对固定的送餐范围。①在这种配送模式中，外卖平台与外卖骑手之间形成了劳动合同法律关系，外卖平台是外卖骑手的用人单位。这种配送模式将使外卖平台负担高额的运营成本，故，实践中其所占比例较低。

加盟模式中，外卖平台会与第三方公司签订配送代理合作协议，将特定区域内的外卖配送业务外包给第三方公司，由第三方公司自行招募外卖骑手，从事外卖配送业务。在此种模式中，外卖平台将其界定为商家和第三方公司中间的居间平台，其仅仅为第三方公司提供商家发布的订餐信息，完成商家和第三方公司之间的需求匹配。②但是，根据外卖平台与第三方公司之间的配送代理合作协议，例如饿了么外卖平台与西盒公司签订的蜂鸟配

---

① 百度：《美团外卖专送和美团众包的区别？》，载“百度经验”2017 年 9 月 12 日，https://jingyan.baidu.com/article/76a7e409f77b67fc3a6e1556.html，2020 年 11 月 16 日访问。

② 孙敏国与上海西盒信息科技有限公司、拉扎斯网络科技（上海）有限公司等生命权、健康权、身体权纠纷案，上海市浦东新区人民法院（2019）沪 0115 民初 51053 号民事判决书。

送代理合作协议，[①]外卖平台的地位与传统民法中居间人的地位存在很大不同。首先，二者对交易的介入程度不同。传统民法中的居间人介入交易，只是为交易双方报告订约机会或者传递信息，发挥着信息媒介作用，但外卖平台介入交易，除了发挥传统居间人的功能，还会提供很多附加服务，例如，个性化的定制服务、以前用户的历史评价等等。其次，二者对交易的主导性不同。[②]传统民法中的居间人无法主导交易双方的交易进程，交易的全部内容均由交易双方自己协商确定，交易双方的意志不受居间人的控制。但是，在商家和第三方公司之间的交易中，外卖平台对第三方公司具有较强控制。例如，第三方公司只能在特定区域内接受商家的订单，且订单数量完全受外卖平台调整；第三方公司提供的配送服务需要接受外卖平台的监督，符合外卖平台制定的送餐标准，如果不符合，则需要接受外卖平台的处罚；配送费会先进入外卖平台的账户，外卖平台周期性为第三方公司结算配送费并将配送费支付给第三方公司。最后，二者在撮合交易过程中的义务不同。相较于传统民法中居间人的信息报告义务，外卖平台对交易双方还负有管理义务。这种义务或是来自行业惯例，或是来自法律规定，例如，《中华人民共和国电子商务法》（以下简称《电子商务法》）第二十七条第一款就规定了平台对经营者的审核义务。[③]

在外卖平台和第三方公司就配送代理合作协议磋商的过程中，双方的"谈判能力"，即谈判各方关于对方愿意妥协的信念是什么，以及关于对方对自己愿意妥协的信念是什么，[④]存在较大差距。博弈论模型通过三个关键因素来衡量谈判各方谈判能力的大小。首先是信息，外卖平台搭建了资源供给方和需求方之间的通道，双方的信息都要在平台汇集，相对于任何一方掌握的信息，外卖平台都具有无可比拟的信息优势。其次是时间压力，耐心是增强谈判能力的重要资源。[⑤]第三方公司仅仅是提供没有太大技术含量的配送服务，具有极强的可替代性，随时都面临着其他竞争者捷足先登的压力，在谈判过程中不可能较长时间与外卖平台讨价还价，因此，第三方公司承受着更大的时间压力。最后是可信性承诺或威胁，在谈判过程中，如果一方可以做出可信性承诺或威胁，他就会拥有更强的谈判能力。外卖平台掌握着独家的连接渠道，能够自由地决定谁能进入交易一端，有能力承诺

---

①《蜂鸟配送代理合作协议》约定：被告拉扎斯公司授权被告西盒公司使用"蜂鸟配送"系列产品，在本市内经营"蜂鸟配送"业务，被告西盒公司负责即时配送服务，被告拉扎斯公司提供产品支持、管理协助、账目结算；被告拉扎斯公司对被告西盒公司在规定合作区域内所完成的有效配送订单按单量进行配送费用结算；被告拉扎斯公司有权对被告西盒公司合作业务进行监督管理，包括定期评估，对被告西盒公司不符合被告拉扎斯公司评估要求的员工，被告拉扎斯公司有权要求被告西盒公司在5日内予以更换等；被告西盒公司须向被告拉扎斯公司支付保证金；被告西盒公司需按时为配送员购买保险，若因被告西盒公司违反该条约定而给被告拉扎斯公司、被告西盒公司、第三人造成的损失，由被告西盒公司承担，被告拉扎斯公司保留追诉权利；被告拉扎斯公司与被告西盒公司双方合作……。

沈如金与上海拉扎斯信息科技有限公司、上海西盒信息科技有限公司等生命权、健康权、身体权纠纷案，上海市浦东新区人民法院（2017）沪0115民初90754号民事判决书。

② 汤娜：《外卖骑手侵权责任承担主体浅析——钱某某诉钟某、北京某公司上海分公司、某人才服务有限公司健康权、身体权纠纷案》，《法制博览》2020年第15期。

③《中华人民共和国电子商务法》第二十七条第一款规定："电子商务平台经营者应当要求申请进入平台销售商品或者提供服务的经营者提交其身份、地址、联系方式、行政许可等真实信息，进行核验、登记，建立登记档案，并定期核验更新。"

④ 周雪光：《中国国家治理的制度逻辑》，生活·读书·新知三联书店出版社，2017，第167页。

⑤ 周雪光：《中国国家治理的制度逻辑》，生活·读书·新知三联书店出版社，2017，第168页。

让第三方公司取得特定区域内的专属配送权，同样也有能力威胁剥夺第三方公司的权利。因此，综合上述各项因素，外卖平台相对于第三方公司拥有几近压倒性的谈判能力。根据配送代理合作协议，第三方公司几乎成为外卖平台控制的傀儡。外卖平台通过第三方公司拥有了自己掌握控制的外卖骑手，让渡出小部分利润将第三方公司作为防火墙，几乎切割掉外卖配送队伍可能给平台带来的全部风险。在现有法律框架下，外卖平台与外卖骑手不存在劳动、劳务法律关系，不需要为外卖骑手引起交通事故侵权的案件承担替代责任。

众包指一种互联网商业模式，即企业利用互联网将工作分配出去、发现创意或解决技术问题。[①]在外卖平台的众包模式中，任何人只要符合平台设定的基本条件就可以通过平台 App 注册成为外卖骑手，利用自己的业余时间和自备交通工具从事外卖配送业务。众包骑手并不完全接受平台管理，可以自己决定是否接单，没有固定薪资，每完成一次配送就有一笔收入，收入是可以随时提现的。众包模式存在两种具体情形，分别是引入第三方劳务公司的众包和不引入第三方劳务公司的众包。前者以美团众包为代表。当骑手在“美团众包 App”上申请注册时，“该 App 平台注册界面将自动弹出两份协议《众包平台服务协议》（签约双方一般是上海三快与某劳务公司）和《劳务协议》（签约双方是注册骑手与某劳务公司），”[②]一旦骑手签署协议，就可以在“美团众包 App”上接受配送任务。在这种众包情形中，美团众包平台与外卖骑手之间不存在劳动、劳务法律关系，外卖骑手只与劳务公司成立劳务法律关系。一旦外卖骑手引起交通事故侵权，劳务公司将承担替代责任，而美团众包平台却无须承担替代责任。司法实践普遍认可这种责任承担方式。[③]后者以蜂鸟众包（饿了么）为代表。骑手通过“蜂鸟众包 App”注册经审核通过后成为该平台的外卖配送人员，直接从平台领受外卖配送任务。蜂鸟众包平台认为其所从事业务性质为居间，理由在于商家通过平台发布订单信息，外卖骑手通过点击确认承诺配送订单，即商家与送餐员的配送合同生效，平台在其中仅仅发挥报告缔约机会的作用。[④]但是，蜂鸟众包平台这一主张欠缺说服力，原因在于：首先，外卖骑手在送餐过程中并非以自己名义向用户配送外卖。在送餐过程中，外卖骑手会身着带有“饿了么”标志的服装，并携带有“饿了么”标志的配送包，对外表明其系代表外卖平台在配送外卖。其次，在骑手接单后的整个配送流程中，外卖骑手需要接受外卖平台的管理、指示，例如必须在平台规定的时间送达，需要按照平台设计的路线行驶等。最后，外卖骑手获取的酬劳由外卖平台而非发布配送需求的商家发放，且外卖骑手的酬劳数额是外卖平台根据外卖骑手提供的服务的质

---

① 王璐 武建权：《众包物流平台与注册骑手之间法律关系性质的探究与思考》，载汇业法律观察 2019 年 5 月 8 日，https://www.sohu.com/a/312580272_100138309，2020 年 11 月 16 日访问。

② 王璐 武建权：《众包物流平台与注册骑手之间法律关系性质的探究与思考》，载汇业法律观察 2019 年 5 月 8 日，https://www.sohu.com/a/312580272_100138309，2020 年 11 月 20 日访问。

③ 中国平安财产保险股份有限公司广东分公司、博悦人才服务（宁波）有限公司与北京三快科技有限公司、孙建英等生命权、健康权、身体权纠纷案，上海市第二中级人民法院（2019）沪 02 民终 26 号民事判决书；孙恒业与博悦人才服务（宁波）有限公司确认劳动关系纠纷案，江苏省徐州市中级人民法院（2018）苏 03 民终 7573 号民事判决书；张建平与北京三快科技有限公司等生命权、健康权、身体权纠纷案，北京市大兴区人民法院（2018）京 0115 民初 8125 号民事判决书；刘兰玉与张艳丽、北京三快在线科技有限公司机动车交通事故责任纠纷案，河南省郑州市二七区人民法院（2018）豫 0103 民初 4683 号民事判决书。

④ 上海拉扎斯信息科技有限公司与拉扎斯网络科技（上海）有限公司、江某生命权、健康权、身体权纠纷案，上海市第二中级人民法院（2018）沪 02 民终 5147 号民事判决书。

量和数量综合考核后确定。因此，在此种众包情形中，外卖平台与外卖骑手之间形成了劳务法律关系。

## 三、外卖平台承担侵权责任的可能路径

### （一）外卖平台的替代责任

直营模式中，当外卖骑手在配送外卖的途中引起交通事故侵害第三人合法权益时，根据《中华人民共和国民法典》（以下简称《民法典》）第一千一百九十一条第一款的规定，①外卖平台作为用人单位，应当承担无过错的替代责任，这在司法实务界和理论界都没有争议。

加盟模式中，当外卖骑手在配送外卖的途中引起交通事故侵害第三人合法权益时，如果外卖骑手和第三方公司之间签署了劳动合同，根据《民法典》第一千一百九十一条第一款的规定，第三方公司应当承担无过错的替代责任；如果外卖骑手和第三方公司之间不存在劳动合同法律关系，外卖骑手仅仅为第三方公司提供劳务，虽然《民法典》并未规定企业与个人劳务关系中的侵权责任，但是《最高人民法院关于审理人身损害赔偿案件适用法律若干问题的解释》（以下简称《人身损害赔偿司法解释》）第九条第一款明确规定了雇主责任，②该条的“雇主”既包括企业也包括自然人，因此，第三方公司亦应当承担无过错的替代责任，如果外卖骑手对于侵权行为的发生具有故意或者重大过失，则其应与第三方公司承担连带责任。外卖平台与外卖骑手之间未签订劳动合同，亦未签订劳务协议，二者没有法律关系。当外卖骑手在工作途中引起交通事故侵权，“应当承认平台的信息中介地位，由第三方劳务公司承担责任，不应当强行拉入平台责任”。③第三方公司在与外卖平台合作的过程中，并未向外卖平台支付信息使用费，相反还可能获得平台补贴，同时分享外卖骑手的部分收益，因此，从权利义务对等的角度考虑，第三方公司承担全部替代责任并无不当。司法实践中，有法院为了加强受害人权益保护，要求外卖平台与第三方公司承担连带的替代责任，但其论证欠缺坚实的法律基础。法院要求外卖平台承担连带责任的主要理由在于：外卖骑手身穿印有外卖平台标志的服装，具备为外卖平台服务的外观表征，使受害人有理由相信外卖骑手是外卖平台的雇员；外卖平台对第三方公司享有监督管理的权利，依据权利义务对等的原则，外卖平台亦应当对第三方公司造成的损害后果承担责任。④根据《民法典》第一百七十八条第三款的规定，连带责任，由法律规定或者当事人约定。法院要求外卖平台与第三方公司承担连带责任的请求权基础在于《人身损害赔

---

①《中华人民共和国民法典》第一千一百九十一条第一款规定：“用人单位的工作人员因执行工作任务造成他人损害的，由用人单位承担侵权责任。用人单位承担侵权责任后，可以向有故意或者重大过失的工作人员追偿。”

②《最高人民法院关于审理人身损害赔偿案件适用法律若干问题的解释》第九条第一款规定：“雇员在从事雇佣活动中致人损害的，雇主应当承担赔偿责任；雇员因故意或者重大过失致人损害的，应当与雇主承担连带赔偿责任。雇主承担连带赔偿责任的，可以向雇员追偿。”

③ 马欢军：《共享经济下网约工法律关系分析与制度回应——以及时送达众包平台为例》，《贵州省党校学报》2020年第2期。

④ 沈如金与上海拉扎斯信息科技有限公司、上海西盒信息科技有限公司等生命权、健康权、身体权纠纷案，上海市浦东新区人民法院(2017)沪0115民初90754号民事判决书；拉扎斯网络科技（上海）有限公司与孙敏国等生命权、健康权、身体权纠纷案，上海市第一中级人民法院(2019)沪01民终13665号民事判决书。

偿司法解释》第九条第二款的规定，[①]法院认为，外卖骑手身着有外卖平台标志的服装，携带有外卖平台标志的配送盒，客观表现形式是在为外卖平台履行职务，因此外卖骑手被认定与外卖平台存在雇佣关系。法院的这种解释较为牵强。《人身损害赔偿司法解释》第九条第二款主要是在解释“雇佣活动”的内涵和外延。解释“雇佣活动”的前置步骤，必然要求雇佣关系已经明确。在外卖骑手和第三方公司已经形成雇佣关系的情形下，外卖骑手是第三方公司的雇员，第三方公司是外卖骑手的雇主，雇佣关系已经非常明确，不需要再行推定。外卖骑手与第三方公司之间订立的合同的相对性需要被尊重。《人身损害赔偿司法解释》第九条第二款不应当作为雇佣关系认定的请求权基础。另，虽然外卖平台通过合同对第三方公司有一定监督管理的权利，但是在第三方公司法人人格未被否认的情形下，第三方公司仍然是独立法人，应当独立承担责任，不能将其责任转嫁其他民事主体。因此，在有第三方公司加盟的情形下，外卖平台与第三方公司为外卖骑手引起的交通事故侵权损害承担连带责任或共同责任欠缺法律上的理由。

众包模式中，如果外卖平台引入了第三方劳务公司，并要求骑手在注册成为众包骑手前与第三方劳务公司签署劳务协议，那么，外卖骑手将与第三方劳务公司建立劳务法律关系，与平台表面上只存在信息服务合同。当外卖骑手引起交通事故侵权时，外卖平台无须为外卖骑手承担替代责任。如果外卖平台并未引入第三方劳务公司，外卖骑手在外卖配送过程中，直接接受外卖平台的管理、指示，从外卖平台领取报酬，如前所述，外卖骑手与外卖平台之间形成事实上的劳务法律关系。当外卖骑手引起交通事故侵权时，根据《民法典》第一千一百九十一条第一款的规定，外卖平台应当为外卖骑手的侵权行为承担替代责任。

（二）外卖平台的自己责任

外卖平台除了基于与外卖骑手之间的雇佣关系而承担替代责任外，还可能因为自身的行为承担自己责任。从外卖平台运营的商业模式观察，外卖平台可能基于两种请求权基础承担归属于自身的侵权责任，分别是《民法典》第一千二百零二条规定的产品责任以及第一千一百九十八条规定的安全保障义务责任。

1. 外卖平台的产品责任

从国际惯例看，产品通常被界定为经过商业性销售以供使用或消费的有形财产，要求产品必须处于商业流程之中。[②]根据《中华人民共和国产品质量法》（以下简称《产品质量法》）第二条第二款的规定，产品是指经过加工、制作，用于销售的产品。这一规定指出了我国产品必须具备的两个特点：一是产品必须经过加工，也就是在其原始形态上经过人力二次改造、创造，蕴含着人类的脑力或体力劳动，不能是自然产生的，例如天然矿石，初级农产品等；二是产品需要“用于销售”，“用于销售”的基本特征强调产品必须已经进

① 《最高人民法院关于审理人身损害赔偿案件适用法律若干问题的解释》第九条第二款规定：“前款所称‘从事雇佣活动’，是指从事雇主授权或者指示范围内的生产经营活动或者其他劳务活动。雇员的行为超出授权范围，但其表现形式是履行职务或者与履行职务有内在联系的，应当认定为‘从事雇佣活动’。”

② Trent v. Brasch Mfg. Co., 477 N. E. 2d 1312，1375 (I11.App.Ct.1985); Bastian v. Wausau Homes Inc., 620 F. Supp. 947, 949 (N.D.I11.1985)。

入流通领域，[1]进入市场。为了更全面地保护社会公共利益，保护人民群众的生命、财产安全，“销售”应做扩大解释，不局限于买卖，应当包括各种有偿交易的方式。在现代社会，产品进入市场流通的方式纷繁复杂，包括买卖、租赁、质押等多种方式，甚至在特定情形下，赠予的物品也能被视作产品，例如，有奖销售中的赠品。[2]在产品的具体种类方面，无形的智力成果的载体以及与有体物相结合的无形的智力成果，[3]应当属于产品，但是无形的智力成果本身不属于产品，原因在于其没有外在有形载体，难以被消费、使用，除此之外，将无形的智力成果排除出产品范畴还有利于保护言论自由。[4]例如，手机App作为软件，属于无形的智力成果，不属于产品，但是其一旦被安装在了手机上，与手机这一有体物相结合就可以成为产品。当手机App出现缺陷时，这种缺陷就可以视作产品本身的缺陷，适用《产品质量法》有关产品缺陷的规定。

外卖平台向社会公众提供外卖配送软件，例如美团众包App，任何人都可以通过软件商城将其下载至个人手机，并通过该软件注册成为外卖骑手。虽然用户在下载外卖配送软件时，外卖平台未向用户收取费用，但是，当用户注册成为外卖骑手，利用外卖配送软件获取配送订单，从事外卖配送业务时，外卖平台会就商家和消费者支付的外卖配送费与外卖骑手按比例分成，抽取一部分归外卖平台所有。[5]外卖平台每次抽取的外卖配送费就是外卖骑手使用外卖配送软件的对价，也就是说，外卖平台并不是一次性向使用外卖配送软件的外卖骑手收取对价，而是根据外卖骑手使用外卖配送软件从事外卖配送业务的次数收取对价。外卖平台收取的外卖配送费不是信息使用费，也即不是外卖平台报告缔约机会的对价。例如，外卖平台好比渡船经营商，其向A渡口的人报告B渡口的工作机会，并不收取信息告知费用，但是，当A渡口的人乘坐渡船到B渡口，外卖平台就要收取乘坐渡船的通道费。外卖平台向外卖骑手收取外卖配送费的对价是为外卖骑手和商家提供对接的渠道，是通过外卖配送软件向外卖骑手提供的路线规划、路况信息等一揽子附加服务。因此，当作为智力成果的外卖配送软件被用户安装到手机上，用户为使用该软件从事外卖配送业务支付了费用时，外卖配送软件就能够被视作产品。

产品缺陷，主要指产品具有不合理的欠缺安全性的状态。[6]《产品质量法》第四十六条规定了产品缺陷的两项判断标准，一是不符合保障人体健康和人身、财产安全的国家标准、行业标准；二是产品存在危及人身、他人财产安全的不合理的危险。如果产品不符合保障人体健康和人身、财产安全的国家标准、行业标准，则该产品一定具有缺陷。但是，产品即使符合了国家标准、行业标准，也不能就认定其一定不具有缺陷，还需要从实质上

① 刘鹏飞：《反思与重述：产品缺陷的证明责任分配》，《当代法学》2019年第5期。

② 刘汉民诉山东省汶上县联民商业有限公司侵权责任纠纷案，山东省汶上县人民法院（2008）汶民一初字第89号民事判决书。

③ 周友军：《民法典编纂中产品责任制度的完善》，《法学评论》2018年第2期。

④ 冉克平：《产品责任理论与判例研究》，北京大学出版社，2014，第61页。

⑤ 程璐洋：《多了平台和骑手分成，美团还救得了书店吗？》，《经济观察报》2020年4月26日，https://tech.sina.com.cn/i/2020-04-26/doc-iirczymi8348618.shtml，2020年11月20日访问。

⑥［日］吉村良一：《日本侵权行为法》，张挺译，中国人民大学出版社，2013，第207页。

判断产品是否存在危及人身、他人财产安全的不合理的危险，原因在于，国家标准、行业标准往往是产品生产商参与制定，消费者很少参与，这样导致该标准对产品质量提出较低的要求。另外，国家标准、行业标准的制定和修改具有滞后性，不能紧跟产品的发展趋势。司法实践中，法院也认可即使产品符合国家标准、行业标准，也可能存在缺陷。[①]如果没有国家标准、行业标准，产品缺陷的判断主要考察产品是否存在危及人身、他人财产安全的不合理的危险。目前，我国还没有关于外卖配送软件的国家标准、行业标准，外卖配送软件是否具有缺陷取决于其对使用软件的外卖骑手以及潜在的可能与外卖骑手发生联系的社会公众的人身、财产安全是否具有不合理的危险。在外卖配送软件缺陷的认定方面，应主要从软件提供的外卖配送路线和外卖配送时间两方面进行考察。从谨慎性角度出发，外卖配送软件为外卖骑手规划的行驶路线应当符合道路交通安全法规，例如，不得在道路上逆行，不得在人行道上穿梭，不得闯红灯等等，其核心是规划路线不违法，原因在于，外卖骑手按照违反道路交通安全法规的外卖配送路线行驶极容易发生道路交通事故，给社会公众的人身、财产安全造成不应有的危险。同时，要求外卖平台设计出符合道路交通安全法规的外卖配送路线不会显著增加外卖平台的负担，因为依据现有的电子网络技术，外卖平台可以利用较小的代价修改算法以提高外卖配送软件规划的路线精准度。在外卖配送时间方面，外卖配送软件向外卖骑手提出的配送时间应当合理，需要考虑外卖骑手行经道路的路况（比如是否出现暴雨、暴雪；是否出现道路拥堵等），外卖骑手驾驶的交通工具的安全速度，外卖骑手行经道路的限速规定等情况，然后外卖配送软件在此基础上提出外卖配送时间。如果外卖配送平台提出的配送时间标准需要外卖骑手超速行驶、闯红灯才能满足，那么该配送时间就是不合理的，外卖配送软件存在缺陷。

产品缺陷事实本质上属于违法行为事实，与损害结果事实、因果关系事实一起构成生产者产品责任的要件事实。[②]根据《最高人民法院关于适用〈中华人民共和国民事诉讼法〉的解释》第九十一条第一款的规定，[③]产品缺陷事实属于权利发生的要件事实，应当由主张该要件事实的当事人承担举证责任。由于《民法典》侵权责任编并未规定产品缺陷的证明责任倒置给产品生产者，因此，受害第三人依据《民法典》第一千二百零二条主张外卖平台承担责任时，应当证明外卖配送软件存在缺陷。由于外卖配送软件的算法具有专业性和保密性，受害第三人难以知悉，在举证能力上与外卖平台有较大差距。为了减少这种程序权利的不对等，实现公平正义，在诉讼程序中，法院可以考虑适当降低受害第三人的证明标准。

---

① 昆明金星啤酒有限公司与王清华等产品责任纠纷上诉案，云南省昆明市中级人民法院（2008）昆民三终字第 195 号民事判决书。

② 刘鹏飞：《反思与重述：产品缺陷的证明责任分配》，《当代法学》2019 年第 5 期。

③《最高人民法院关于适用〈中华人民共和国民事诉讼法〉的解释》第九十一条规定：“人民法院应当依照下列原则确定举证证明责任的承担，但法律另有规定的除外：

◆（一）主张法律关系存在的当事人，应当对产生该法律关系的基本事实承担举证证明责任”。

2. 外卖平台的安全保障义务责任

（1）外卖平台承担安全保障义务的法理依据

根据《民法典》第一千一百九十八条的规定，[①]经营场所、公共场所的经营者、管理者，群众性活动的组织者应当承担安全保障义务。虽然该条没有明确列举外卖平台是安全保障义务责任的承担主体，但是其文意也没有将外卖平台组织的具有营利性的外卖配送行为排除在“群众性活动”之外。如前所述，外卖平台在外卖配送过程中，不仅仅发挥着信息报告作用，更发挥着外卖配送活动的组织作用。外卖平台承担安全保障义务具有相应的法理依据，理由如下。

首先，收益与风险相一致原理的要求。[②]外卖平台在外卖活动的组织过程中，同时向消费者和商家收取外卖配送费，然后按照一定比例和外卖骑手分成。外卖平台通过大量外卖骑手的配送行为获得了利益，但是，大量外卖骑手在公共道路行驶提高了交通事故发生的风险，增加了社会公众遭受交通事故损害的概率，给社会公共利益带来了消极影响。没有享受到利益的社会公众不应当承担外卖平台引致的风险，因此，根据收益与风险相一致的原则，外卖平台应当承担安全保障义务。

其次，危险控制理论的要求。侵权法要求经营者、管理者和组织者承担安全保障义务，最主要的理由在于其开启了侵权的风险，并因此应当采取措施对该风险予以控制，即“危险源的开启与控制”。[③]外卖平台组织外卖骑手参与外卖配送活动，大量外卖骑手穿梭于城市的大街小巷，增加了交通事故发生的概率，提高了社会公众遭受损害的风险，因此，外卖平台就负有采取相应措施控制这一风险的法律义务。

再次，公司社会责任的要求。根据现代公司法社会责任理论，公司（经营者）不能仅仅以最大限度地为股东们赚钱作为自己唯一存在目的，也应当最大限度地增进股东利益之外的其他所有社会利益，包括消费者利益、职工利益等，及至整个社会公共利益。[④]强化公司（经营者）社会责任的理论依据在于公司的经济力量及推动社会权实现的社会义务。当今，外卖平台背后的公司已经具有了雄厚的经济实力，与当初互联网经济刚刚兴起时的初创公司不可同日而语。以美团为例，2020 年 8 月 24 日，美团股价再创新高，市值突破 2 000 亿美元，成为香港股市第五大市值公司。外卖平台的发展离不开社会的支持，比如社会营商环境的改善，有利于新型互联网公司业务的开拓。当外卖平台做大做强之际，其亦须肩负企业社会责任，为社会的发展进步贡献自己的力量。

最后，《电子商务法》第三十八条第二款明确规定了电子商务平台经营者的安全保障义务。[⑤]虽然该条规定的保护对象是“消费者”，但是鉴于外卖配送业务的特殊性，受外

---

①《中华人民共和国民法典》第一千一百九十八条规定：“宾馆、商场、银行、车站、机场、体育场馆、娱乐场所等经营场所、公共场所的经营者、管理者或者群众性活动的组织者，未尽到安全保障义务，造成他人损害的，应当承担侵权责任。

因第三人的行为造成他人损害的，由第三人承担侵权责任；经营者、管理者或者组织者未尽到安全保障义务的,承担相应的补充责任。经营者、管理者或者组织者承担补充责任后，可以向第三人追偿。”

② 张新宝：《侵权责任法原理》，中国人民大学出版社，2005，第 273 页。

③ 张新宝、唐青林：《经营者对服务场所的安全保障义务》，《法学研究》2003 年第 3 期。

④ 张新宝：《侵权责任法原理》，中国人民大学出版社，2005，第 274 页。

⑤《中华人民共和国电子商务法》第三十八条第二款规定：“对关系消费者生命健康的商品或者服务，电子商务平台经营者对平台内经营者的资质资格未尽到审核义务，或者对消费者未尽到安全保障义务，造成消费者损害的，依法承担相应的责任。”

卖平台管理、指示的外卖骑手经常穿梭于公共道路，与社会公众发生密切联系，提高了交通事故发生的概率，为了降低社会公共利益受损的风险，“消费者”这一概念可以进行目的性扩张，即从“直接接受平台服务的人”扩张到“任何潜在的可能与平台经营活动发生紧密联系的人”，从而增强对社会公共利益的保护，提高社会公众的安全感。

（2）外卖平台安全保障义务的具体内容和责任范围

外卖平台作为外卖配送活动的组织者，是否尽到了安全保障义务可以根据如下标准进行衡量：首先，是否达到了法律法规明确规定的义务要求；[①]其次，如果法律法规未做相应的义务要求，是否达到了“理性人”的注意义务标准，[②]即一个诚信、善良的组织者应当达到的注意程度。根据外卖配送业务的特点，外卖平台所要达到的“理性人”注意义务标准可以从如下几个方面考察：首先是资质适格性审查。在外卖骑手的审查方面，外卖平台应当审查外卖骑手是否达到了16周岁，是否有酒驾、毒驾记录，是否有不宜从事外卖配送业务的精神疾病；在外卖骑手运输工具的审查方面，外卖平台应当审查外卖骑手的电动车是否符合新国标，尤其是电动车时速不得超过25公里/小时，车辆是否具有法律规定应当具有的保险。其次是服务安全性审查。外卖平台向外卖骑手提供的附加服务，如路线规划、路况信息等应当确保安全，不得指引外卖骑手违反道路交通安全法规。再次是紧急事件处置机制审查。外卖平台应当建立针对紧急事件的快速发现与应急处置机制，一旦发生紧急情况，外卖平台就可以立即采取补救措施，将损失降到最低。最后是数据备份完备性审查。外卖平台应当建立外卖骑手接单数据库，记录外卖骑手的行驶轨迹以及外卖平台给外卖骑手的指示，为可能发生的侵权事件提供证据支持。

传统的群众性活动，比如运动会、游园会、庙会等，其活动空间都是较为固定的，活动的组织者只需要为特定空间范围内的活动参与者提供安全保障即可。但是，外卖平台组织的外卖配送活动范围却是不确定的，因为其具有很大的变动性，将外卖平台的全部经营范围纳入外卖平台的安全保障范围显然是不适当的。鉴于外卖配送与每一个外卖骑手紧密相关，外卖平台违反安全保障义务承担侵权责任的范围限定在外卖骑手配送外卖过程中引发的侵权责任为宜。

（3）外卖平台违反安全保障义务承担的侵权责任性质

在外卖骑手引起交通事故侵权的事件中，如果外卖平台与外卖骑手之间不具有承担替代责任的法律关系，比如劳动、劳务法律关系，外卖骑手作为直接侵权人，将承担侵权责任。如果外卖平台违反了安全保障义务，是否承担侵权责任还需要考察外卖平台违反安全保障义务的行为与第三人的损害之间是否具有因果关系。目前，我国侵权法理论与实务在判断加害行为与损害结果间的因果关系时，主要采“相当因果关系说”。[③]相当因果关系的判断，在结构上有“条件关系”和“相当性”两个步骤。第一步“条件关系”采“若无该行为，则无此损害”，即“若无法则”（but-for）进行认定。第二步“相当性”的判断模式是：若有该行为。

---

① 程啸：《侵权责任法》（第2版），法律出版社，2015，第465页。

② 张新宝：《顺风车网络平台的安全保障义务与侵权责任》，《法律适用（司法案例）》2018年第12期。

③ 王利明：《侵权责任法研究》（上卷），中国人民大学出版社，2010，第385－386页；程啸：《侵权责任法（侵权责任法）》，法律出版社，2015，第228页。

通常会产生该损害。[①]首先，如果外卖平台没有没尽到安全保障义务，第三人是否会被外卖骑手撞上受伤，如果答案是否定的，比如外卖平台向外卖骑手提供的配送路线符合道路交通安全法规，第三人就不会被外卖骑手撞上受伤，那么“条件关系”成立。其次，外卖平台没有尽到安全保障义务，是否通常会产生该损害，如果答案是肯定的，比如外卖平台提供的配送路线指引外卖骑手在马路上逆行，通常会引发交通事故致第三人损害，那么“相当性”成立。因此，外卖平台违反安全保障义务的行为与第三人的损害之间具有因果关系。根据《民法典》第一千一百九十八条第二款的规定，外卖平台未尽到安全保障义务应当承担相应的补充责任。“相应的补充责任”有两层含义：首先，外卖平台作为补充责任人享有类似于一般保证人的先诉抗辩权，即应当由直接侵权的外卖骑手就受害人的损害承担侵权责任。如果外卖骑手承担了全部侵权责任，受害人得到了充分救济，外卖平台就无须承担侵权责任。只有外卖骑手无力承担全部侵权责任时，外卖平台才承担补充责任。其次，即使外卖骑手不能承担全部的侵权责任，外卖平台也非就受害人未能从外卖骑手处获得赔偿的那一部分全部予以赔偿，而是仅承担与其过错程度相适应的责任。外卖平台承担补充责任后，可以向外卖骑手追偿。

## 四、结语

在外卖骑手引起交通事故致第三人损害的侵权纠纷中，外卖平台是否承担侵权责任需要按照一定的请求权基础顺序依次检索。首先，需要考虑的是外卖平台的替代责任，从受害第三人的角度考察，主张外卖平台承担替代责任的证明难度最低，胜诉可能性最大，并且一旦外卖平台的替代责任成立，受害第三人的损失能够得到及时、充分地填补；其次，如果法院认定外卖平台与外卖骑手之间不存在承担替代责任的法律关系，受害第三人需要考虑外卖平台是否需要承担自己责任。受害第三人的请求权基础主要在于外卖平台的产品责任和违反安全保障义务的责任。主张这两项责任，受害第三人面临的最大困难在于证据收集，原因在于能够证明外卖平台配送软件存在缺陷，或者外卖平台未尽到安全保障义务的证据几乎都由外卖平台掌握。由于法律并未将产品缺陷以及群众性活动组织者未尽到安全保障义务的举证责任倒置给被告，因此，受害第三人在诉讼中将承担较重的证明负担。在司法程序中，为了衡平受害第三人与外卖平台的程序性权利，法院可以考虑适当降低外卖平台配送软件存在缺陷或外卖平台未尽到安全保障义务的证明标准，进而最终实现公平正义。

---

① 丁宇翔：《跨越责任鸿沟——共享经营模式下平台侵权责任的体系化展开》，《清华法学》2019 年第 4 期。

# 浅析外卖平台下网约工用工关系的认定

陈梓璇*

**摘　要**：共享经济的发展催生出“外卖骑手”网约工这一新型用工形式，该用工形式呈现出工作形式灵活程度高、平台对其管理隐蔽性强以及用工关系复杂程度高等新特点。因我国现行劳动关系认定标准的滞后性、模糊性以及二分法保护体系的局限性，网约工与外卖平台的用工关系认定存在很大争议，司法实践中也难以保持认定的统一性，不利于网约工及受其侵害的第三人的利益的保障。应当先行出台指导性案例对该用工关系的确认提供指引，加快修改完善事实劳动关系的认定标准，并尝试在二分法保护体系之外增加第三种用工关系，为网约工权益的保护提供弹性化的选择空间，以实现共享经济平台发展与网约工权益保护的良性互动。

**关键词**：网约工、外卖平台、网约用工关系、劳动关系

# Research on The Net Employment Relationship between Delivery Platform And Online Contract Worker

Chen Zixuan

**Abstract:** The development of the sharing economy has given birth to a new type of employment, the “take-out rider”, the employment form has the new characteristics of high flexibility of the work form, high concealment of the platform to its management and high complexity of the employment relationship. Because of the lag and ambiguity of the current labor relations identification standard and the limitation of the dichotomy protection system, it is difficult to identify the employment relationship between the online contract workers and the delivery platform. In judicial practice, there have been a lot of “different judgments in the same case”, the benefits of online contract workers and the third party who is infringed by the network contractors are difficult to be protected. Firstly, guiding cases should be issued to provide guidance for the confirmation of the employment relationship. Secondly, the confirmation standard of the factor labor relationship should be revised and improved. Finally, it is necessary to add a third employment relationship besides the dichotomy protection system to provide flexible choice space for the protection of the rights and interests of network contract workers. These measures will help realize the positive interaction between the development of shared economic platform and the protection of

* 陈梓璇，对外经济贸易大学法学院硕士研究生。

the rights and interests of the network contract workers.

**Key words:** Online contract worker, Takeaway platform, Online employment relations, Labor relations

## 一、外卖平台下网约工用工关系认定之必要性

外卖平台的迅速发展催生出一种新型的网约工用工模式，这种用工模式在助力共享经济发展的同时其所内生出了一系列令社会关注的问题。越变越短的送餐时间以及越变越不合理的奖惩机制，使得越来越多的外卖骑手陷入交通事故的泥沼之中，能否享受工伤保险？能否向外卖平台寻求救济？事故中的第三人又该向谁寻求赔偿？在司法实践中，法官在处理这些纠纷时缺乏统一的标准，“同案不同判”的现象时常发生，这不仅是法律法规的缺位所致，更是理论界对网约工用工关系认定标准的差异所致，为此，明确外卖平台下网约工的用工关系是明确网约工权利义务关系的前提，是解决网约工用工模式下各种内生问题的逻辑起点。

### （一）现实需要

共享经济平台在互联网、大数据、云计算的飞速发展下拔地而起，迅速成长为经济转型中的重要推动力量。外卖平台作为极具代表性的共享经济平台，发展速度令人惊叹。截至 2020 年 3 月，我国已有 44.0%的网民订购过外卖服务，外卖用户规模达 3.98 亿。[①]除去消费者这一庞大主体，共享平台的另一大重要参与主体为网约工，[②]我们将其亲切地称呼为“外卖小哥”。根据美团公布的《2020 年上半年骑手就业报告》，仅美团的骑手总数就达 295.2 万人，[③]饿了么蜂鸟配送的骑手数量更有 300 万人，而这近 600 万网约工的劳动权益保障成为一大难题。不合理的奖惩机制和管理制度，越来越长的工作时长以及越变越短的送餐时间，迫使着网约工在城市的大街小巷上演“速度与激情”。据统计，成都交警在 2018 年的 7 个月间就查处到骑手违法近万次，伤亡 155 人次，平均每天就有一个骑手因交通事故伤亡。[④]事故后的处理也存在着各种各样的难题，网约工能否享受工伤保险？能否要求外卖平台担责？造成第三人侵权损害由谁赔偿？而这一切问题的解决必须要以确认与平台存在劳动关系为前提，因此，明确外卖平台下网约工的用工关系是明确网约工权利义务关系的逻辑起点。

### （二）司法需要

在中国裁判文书网中以“骑手”为关键词进行搜索，从 2016 年到 2020 年五年内，涉及交通事故纠纷的高达 1 414 件，涉及人身损害赔偿纠纷的也高达 1 125 件，这些案件的争议焦点大多围绕外卖平台与网约工用工关系的认定展开。对于传统的劳动关系的认定，

---

① 中国互联网络信息中心：《第 45 次中国互联网络发展状况统计报告》，http://www.cnnic.cn/hlwfzyj/hlwxzbg/hlwtjbg/202004/P020200428596599037028（最后访问时间：2020 年 9 月 19 日）。

② 中华人民共和国人力资源和社会保障部于 2020 年 2 月将外卖骑手确定为“网约配送员”，纳入到国家职业分类目录，本文为方便探讨网约配送员与平台间的用工关系，将其称为网约工。

③ 美团研究院：《2019 年及 2020 年疫情期间美团骑手就业报告》，https://mri.meituan.com/institute（最后访问时间：2020 年 9 月 19 日）。

④ 赵永强、马骏、黄靖博、高纯：《外卖骑手交通违法倾向影响因素分析》，《交通工程》2019 年第 19 期。

法院依据《中华人民共和国劳动法》（以下简称《劳动法》）以及《中华人民共和国劳动合同法》（以下简称《劳动合同法》）等的有关规定加以解决，但自网约工这一新型工种出现以来，有关网约工劳动关系确认的纠纷层出不穷，在缺乏专门法律法规等指引的情况下，各地法官只能根据自身的专业素养对网约工这一灵活性、复杂性极强的新工种按照旧办法进行解释和认定，“同案不同判”也成为常态。例如，在上海高院发布的典型案例“施某诉某信息技术公司确认劳动关系纠纷”案中，法院认为网约工与平台间不存在劳动关系，而是居间关系；而在“江苏闪电餐饮配送有限公司与蔡峻明劳动合同纠纷”[①]案中，法院认定双方之间存在着劳动关系，公司应按照劳动法的有关规定向劳动者承担责任；此外，亦还有大量的判例认为外卖平台与网约工间的用工关系为雇佣关系、劳务派遣关系或是合作关系。

司法裁判结果的不一，不仅是法律法规的缺位所致，更是理论界对网约工用工关系认定标准的差异所致。司法裁判结果的不一致性使其丧失结果的可预见性，这对网约工权益最后的保护带来极大的不确定性，阻碍了司法定纷止争作用的实现，同时也为外卖平台提供了规避责任的漏洞，使得“用工不用人”的现象泛化，从而将风险转嫁于网约工这一弱势群体上，这显然是极度不合理的，因此，需要尽快明确网约工与外卖平台间的用工关系，为司法裁判设立指引。

## 二、外卖平台下网约工用工关系认定之困境

传统意义上的劳动关系双方间具有强控制性、强管理性、强附属性的用工特点，而外卖平台下网约工的用工模式却具有极强的灵活性、弱管理性、弱附属性，这些特点使其难以与现有的劳动关系认定标准充分匹配，在用工关系双方缺乏订立劳动关系合意以及网络环境下相关证据缺失的情况下，骑手与平台间用工关系的认定困难重重。

### （一）我国劳动关系的认定标准

我国目前对用工关系采取劳动关系和劳务关系二分法的保护模式，其中只有具有劳动关系才能够享受到劳动者最高工作时长、最低工资保障、社会保险金等权利的保护。我国的立法并没有对何为劳动关系做出明确的解释，仅在《劳动法》第 16 条[②]与《劳动合同法》第 10 条[③]中规定“建立劳动关系，应当订立书面劳动合同”，表明劳动合同的签订是认定劳动关系成立的前提，但在劳动关系含义的具体解析及构成上留下空白。为弥补这一空白，2005 年原劳动与社会保障部（现为人力资源和社会保障部）发布了《关于确立劳动关系有关事项的通知》（以下简称《通知》），从主体资格、人格归属和业务归属三方面明确了认定事实劳动关系的标准。结合理论界对劳动关系从属性这一本质的界定，可将主体适格、人格从属性、经济从属性和组织从属性作为认定劳动关系的要件和标准。根据《通

① 江苏省无锡市中级人民法院（2020）苏 02 民终 2546 号二审民事判决书。

②《中华人民共和国劳动法》第十六条：“劳动合同是劳动者与用人单位确立劳动关系、明确双方权利和义务的协议。建立劳动关系应当订立劳动合同。”

③《中华人民共和国劳动合同法》第十条：建立劳动关系，应当订立书面劳动合同。已建立劳动关系，未同时订立书面劳动合同的，应当自用工之日起一个月内订立书面劳动合同。用人单位与劳动者在用工前订立劳动合同的，劳动关系自用工之日起建立。

知》第一条，[①]主体适格要求用人单位和劳动者都要符合法律、法规的规定，绝大多数双方主体均可以满足，基本不具有争议。人格从属性是指用人单位对于劳动者的人身控制性，即用人单位对劳动者的工作的各方面具有控制权和指挥权，劳动者自身不具有可协商的能力，双方主体表现出极大的不对等性，人格从属性作为劳动关系中最鲜明的特征，在认定标准中具有核心地位。[②]经济从属性是指劳动者与用人单位在经济上的隶属关系，劳动者通过提供自己的劳动，向用人单位交换报酬，获得自身主要的经济来源，该特性可作为人格从属性的从属标准加以认定。组织从属性则是指由劳动者向用人单位提供其劳动，由此成为单位业务的重要组成部分。该四要件本质上是对劳动关系从属性的进一步的精细化和标准化，为实践中对劳动关系的认定提供了参考依据。此外，考虑到实践的复杂性，《通知》在明确认定标准的同时在第二条中确立了证据提交和举证责任倒置，从而为劳动关系的认定进一步扫清了障碍。

（二）外卖平台下网约工用工模式及新特点

1. 外卖平台下网约工用工模式

网约工与传统用工最大的不同在于其存在依赖于互联网平台，在外卖行业中，网约工通过招聘、合作或注册等多种方式与外卖平台抑或是其他公司建立一定的关系，依托于外卖平台根据网络信息数据发布的派送指令，完成派送任务。根据网约工与外卖平台所建立关系的不同，可将网约工分为三类：自营骑手（直接与外卖平台公司签订劳动合同）、代理商骑手（外卖平台外的其他公司与网约工签订劳务合同或劳动合同）和 App 众包骑手（骑手自行在平台注册）。[③]自营骑手与外卖平台公司为典型的劳动关系。代理商骑手虽不直接与外卖平台建立劳动关系，但其大部分与其他公司具有劳动关系和劳务关系。App 众包骑手在认定劳动关系的实践中中最为复杂、最具争议，符合外卖平台主体要求的自然人通过在平台注册，完成新手教程即可取得骑手资格，由其自主决定工作的时间和工作的地点，并通过抢单获得派送任务，报酬由平台或消费者支付，具有极强的自由度。

2. 外卖平台下网约工用工新特点

在上述三种类型的网约工中，自营骑手为典型的劳动关系，代理商骑手与其签订协议的公司间也多为劳务关系或者劳动关系，通过劳务派遣或是加工承揽关系使其为外卖平台服务，这两种类型的网约工用工形式本质上与传统的用工形式并无较大区别。相反，App 众包骑手则跳出传统用工形式，呈现出新的用工特点。

---

①《关于确立劳动关系有关事项的通知》

一、用人单位招用劳动者未订立书面劳动合同，但同时具备下列情形的，劳动关系成立。

（一）用人单位和劳动者符合法律、法规规定的主体资格；

（二）用人单位依法制定的各项劳动规章制度适用于劳动者，劳动者受用人单位的劳动管理，从事用人单位安排的有报酬的劳动；

（三）劳动者提供的劳动是用人单位业务的组成部分。

② 谢增毅：《互联网平台用工劳动关系认定》，《中外法学》2018 年第 6 期。

③ 陈龙：《平台经济的劳动权益保障挑战与对策建议——以外卖平台的骑手劳动为例》，《社会治理》2020 年第 8 期。

首先，工作形式不同。众包骑手的工作时间具有极强的灵活性，完全由骑手自己决定，若要接单工作，打开 App 即可，若要结束工作，则关掉 App 即可实现，不受限于一天 8 小时的工作制。同时，其工作地点也由某一具体场所变为某一范围的场所，并可按照自己的意愿随意进行选择和变更。除此之外，其工资报酬的计算和领取方式也发生巨大的变化，工资不再按月发放，而是实行限时计件工资制，根据配送接单的次数进行计算，多劳多得，按日结算，平台和消费者都可能成为给付报酬的一方，在其获得的报酬中还需向平台上缴一部分信息费。

其次，平台对众包骑手的管理方式具有间接性。外卖平台与众包骑手间不存在书面的管理规定，缺乏目前代表人格从属性的企业管理规定，例如每天进行上下班打卡，进行绩效考核等，平台仅仅是在外卖骑手资格的审查、派送超时的处罚、衣着的穿戴等方面对骑手进行限制，同时，平台更多地将管理监督权限交予消费者，依照消费者评价的好坏对骑手进行奖惩，对骑手的管理具有很强的隐秘性和间接性。

最后，众包骑手可以身兼数职。由于众包骑手工作时间地点均由自身确定，有很大一部分众包骑手有着自己的正式工作，仅在空闲时间接单配送，其与各单位间的关系如何认定，有无突破现行劳动法的限制等问题都使众包骑手的用工关系充满了复杂性。

（三）外卖平台下网约工用工关系的认定困境

依照我国现行劳动关系认定的四要件，外卖平台网约工中的自营骑手与代理商骑手的用工关系可以据此予以确定，因此在本文中不予重点讨论，众包骑手因其具有的用工关系的新特点使得在认定其用工关系时困难重重，这是本文讨论的重点。

首先，双方不具有订立劳动关系的合意。合同的缔结以意思自治为核心，劳动合同也应由双方当事人合意确立。在众包骑手与外卖平台未签订书面合同的情况下，更应探寻合同双方的真实本意。显然，外卖平台在与骑手建立用工关系时并没有要建立劳动关系的合意，而外卖骑手因其劳动法知识的匮乏以及教育水平的限制，一般认为只要能工作，就是建立了劳动关系，由此产生双方意思表示不一致的情况，没有形成劳动关系或劳务关系的合意，从而难以从其内心真意确定用工关系的性质。

其次，众包骑手对外卖平台的人格从属性与经济从属性显著减弱，事实劳动关系难以认定。在缺乏书面劳动合同情况下，劳动者和用人单位双方主体资格与组织的从属性容易判定，但在人格从属性与经济从属性的判定上却存在着很大的分歧。传统的人格从属性通常以用人单位各项严格的规章制度表现出来，对劳动者具有很强的控制性。但在众包骑手用工关系的新特点下，一方面，用工时间、地点都由骑手自身灵活支配，平台任务由自身自由选择，不受平台的干涉，而另一方面，众包骑手也未完全脱离于平台的控制与管理，配送的路线、配送的时间、配送的穿戴，甚至是配送时的礼仪都受到平台的严格监控，稍一违反，便会面临扣钱、限制派单等惩罚，该特点导致各地法院在认定人格从属性时出现偏差，出现大量同案不同判的情形。同时，众包骑手与平台间的经济从属性也显著降低。骑手的薪酬不实行月工资标准，而是计件发放，薪酬也不仅仅来源于平台，消费者也会负担一部分，除此之外，不同于传统劳动关系中薪酬由用人单位流向劳动者的单向流动模式，众包骑手与外卖平台间为双向流动模式，即除了平台要为骑手发放报酬外，骑手还需向平台上缴一部分信息费。[①]因此，众包骑手与外卖平台间“若有若无”的人格与经济从属性阻碍了对两者间用工关系的认定。

最后，《通知》中规定的证据的举证存在困难。《通知》列明在双方未签订劳动合同的情况下，可以提供工资支付记录、缴纳各项社会保险费的记录、用人单位发放的工作证、服务证、考勤记录等凭证加以证明劳动关系是否存在，但在外卖网络平台下，工资当日结清，平台也未给众包骑手缴纳社会保险，由于依赖于网络平台，自然也不会有工作证与服务证，更不存在考勤记录，因此，在事实劳动关系的认定中，很难举出符合条件的证据加以证明劳动关系的存在。

## 三、外卖平台下网约工用工关系认定困境之原因分析

众包型骑手用工模式认定困境的根源在于，现有的劳动关系认定标准无法涵摄新用工模式下的新特点。传统劳动关系认定标准的滞后性以及法律法规用语的模糊性，使得网约工用工模式在劳动关系的认定上存在着很大的解释与争议的空间，传统二分法的用工保护模式更是让外卖网约工的劳动权益保护处于有或无的灰色地带，致使网约工用工关系认定与网约工权益保护陷入一种僵局。

### （一）劳动保护法律法规的滞后性

在我国司法实践中，对于未签订劳动合同时劳动关系的认定，法官以《通知》为裁判依据，作为由国务院部门在2005年发布的部门规章，《通知》从发布距今已过15年的时间，2005年时我国互联网发展刚刚起步，更未出现网约工这一新型用工形式。而在其后的15年时间里，互联网技术飞速发展，共享经济平台争相建立，用工模式也发生了翻天覆地的变化，若仍按照以往的劳动关系的标准对新型用工关系进行认定，难免有失偏颇。

此外，《通知》作为部门规章，无法用司法解释等的方式对其内容进行法律适用上的解释与补充，使得该内容过于僵化和严格，无法与相关法律、司法解释等形成良性互动。同时，法律也并未对网约工进行新的立法规定或进行司法解释，使得整个劳动保护法律法规滞后于当前社会发展，从而为网约工与外卖平台用工关系的认定造成困难。

### （二）劳动关系认定标准的模糊性

《通知》确立了构成事实劳动关系的三项必要条件，从表面上看，该条规定为法官裁判提供了适用的标准，实践中，法官也的确是按照该条款认定劳动关系的成立与否，但查阅有关劳动争议的案件中，不难发现存在着大量同案不同判的情形，不仅仅是在网约工的问题上，在传统的劳动关系的判定中，也会出现因法官的不同理解导致案件结果不一致的情形，这归根结底是因为《通知》所规定的三条认定标准过于模糊和简单：第一项主体资格的认定过于宽泛，绝大多数的争议双方均可满足，因此该项对劳动关系的判定不具有实质意义；第二项对人格从属性只规定“劳动者受用人单位的管理”，但具体采用什么方式的管理、什么程度的管理、劳动者的自主权限有多少等问题均未列明，法官在运用时需要对该条予以解释后适用。有的法官或学者认为该项标准的弹性很大，可以进行扩大解释，认为外卖平台对网约工配送路线、配送时间、奖惩机制等的管理已经达到该项标准，应认

① 汤慧：《“互联网+”新业态模式下外卖员劳动关系认定的法律研究》，《法制与社会》2019年第12期。

定为劳动关系，但也有法官持相反的观点，认为用人单位对劳动者的劳动管理应认定为紧密且严格的管理模式，包含但不限于对工作时间、工作地点、工作内容和工作方式等的强监管，网约工的松散、灵活的用工模式明显不符。第三项在组织从属性的认定中对用人单位业务缺乏确定标准，例如，一家服装工厂的主营业务为服装制造，那么其聘用的清洁工或是厨师提供的劳动与服装制造无关，是否意味着其不能与服装厂间存在事实劳动关系呢？因此，该项规规定同样过于模糊，在实践中运用时具有一定的困难。

（三）二分法保护体系的局限性

目前，我国对用工关系采取劳动关系与劳务关系二分法的保护模式。传统的用工模式下，如果劳动者和用人单位间具有从属关系，那么应认定为存在劳动关系，劳动者可以享受到劳动法赋予其特有的权利保障；如果两者间不存在从属关系，而是平等的民事主体关系，那么应认定为存在劳务关系，不能享有劳动者所特有的权益，劳动关系与劳务关系非此即彼。[①]但网约工的出现打破了传统的二元状态，呈现出一种中间状态，即虽具有一定的从属性，但其程度尚未达到劳动关系所要求的强从属性的程度，但也因双方主体不存在平等关系而难以将其归入劳务关系，处于一个灰色的地带，如将其硬性归入劳动关系适用劳动法有关规定对其加以保护，会有不当扩大劳动关系的嫌疑，从而为外卖平台带来巨大的成本负担。反之，若将其硬性归入劳务关系，则会使网约工无法获得五险一金等劳动权益的保护，使其权益的保护陷入僵局状态。这种二分法保护体系一刀切的模式缺乏弹性和灵活性，不仅不利于外卖平台下网约工用工关系的认定，也不利于其后续的劳动权益保护。

## 四、外卖平台下网约工用工关系认定之改进路径

在法律尚未对外卖平台下网约工用工模式做出具体规范之前，平台在配送时间、薪酬制度及其他管理制度的设计上可谓为所欲为，外卖骑手对此苦不堪言。诚然，任何事物的发展都是曲折的，新事物诞生之初总会伴随着各种各样的问题，都会不可避免地给当今社会带来冲击与挑战，但制度规范甚至是法律规范应及时对此做出回应，把握住正确的路径改进方向，并且步骤化、阶段化建立网约工用工关系认定标准。

（一）路径改进的基本原则

1. 利益保护为主，兼顾效率与公平

对外卖平台下网约工用工关系确认的最终目的是更好地保障网约工的权益，在我国获得劳动权益保护的唯一路径是与用人单位建立劳动关系，外卖网约工在交通事故频发、事故发生后难以获得保险救济、用工时间过长、最低生活无保障的种种困境中，似乎要求确认其与平台的劳动关系已成为最后的“救命稻草”，网约工要求确认与外卖平台的劳动关系在根本上是想要获得劳动者所能享受到的各项权益。的确，我国劳动法旨在保护劳动者的合法权益，但在对劳动者进行倾斜性保护的同时也意味着对用人单位提出了更高的要求，为其增加了更重的负担。网约工不同于传统的劳动者，同样，共享经济平台公司也突破了传统公司的封闭性特征，具有极强程度的开放性，任何达到其基本要求的自然人均可以通过平台注册加入其中，没有人数上的限制，这意味着如果要求平台公司与每一个网约

① 谢增毅：《我国劳动关系法律调整模式的转变》，《中国社会科学》2017 年第 2 期。

工建立劳动关系，承担为其缴纳五险一金等义务，将会使平台公司背负巨大的负担，付出巨大的成本，从而严重减缓发展速度。[①]因此，网约工权益的保护是必要的，但仍应在一定限度内，不能盲目地将劳动关系进行泛化，从而过多地加重平台企业的负担。共享经济作为当今经济转型的重要力量，对中国经济的发展而言不可或缺，因此，对处在蓬勃发展阶段的共享经济平台公司不能一味地增加其负担，应在保护网约工权益的同时，兼顾平台公司的可持续发展。

2. 双方合意为主，兼顾穿透性审查

外卖平台与网约工的用工关系归根结底是通过一定的合同关系表现出来的，因此在判定合同关系的性质时必须要探究当事人的内心真意，在判定用工关系时，不能仅审查合同的类型，更应从探究双方的合意内容出发，切不可不顾当事人的意思表示，僵化地将其归入劳动关系或非劳动关系。在对上海外卖骑手的调查中，有10.9%的骑手表示其只是偶尔做做，自己还有其他的职业，做骑手只是为了增加收入，他们表示不愿意与外卖平台建立劳动关系从而放弃自己本身的固定职业。[②]共享经济平台所表现出的最大特点为开放包容与自由，是否加入骑手行列，以什么样的目的加入，与平台建立何种用工关系都应遵循网约工自己的意愿，在认定用工关系时首先应尊重双方的合意。

在难以探究双方真实合意的情况下，还应进行穿透性审查。我国很大比例的网约工文化程度不高，认为一旦为平台提供劳动，就是与平台建立了劳动关系，缺乏相关的法律意识，很容易被平台恶意利用，平台通过不与网约工签订协议或在协议中明确将劳动关系排除的手段，逃避其用工责任。此时，应对两者间的用工关系进行穿透性审查，透过双方签订的合同类型来实质审查是否存在事实劳动关系。国际劳动组织在2006年发布的《雇佣关系建议书》中也明确了“事实第一的原则”，鼓励争议处理机构在处理劳动关系确认纠纷的案件时从事实出发，[③]因此，不论是法院还是仲裁机构应根据网约工与平台间的实际用工关系及管理方式和程度进行审查，认定是否构成劳动关系，严防平台利用网约工法律意识薄弱，侵害其权益的现象发生。

3. 用工关系确认为前提，兼顾用工权益的另行保护

在有关劳动纠纷的案件中，法官判案的逻辑都是从双方间是否存在劳动关系为起点展开的，明确双方的法律关系是确定各自权利与义务的前提，只有存在劳动关系，才可以支持劳动者的权益保护诉求，在对网约工这一新型用工关系的理论研究相对滞后，而网约工权益保障诉求相对迫切的情况下，应改变劳动保护“一刀切”的判定标准，使用工权益的保护与劳动关系的确认相对脱钩，[④]即使在未认定网约工与外卖平台存在劳动关系的情况下也应另行对网约工给予一定的权益保护措施，如要求平台为网约工缴纳工伤保险或者另行购买商业保险，抑或是转变工伤认定必须具有劳动关系的错误认识，参照《最高人民法

---

① 杨云霞，庄季乔：《分享经济下的劳动者保护》，《西安交通大学学报（社会科学版）》2019年第39期。

② 金桥，赵君：《三重脱嵌:外卖骑手的结构性困境探究——基于上海671份问卷的调查分析》，《青年学报》2020年第3期。

③ 国际劳工大会：国际劳工大会198号建议书——《关于雇佣关系的建议书》，http://www.docin.com/p－48022197.html，2020年9月19日访问。

④ 王全兴、王茜：《我国“网约工”的劳动关系认定及权益保护》，《法学》2018年第4期。

院关于审理工伤保险行政案件若干问题的规定》第三条第一款的规定将网约工纳入工伤认定新的例外情形，[①]在解决外卖平台网约工最为迫切诉求的同时，为用工关系的确认这一复杂问题提供充足的研究和发展时间。

（二）路径改进的具体措施

1. 发布指导性案例

2016 年到 2020 年间的劳动民事纠纷近 3 000 起，其中绝大多数案件都会涉及网约工用工关系的判定问题，[②]由于我国在立法上缺乏相关的认定标准，有关的部门规章又过于模糊和陈旧，法官判案时必须要利用自己的法学素养、工作经验和生活阅历对认定劳动关系的规定予以解释，对具体案件的情况予以自由裁量，导致同一类型案件有数种判决结果，对网约工权益最后的保护带来极大的不确定性。立法的发展总是呈现出“完善法律法规—创新发展—出现问题—突破现有规定—再完善法律法规”的螺旋式进程，共享经济平台网约工作作为新出现的用工类型势必会突破现有的劳动保护框架，需要完善立法，将其纳入框架内进行规制，但这一过程不是一蹴而就的，而是需要建立在对新生事物充分的了解、调查和研究基础上的，并且由于法律的稳定性，一经出台便不宜进行反复改变，为此，制度的构建和立法的改变更要充分考量其带来的影响，不应在问题出现后急于改变现有的立法内容，应留有一定研究的时间，在此期间可由最高人民法院通过出台指导性案例的方式对当下最具争议和最迫切需要解决的问题进行指引，减少司法审判中的混乱现象。

2. 完善事实劳动关系的认定标准

《通知》第一条确立了认定事实劳动关系的三条要求，体现出我国认定从属性的具体标准，但因其规定的模糊性和局限性难以适用于网约工这一新型用工关系的认定，对此，可以通过出台新的通知予以替换或出台补充性规定对原条款予以解释，以此将具有众多新用工特点的网约工用工关系纳入其判断体系中。一方面，应对认定人格从属性规范的条款予以更加具体的说明，应适当突破传统用工固定化的特点，将灵活性强的用工特点纳入考量，在具体操作上，可将网约工每月的工作时长、配送订单的数量以及获得的收入是否是主要收入纳入网约工与平台间紧密程度的考量，并且明确外卖平台对网约工仪容仪表的管理、对服务过程的监督、对超时配送的惩罚是否属于“劳动关系”。另一方面，针对依托于互联网平台而出现的网约工，可以将信息的从属性作为认定人格从属性的新标准。任何的用工形式都是“劳动力+生产资料”这种生产要素的组合，在传统人格从属性的认定中，用人单位提供的生产资料主要为原材料、资金、生产设施等，劳动者需要依靠这些资料进行劳动，以此获得劳动报酬，劳动者对用人单位的人身依附性强。[③]但在外卖平台和网约工的关系中，传统的生产资料都可以由网约工自己提供，外卖平台提供的是最为重要的无形的信息，网约工的全部活动都需要通过 App 平台完成，平台通过获得消费者下单的信息，将其通过算法发布给网约工，网约工接到订单后获得平台提供的消费者的地址、路线、用户名和联系方式，按照平台提供的信息完成配送，并以平台对其配送时间的监控与消费

---

① 涂松松：《外卖用工关系认定及“骑手”权益保障问题研究》，《法制与社会》2020 年第 19 期。

② 中国裁判文书网，https://wenshu.court.gov.cn/website/wenshu/181217BMTKHNT2W0/index.html?pageId=3d8e602740e6fbdab58a9ad5dc073612&s21=骑手，2020 年 9 月 19 日访问。

③ 王全兴：《“互联网+”背景下劳动用工形式和劳动关系问题的初步思考》，《中国劳动》2017 年第 8 期。

者在平台发布的评价信息作为其报酬发放的标准，整个配送过程皆依赖于各种信息，而所有信息都由平台予以垄断，因此，平台利用其掌握的信息对网约工产生控制，网约工居于从属性地位，进而在互联网领域，可以将信息从属性纳入事实劳动关系的认定标准中。

3. 增加新型用工类型

我国二分法的用工关系认定体系使得一部分具有弱从属性的网约工处于劳动关系与劳务关系间的灰色地带，对此从长远来看，可以借鉴德国“类雇员”的概念，设立介于劳动关系与劳务关系之间的第三种用工类型，将与平台具有一定的从属性但又未达到劳动关系紧密程度的用工类型归入第三种类型，使得第三种类型的用工关系相较于劳动关系更具灵活性。同时，要建立第三种类型的具体认定标准，可比照劳动关系认定主体资格、人格从属性、经济从属性和组织从属性的四要件分别对其从属性的程度做出限定，与现有的用工关系做出区分，对网约工的用工权益实行弹性化保护。同时，在对第三种用工类型进行用工权益保护时，不能照搬劳动关系的保护内容，而应予以区别化对待，根据用工形式的特点，对劳动者权益予以选择性的赋予，例如，对于外卖平台下的网约工灵活性和碎片化的工作时间，不能赋予其要求平台支付加班费的权利，但应在工伤保险、失业保险等方面予以侧重保护。

# 行政协议的诉讼识别

## ——以“永佳纸业公司案”为分析视角

周远洋*

**摘　要：**自2014年修改的《中华人民共和国行政诉讼法》将行政协议纳入行政诉讼的受案范围之后，有关行政协议识别问题的争议便未曾停歇。“永佳纸业公司案”作为直接关涉“行政协议定义”的参考案例，为行政协议的诉讼识别提供了借鉴思路，一经完善便可从中抽象出一套模式化的识别路径。行政协议的诉讼识别应当综合考虑主体、内容、目的和意思四个要素，首先以主体要素为前置性条件进行形式审查，然后以内容要素——“行政法上的权利义务”为核心，辅之以目的要素、行政优益权以及比例原则进行实质审查，从而构建出综合四个要素、先形式审查后实质审查的模式化识别路径。

**关键词：**行政协议、诉讼识别、四个要素、两条标准、行政法上的权利义务

# Litigation Identification of Administrative Agreement

## —From the perspective of “Yongjia Paper Company Case”

Zhou Yuanyang

**Abstract:** Since the Administrative Procedure Law of the People’s Republic of China amended in 2014, administrative agreement has been included into the scope of accepting cases of administrative litigation, and the dispute on the identification of administrative agreement has not stopped. “YongJia Paper Company Case”, as a reference case directly related to “definition of administrative agreement”, provides reference ideas for the litigation identification of administrative agreement. Once perfected, a set of patterned identification path can be abstracted from it. Action recognition of administrative agreement should be considered the main body, content, purpose and meaning of four elements, in the first place in the form of principal elements for fundamental condition for review, and then around the content elements-“administrative law on the rights and obligations” as the core, supplemented by objective factors and prior right, administrative proportion principle to carry on the examination as to substance, so as to build a comprehensive form of four

---

* 周远洋，中央财经大学法学院硕士研究生。

elements, first review after examination as to substance of pattern recognition path.

**Key words:** administrative agreement, identification of litigation, four elements, two criteria, rights and obligations under administrative law

## 一、问题的提出

2014 年修改的《中华人民共和国行政诉讼法》（以下简称《行政诉讼法》）第 12 条将“行政机关不依法履行、未按照约定履行或者违法变更、解除政府特许经营协议、土地房屋征收补偿协议等协议”纳入行政诉讼的受案范围。这标志着学界争论已久的行政协议首次在实定法层面获得承认。“行政协议”也曾被称为“行政合同”或“行政契约”，在立法时，为了避免“行政合同”引发过多争议，因此采用了“行政协议”的称谓，但这几种称谓并无本质区别。[①]

对此，行政法学界普遍认为这是“来之不易的重大突破”，[②]“在我国行政协议研究的历史上具有划时代意义”。[③]但是，这也意味着此前经由民事诉讼解决的一些合同此后将被纳入行政诉讼，[④]民商法学界对此存在诸多质疑，并认为实践中存在不当扩大行政协议范围的问题。[⑤]实际上，司法实践中对于如何识别行政协议也未曾达成一致的判断标准。有学者对比了 230 份最高人民法院所作裁判的行政协议，发现最高人民法院行政庭法官与民事庭法官对行政协议的内涵与识别存在着不同的理解。[⑥]学界与实务界皆未对行政协议的识别达成一致认识，这给司法审判带来了很大困难。如何准确识别行政协议的内涵与范围已成为亟待解决的问题。

为解决关于行政协议的诸多争议，最高人民法院于 2019 年 12 月正式发布《最高人民法院关于审理行政协议案件若干问题的规定》（以下简称“行政协议解释”），明确了行政协议的内涵与范围。行政协议解释第 1 条对行政协议做出了定义，[⑦]根据对本条规定的字面解释，在识别某一协议是否为行政协议时，主要从四个要素判断：第一，主体要素要求协议的一方必须为行政机关；第二，目的要素要求订立协议的目的是为实现行政管理或公共服务目标；第三，内容要素要求协议的内容必须具有行政法上的权利义务；第四，意思要素要求协议为双方协商一致而订立的。[⑧]显然，行政协议解释对于行政协议的定义依然较为模糊，四个要素在识别行政协议中处于什么关系，目的要素与内容要素的具体内涵为何，都无法从该定义中准确获知。

与行政协议解释一同发布的还有十个有关行政协议的参考案例。这十个参考案例分别

① 江必新：《中华人民共和国行政诉讼法及司法解释条文理解与适用》，人民法院出版社，2015，第 97 页。

② 李广宇：《新行政诉讼法司法解释读本》，法律出版社，2015，第 206 页。

③ 韩宁：《行政协议判断标准之重构》，《华东政法大学学报》2017 年第 1 期。

④ 梁凤云：《公私合作协议的公法属性及其法律救济》，《中国法律评论》2018 年第 4 期。

⑤ 崔建远：《行政合同族的边界及其确定根据》，《环球法律评论》2017 年第 4 期。

⑥ 陈天昊：《行政协议的识别与边界》，《中国法学》2019 年第 1 期。

⑦《最高人民法院关于审理行政协议案件若干问题的规定》（法释〔2019〕17 号）第 1 条规定：“行政机关为了实现行政管理或者公共服务目标，与公民、法人或者其他组织协商订立的具有行政法上权利义务内容的协议，属于行政诉讼法第十二条第一款第十一项规定的行政协议。”

⑧ 黄永维、梁凤云、杨科雄：《行政协议司法解释的若干重要制度创新》，《法律适用》2020 年第 1 期。

对应了行政协议的定义、救济途经、受案范围、法的溯及力、违约情形等内容，每一个参考案例都有不同的侧重点。这些参考案例与行政协议解释同时发布，有理由相信，最高人民法院认为这些案例的说理能够对行政协议解释的相关条款做出阐释，其中的审理思路也能为之后的司法审判提供参考作用。其中，“大英县永佳纸业有限公司诉四川省大英县人民政府不履行行政协议案”（以下简称“永佳纸业公司案”）即被标注为涉及“行政协议的定义及相对人不履行行政协议约定义务时行政机关的救济途径”的参考案例，也是唯一一个与行政协议的识别有关的案例。本案关于行政协议的识别路径是否具有普适性？能否从中进一步抽象出行政协议诉讼识别的模式化路径？这需要结合学理讨论以及既有案例展开分析。

## 二、“永佳纸业公司案”的识别路径

本案中，四川省大英县委县政府为实现节能减排的目标，决定对永佳纸业公司关停处置。根据大英县委县政府所作会议纪要，大英县政府安排大英县回马镇政府与永佳纸业公司签订资产转让协议，以对企业清退与补偿的方式完成企业的关停处置。后来因回马镇政府未充分履行付款义务，永佳纸业公司对其提起不履行行政协议的诉讼。[①]最高人民法院在“关于资产转让协议书的性质问题”部分，提出了识别行政协议的主体要素、目的要素、职责要素、内容要素、意思要素五个要素，以及形式标准与实质标准两条标准。但是，在发布的参考案例中，或许是为了与行政协议解释中的定义保持一致，职责要素被整合入内容要素中，不再单独作为一个要素。因此，可以将其识别路径概括为四个要素与两条标准。

### （一）四个要素

首先，主体要素是本案中首先识别的要素。在行政协议中，“具有优势地位的行政主体是不可缺少的主体”。本案法官在审理时，首先审查的便是涉诉的资产转让协议书的双方当事人，该协议是大英县回马镇政府与永佳纸业公司所签订的，符合主体要素，于是才能进入下一步的识别。需要注意的是，本案还审查了大英县政府是否为适格被告的问题。涉诉资产转让协议书是回马镇政府为落实大英县委县政府会议纪要而签订的，系履行上级机关的决定，并且其签署协议前需要报大英县政府批准。因此本案依据“行政机关委托的组织所做的行政行为，委托的行政机关是被告”而认定大英县政府为适格被告。这意味着主体要素并不限于行政协议解释定义中的“行政机关”，受委托组织作为缔约方也同样符合主体要素。

其次，内容要素是本案识别行政协议的根本要素。内容要素是指协议内容为行政法上的权利义务，本案中提出了判断协议中是否具有行政法上的权利义务的三个方面：第一，是否有行政职权的行使或者行政职责的履行；第二，签订协议的目的是否为了实现行政管理目标或公共服务（判决书中的表述为“公共利益”，但发布的参考案例中改为“公共服务”）；第三，是否具有行政优益权。其中，“是否行使行政职权、履行行政职责为本质要素，只要符合该要素，所涉协议即为行政协议”，而目的与行政优益权皆为判断是否存在行政职权行使的辅助要素。本案认为涉诉资产转让协议书虽然在内容上主要涉及资产转

① 参见最高人民法院（2017）最高人民法院行申 195 号行政判决书。

让，貌似不涉及行政职权，但该协议是大英县政府为了履行环境保护的法定行政职能，而委托回马镇政府所签订的，实质上是通过签订协议的方式而代替了责令停业或关闭、限期整改等行政决定。因此，符合内容要素的要求。

最后，目的要素在本案中被认定为是识别行政协议的辅助要素。本案将“实现公共利益或者行政管理目标”确定为判断行政职权行使的辅助要素，但并未说明是否为必要要素。此外，关于意思要素本案未进行特别论证。

（二）两条标准

在四个要素的基础上，本案还提出了识别行政协议和民事合同的两条标准。两条标准与四个要素紧密相关，隐约透露出最高人民法院行政庭法官试图为识别行政协议创设模式化路径的意图。

关于形式标准，本案中将其等同于主体标准，即四个要素中的主体要素。本案在识别行政协议时，首先判断的便是该协议是否符合形式标准，唯有符合形式标准方进入实质标准的判断。换言之，倘若协议的双方均非行政主体，那么则可以直接认定其不属于行政协议。此外，判决书中虽然直言“形式标准也就是主体标准”，但在其论述完涉诉资产转让协议书满足形式标准后，紧接着就直接进入实质标准的判断，说明该协议不属于土地房屋征收补偿协议，无法从形式上判断是民事合同抑或行政协议。这说明是否为法律和司法解释所明文规定的有名行政协议，或许也是识别行政协议的形式标准。但是，某一协议构成有名行政协议是否便意味着法院就必须认定其为行政协议，这有待进一步思考。关于实质标准，本案将其基本等同于内容要素，即“协议的标的与内容具有行政法上的权利义务”。同时，在内容要素无法准确判断时，又以目的要素作为辅助要素进行识别。

## 三、“永佳纸业公司案”识别路径的审视

经由上述分析可知，两条标准只是法院识别行政协议的逻辑思路和顺序安排，是一种识别技巧，最终还是要落实到对四个要素的具体判断。“永佳纸业公司案”中法官对于四个要素的认识是否准确合理、是否具有普遍的适用价值，都需要进一步审视。

（一）主体要素

首先，主体要素是识别行政协议的必要条件而非充分条件，这已然是当前学界与司法实践的共识。一方面，主体要素是识别行政协议的必要条件，这是由行政协议的定义所决定的，也是识别协议性质的第一步。[①]在司法实践中，倘若某一协议不满足主体要素，便可直接认定为民事合同。例如，在“唐更戌、唐建东等诉人民政府合同无效案”[②]以及“梁伟英、邵镜波等与广州市国商大厦开发有限公司等房屋拆迁安置补偿合同纠纷案”[③]中，法官都直接以缔约主体中不包含行政主体为由，认定该协议属于民事合同而非行政协议。另一方面，主体要素并非识别行政协议的充分条件。在比较法中，有观点认为出于不平等

---

① 李卫刚、赵珂冉：《行政协议识别标准的模式化研究》，《西北师大学报》（社会科学版）2020年第2期。

② 参见河南省郑州市中级人民法院（2016）豫01行终369号行政裁定书。

③ 参见广东省广州市荔湾区人民法院（2017）粤0103民初319号民事判决书。

的高权关系所订立的协议，皆为行政协议。[①]也有学者从识别的便宜性出发，认为可以直接采纳“主体说”作为划分民事合同与行政协议的标准。[②]我国早期司法实践中，也存在单纯以主体要素认定行政协议的案例，例如“朱某某诉福建省宁化县教育局教育行政合同案”[③]中，即只依据主体要素而将协议定性为行政协议。但随着公共行政的发展，公私合作已经成为一种常态，[④]行政主体亦可作为平等主体出现在民商事活动中。我国《民法典》更是规定了国家机关法人具有民事主体地位，即行政机关具有了多重属性，在不同法律关系中具有不同的身份。[⑤]因此，已经不能单纯凭借主体要素而认定某一协议属于行政协议。

其次，行政协议的一方主体不仅限于行政机关，还包括法律、法规和规章授权行使行政权的组织以及受行政机关委托而行使行政权的组织。法律、法规和规章授权的组织本身即属于行政主体，其作为协议的一方当事人自然符合主体要素的要求，此无须多言。但受委托组织本身并不一定为行政主体，其在委托范围内行使行政职权时，由委托机关参与诉讼，承担相关法律责任。[⑥]司法实践表明，在缔约主体与行政主体分离，但具有行政委托关系的情况下，依然符合识别行政协议的主体要素。例如，在“重庆秦皇建材有限公司与重庆市万州区人民政府行政协议案”中，法官即以作为协议缔约方的土地收储中心与万州区政府存在行政委托关系，而认定该协议为行政协议。[⑦]

（二）内容要素

内容要素是识别行政协议的本质要素。但是由于现代行政在目的、内容、手段等方面均呈现出高度的复杂性，[⑧]“行政法上的权利义务”较为宽泛，难以直接为行政协议的识别提供明确标准。因此，法官在识别行政协议时往往需要将“行政法上的权利义务”进一步具体化。“永佳纸业公司案”中提出了三个判断依据：第一，是否具有行政职权的行使、行政职责的履行，这其实就是判决书中五个要素中的“职责要素”，但后来被内容要素所吸收，并成为判断内容要素的核心；第二，是否具有行政优益权；第三，以目的要素作为判断内容要素的辅助要素。其中，以行政职权或行政优益权作为判断“行政法上的权利义务”的直接依据，存在较多争议。

1. 行政职权

有学者通过对比分析最高人民法院行政庭与民事庭所裁判的涉及行政协议识别的相关案例，发现双方对于识别行政协议的此种分析框架是有共识的，但在内容要素（主要是行政职权）的权重与内涵上存在较大分歧。[⑨]“永佳纸业公司案”所认为的“是否行使行

① 李建良：《行政契约之发展现况与前景》，台湾“中央研究院”法律学研究所，2016，第 12 页。

② 陈无风：《行政协议诉讼：现状与展望》，《清华法学》2015 年第 4 期。

③ 参见福建省宁化县人民法院（2000）行初字第 16 号行政判决书。

④ 章志远：《公共行政民营化的行政法学思考》，《政治与法律》2005 年第 5 期。

⑤ 王利明：《论行政协议的范围——兼评〈关于审理行政协议案件若干问题的规定〉第 1 条、第 2 条》，《环球法律评论》2020 年第 1 期。

⑥ 胡建淼：《有关中国行政法理上的行政授权问题》，《中国法学》1994 年第 2 期。

⑦ 参见最高人民法院（2016）最高人民法院行申 947 号行政判决书。

⑧ 高秦伟：《行政法中的公法与私法》，《江苏社会科学》2007 年第 2 期。

⑨ 陈天昊：《行政协议的识别与边界》，《中国法学》2019 年第 1 期。

政职权、履行行政职责为本质要素，只要符合该要素，所涉协议即为行政协议”同样也是最高人民法院行政庭法官的一致观点。然而，当涉案协议内容不包含行政职权因素或者行政职权因素处于从属地位时，最高人民法院民事庭法官都会将其认定为民事合同，即使当行政职权因素属于主导地位时，仍会根据其属于“刚性行政职权”抑或“拟制行政职权”，判断是否构成行政协议。①换言之，民事庭法官认为只有当协议中体现的行政职权构成依据民事法律规范处理诉讼争议的实质阻碍时，方认可该协议符合认定行政协议的内容要素。这种理解的差异根源于公法与私法的价值对立，由于公私法元素共存于协议中，其差异的价值必将导致适用规则的冲突。②从公法视角来看，为了保障协议的履行、公共服务目的之实现，需要将行政主体为履行职权而订立的协议都纳入行政协议的范畴，从而以公法规则加以保障。而从私法视角来看，过度扩张的行政协议范围必将导致行政主体滥用行政优益权，从而影响交易安全、侵害相对人权益，所以必须限缩行政协议的范围。③因此，如何在平衡公私法价值冲突的基础上，合理确定行政职权在识别行政协议过程中的权重，仍有待进一步思考。

2. 行政优益权

行政优益权是指行政主体为维护公共利益、保障行政职权的行使而享有的职权上的优益条件或者资格，例如单方变更权、解除权以及制裁权等。④按照当前通说，无论当事人是否在协议中约定行政优益权，订立行政协议的行政主体均享有行政优益权。⑤“永佳纸业公司案”的观点在学界也有映照，有观点即认为行政优益权可以作为判断行政法上的权利义务的标志，⑥甚至是区分行政协议与民事合同的关键标准。⑦但更多的观点认为，行政优益权可以作为辅助要素对协议的性质判断起到参考作用，但将其作为普适性的标准存在不妥。⑧这一方面是因为，从逻辑上而言，行政优益权是认定行政协议后所衍生出的，“不能倒果为因地以优益权判定是否存在行政协议。”⑨另一方面，行政优益权本身有时也难以判断，行政主体参与的附解除条件的民事合同中同样也可以约定行政主体享有解除权。因此，不能单纯从行政主体是否享有单方变更权、解除权等内容来识别行政协议。⑩此外，有学者通过梳理相关案例发现，在绝大多数案件中，行政优益权并未对行政协议的

---

① 陈天昊：《行政协议的识别与边界》，《中国法学》2019 年第 1 期。

② 王敬波：《司法认定无效行政协议的标准》，《中国法学》2019 年第 3 期。

③ 王利明：《论行政协议的范围——兼评〈关于审理行政协议案件若干问题的规定〉第 1 条、第 2 条》，《环球法律评论》2020 年第 1 期。

④ 张鲁萍：《行政协议优益权行使的司法审查——基于对部分司法判决书的实证分析》，《西南政法大学学报》2018 年第 5 期。

⑤ 杨解君：《法国行政合同》，复旦大学出版社，2009，第 13 页。

⑥ 韩宁：《行政协议判断标准之重构》，《华东政法大学学报》2017 年第 1 期。

⑦ 杨小君：《论行政合同的特征、法律性质》，《行政法学研究》1998 年第 2 期。

⑧ 李卫刚、赵珂冉：《行政协议识别标准的模式化研究》，《西北师大学报》（社会科学版）2020 年第 2 期。

⑨ 张青波：《行政协议司法审查的思路》，《行政法学研究》2019 年第 1 期。

⑩ 王利明：《论行政协议的范围——兼评〈关于审理行政协议案件若干问题的规定〉第 1 条、第 2 条》，《环球法律评论》2020 年第 1 期。

识别起到决定性作用，并不能因协议中存在行政优益色彩，就断定其为行政协议。[①]

（三）目的要素

目的要素是识别行政协议的必要条件、辅助条件，而非充分条件。“永佳纸业公司案”中对目的要素的定位较为准确。

一方面，目的要素并非识别行政协议的充分条件，某一协议仅符合目的要素尚不足以被认定为行政协议。“目的说”在法国的行政契约识别中占据重要地位，该说认为只要是行政主体出于公共服务的目的而订立的契约即为行政契约。[②]在我国司法实践中，也曾存在着依据协议的目的而认定行政协议的做法。[③]但是，无论是“行政管理目标或公共服务”还是“公共利益”，其内涵和外延都非常广泛，具有不确定性。[④]这显然难以为行政协议的认定提供一个明确的标准，并且赋予了法官过大的自由裁量权。[⑤]同时，在“私法公法化”的背景之下，民商事领域也渗入诸多公法因素，[⑥]私法主体之间所订立的合同，也可能存在促进公共利益的功能。[⑦]“永佳纸业公司案”中，法官也未单纯因该协议有“实现节能减排的目标”而认定其为行政协议，而是要进一步判断有无行政职权的行使。

另一方面，目的要素是识别行政协议的必要条件，并且是作为辅助条件发挥补强内容要素的作用。虽然有学者指出在特许经营协议中，为改善行政机关的办公条件而要求相对人向其“捐款”，这依然不妨碍该协议被认定为行政协议，即只要协议的内容包含了行政法上的权利义务，即使该协议并非为追求公共利益，而是行政机关自身的利益，那么依旧可以被认定为行政协议。[⑧]但实际上，如果行政主体所签订的协议系纯粹的私法行为，则不能将其认定为行政协议。[⑨]上述学者所提及的案例之所以将该特许经营协议认定为行政协议，恐怕很大程度上是因为其属于法律所规定的有名行政协议类型。有的学者指出，抽象的目的要素需要在具体个案中进行明确，目的要素主要与职权要素（职权要素现已被内容要素所吸收）搭配使用，协议的目的对行政职权的行使、行政职责的履行发挥补强作用。[⑩]换言之，法官只要证成了协议中具有行政职权的行使或行政职责的履行，那么自然便符合目的要素的要求；而在行政职权的行使或行政职责的履行不容易辨别时，才通过探寻协议的目的来对模糊的职权要素进行补强。

（四）意思要素

“永佳纸业公司案”中并未对意思要素展开分析，这是因为司法实践中对于行政协议的识别难点主要在于如何区别行政协议与民事合同，意思要素则是行政协议区别于其他行

---

① 李卫刚、赵珂冉：《行政协议识别标准的模式化研究》，《西北师大学报》（社会科学版）2020 年第 2 期。

② 李颖轶：《论法国行政合同优益权的成因》，《复旦学报》（社会科学版）2016 年第 6 期。

③ 陈无风：《行政协议诉讼：现状与展望》，《清华法学》2015 年第 4 期。

④ 王利明：《法律解释学导论——以民法为视角》，法律出版社，2009，第 423 页。

⑤ 王利明：《论行政协议的范围——兼评〈关于审理行政协议案件若干问题的规定〉第 1 条、第 2 条》，《环球法律评论》2020 年第 1 期。

⑥ 陈华彬：《民法总则》，中国政法大学出版社，2017，第 30 页。

⑦ 耿宝建、殷勤：《行政协议的判定与协议类行政案件的审理理念》，《法律适用》2018 年第 7 期。

⑧ 张青波：《行政协议司法审查的思路》，《行政法学研究》2019 年第 1 期。

⑨ 李卫刚、赵珂冉：《行政协议识别标准的模式化研究》，《西北师大学报》（社会科学版）2020 年第 2 期。

⑩ 陈天昊：《行政协议的识别与边界》，《中国法学》2019 年第 1 期。

政行为的关键，[①]而这一点并非诉讼识别的难点。行政协议兼具行政性与合同性，[②]其行政性有别于传统的高权行政，而是一种协商行政，[③]意思要素正是行政协议中协商行政与合同性的体现。意思要素要求行政协议的双方具有独立人格，经双方“协商一致”而订立协议，行政主体与相对人的关系不再表现为“命令—服从”式的行政隶属关系。[④]“协商一致”意味着如果协议系行政主体单方依职权而做出的强制性行政行为，则不能被认定为行政协议。关于意思要素，当前学界与司法实践并未有较大争议，在四个要素中最易识别。

除上述四个要素外，还需要思考的是，对于有名的行政协议是否还需根据个案情况具体认定其是否属于行政协议。对此，最高人民法院行政庭法官往往不会详细说理，而是默认为行政协议，民事庭法官则会按照上述四个要素进行个案具体判断。[⑤]

## 四、行政协议诉讼识别路径的模式化构建

“永佳纸业公司案”所体现的行政协议的诉讼识别方式在一定程度上诠释了行政协议解释第1条对行政协议作的定义，同时其所提出的四个要素、两条标准的识别思路也正是当前学界以及司法实践中识别行政协议的关注点，这种识别思路对于构建模式化的行政协议诉讼识别路径具有现实的借鉴意义，但需要在明确四个要素的权重关系的基础上，进一步完善两条标准的识别路径，并以比例原则对实质标准的审查加以辅助。

### （一）明确四个要素的权重关系

综上可见，“永佳纸业公司案”所总结的识别行政协议的四个要素亦是当前学界和司法实践中普遍用于判断行政协议的标准。学界亦曾围绕四个要素的权重而产生过“主体说”“目的说”“行政法律关系说”“特权说”等争论。[⑥]但是，在公法、私法相互交融的背景下，应当清楚地意识到，民事合同可能带有公权因子，而行政活动也带有软性、合意的色彩，仅以协议符合某个因素特征来认定其为行政协议，往往难以周全。[⑦]因此，以单一要素作为行政协议的识别标准已经不合时宜，在判断某一协议是否属于行政协议时，应当综合考虑四个要素，每一个要素都是证成行政协议的必要条件。在最高人民法院发布的当前唯一一个有关行政协议的指导案例——“萍乡市亚鹏房地产开发有限公司诉萍乡市国土资源局不履行行政协议案”中，法官通过“主体要素+内容要素+目的要素”的模式完成了行政协议的证成（意思要素由于不存在任何争议，所以未单独论证）。这也进一步印证了只有某一协议同时符合主体、内容、目的、意思这四个要素时，才能认定其为行政协议，即四个要素对于证成行政协议是缺一不可的关系。

四个要素虽然对于识别行政协议缺一不可，但在具体权重上却有所差别。首先，“行政法上的权利义务”这一内容要素毫无疑问应当为识别行政协议的核心要素，正是因为行

① 叶必丰：《行政合同的司法探索及其态度》，《法学评论》2014年第1期。

② 应松年：《行政法学新论》，中国方正出版社，1998。

③ 麻锦亮：《纠缠在行政性与协议性之间的行政协议》，《中国法律评论》2017年第1期。

④ 陈天昊：《行政协议中的平等原则——比较法视角下民法、行政法交叉透视研究》，《中外法学》2019年第1期。

⑤ 陈天昊：《行政协议的识别与边界》，《中国法学》2019年第1期。

⑥ 余凌云：《行政协议的判断标准——以“亚鹏公司案”为分析样本的展开》，《比较法研究》2019年第3期。

⑦ 耿宝建、殷勤：《行政协议的判定与协议类行政案件的审理理念》，《法律适用》2018年第7期。

政协议中存在行政法上的权利义务，所以涉及对行政职权行使的合法性与合理性审查，进而需要通过行政诉讼来以公法规则加以审理。否则，便会存在“公法遁入私法”以规避公法规制的可能。[①]将内容要素作为核心要素既与行政协议解释中的定义相契合，也符合当前司法实践的做法。其次，主体要素作为最容易识别的要素，应当作为识别行政协议的前置性条件，不符合主体要素的协议即可直接认定为民事合同。再次，目的要素作为辅助要素对内容要素发挥补强作用，起到强化说理的效果。[②]一般而言，只要符合内容要素的要求，具有行政职权的行使或行政职责的履行，则可判定其同时具有实现行政管理目标或公共服务的目的，但内容要素有时模糊不清，需要结合目的要素加以判断。最后，意思要素作为行政协议的必要因素，主要用于区分行政协议与具体行政行为以及行政机关与其工作人员的劳动人事协议。

（二）构建两条标准的识别路径

“永佳纸业公司案”所提出的形式标准与实质标准为构建行政协议的模式化识别路径提供了借鉴思路：行政协议的诉讼识别可以遵循先形式审查，后实质审查的识别路径。

1. 形式标准的审查

识别行政协议的形式标准主要有两点：一是“永佳纸业公司案”所体现的主体要素；二是是否属于有名合同。首先，审查涉诉协议的一方是否为行政机关、被授权组织或受行政机关委托的组织。行政协议解释中对行政协议下的定义虽然采用了“行政机关”的表述，但法律、法规或规章授权的组织在授权范围内签订协议同样具有行政性，产生的效果与行政机关相当。受行政机关委托而行使行政权的组织亦同理，此时适格的被告为委托的行政机关，缔约主体与诉讼主体相分离。若审查发现涉诉协议不符合主体要素，则可以直接认定其并非行政协议，无须进行下一步审查。其次，符合主体要素的无名协议应当直接进入实质标准的审查。然而，若涉诉协议属于《行政诉讼法》以及行政协议解释所规定的有名行政协议类型，此时该如何认定？司法实践中，最高人民法院行政庭法官倾向于直接认定其为行政协议，民事庭法官则往往继续进行实质审查，而并不因此直接认定其为行政协议。[③]在行政协议解释所列举的行政协议尚被质疑范围过于宽泛而包含了部分民事合同的情况下，[④]直接将其认定为行政协议确有不妥。对此，可以区分两种情况而作不同认定：如果涉诉双方对协议性质没有争议，则可以直接因其属于有名行政协议的类型而将其认定为行政协议，并按照相关司法规则进行审理；如果涉诉双方对协议性质存在争议，则应当进入实质标准的审查。

2. 实质标准的审查

行政协议识别的实质标准主要就是审查涉诉协议是否具有“行政法上的权利义务”，当前的诸多争议也主要围绕如何判断“行政法上的权利义务”展开，所以内容要素为实质审查的核心。“行政法上的权利义务”是行政法律关系的本质，而行政法律关系是基于行

① 刘飞：《行政协议诉讼的制度构建》，《法学研究》2019 年第 3 期。

② 陈天昊：《行政协议的识别与边界》，《中国法学》2019 年第 1 期。

③ 陈天昊：《行政协议的识别与边界》，《中国法学》2019 年第 1 期。

④ 王利明：《论行政协议的范围——兼评〈关于审理行政协议案件若干问题的规定〉第 1 条、第 2 条》，《环球法律评论》2020 年第 1 期。

政权的行使而形成的法律关系。[①]行政协议之所以被纳入行政诉讼的受案范围，究其原因也是在于行政权发挥了作用，导致协议内容出现了行政性权利与行政性义务。[②]因此，“永佳纸业公司案”将“是否行使行政职权、履行行政职责”作为识别行政协议的本质要素是有道理的。然而，这种识别标准仍过于抽象，需要进一步结合既有学说与实践案例做出解释性建构。

（1）直接可以认定行政职权行使的条件。耿宝建与殷勤两位法官通过对行政协议个案的梳理，总结出了满足其一便可以直接认定为行政职权行使的四个条件：一是协议中约定行政主体未来要为某一具体行政行为；二是以协议之约定代替行政主体过去应为的某一具体行政行为，“永佳纸业公司案”正是此种情形；三是协议中约定的内容直接来源于行政法规范的明文规定；四是协议中约定了行政主体的单方变更权或解除权。[③]其中，第一、二点可以直接采纳为认定行政职权行使的充分条件，但第三、四点恐怕并不必然能得出行政职权行使的结论。以建设用地使用权出让合同这一民事合同为例，一方面行政法规范明确了合同订立的主体权限（市、县人民政府土地管理部门）、招拍挂等法定程序以及行政机关在一定条件下的解除权，这符合上述的第三、四点条件，但是有公法要求未必一定会改变合同性质，合同本身虽然有行政优益权的色彩，但整体上双方权利义务还是均等的，所以法律最终没有把建设用地使用权出让合同放进行政协议的范畴。因此，直接可以认定行政职权行使的条件最终可以概括为三点：一是协议中直接规定了某种行政权力以及行政义务，这是最为纯粹的行政协议的形态，例如治安处罚中的担保协议；[④]二是协议中约定了行政主体未来要为某一具体行政行为；三是以协议之约定代替行政主体过去应为的某一具体行政行为。

（2）辅助认定行政职权行使的因素。在上述条件不清晰，难以做出判断时，还可以结合其他相关因素进行综合判断。一是目的要素。目的要素包括两个层次的内容，浅层目的是实现行政管理目标，深层目的是实现公共利益或促进公共服务。[⑤]行政主体之所以具有该目的，就是因为要实现其法定职责，所以目的要素可以作为判断行政职权行使的辅助要素。二是行政优益权。行政优益权虽然不能作为识别行政协议的必要条件，但诸如单方变更权、解除权、制裁权等在一定程度上对民事规则造成突破，能够折射出行政权的存在。因此，行政优益权作为辅助因素，可以对判断协议性质发挥参考作用。三是引入比例原则作为辅助判断方式。有学者提出应当审查行政主体拟实现的行政职权与采用行政协议是否合比例，一方面要审查该行政职权是否足够重要，[⑥]另一方面还可以审查采取民事手段是否能够同样达到目的。倘若该行政职权并不重要，抑或采取民事手段也能达到相同效果，则不能认定其为行政协议。在缺乏直接可以认定行政职权行使的条件时，引入比例原则作为辅助手段，能够较好地平衡公法与私法的价值冲突。

---

① 李福林：《论行政法律关系的秉性与特质》，《深圳社会科学》2019年第1期。

② 李卫刚、赵珂冉：《行政协议识别标准的模式化研究》，《西北师大学报》（社会科学版）2020年第2期。

③ 耿宝建、殷勤：《行政协议的判定与协议类行政案件的审理理念》，《法律适用》2018年第7期。

④ 余凌云：《行政协议的判断标准——以“亚鹏公司案”为分析样本的展开》，《比较法研究》2019年第3期。

⑤ 李卫刚、赵珂冉：《行政协议识别标准的模式化研究》，《西北师大学报》（社会科学版）2020年第2期。

⑥ 陈天昊：《行政协议的识别与边界》，《中国法学》2019年第1期。

## 五、结语

行政协议在诉讼中的识别困难，究其根源是依法行政与意思自治、公益保障与私益保护的价值冲突。在《最高人民法院关于审理行政协议案件若干问题的规定》存在着行政协议范围划定过于宽泛的质疑下，依靠单一要素或单一标准识别行政协议已不符合现实。因此，在我国公私协作理论研究尚不充分、行政协议制度构建仍未健全之前，综合主体、内容、目的、意思四个要素，依循先形式审查，后实质审查的识别路径，能够有效缓和民事审判与行政审判的一些激烈冲突，不失为当前的一种折中选择。

# 论行政协议的识别标准

## ——大英县永佳纸业有限公司诉四川省大英县人民政府不履行行政协议案评析

李幸洁*

**摘　要**：大英县永佳纸业有限公司诉四川省大英县人民政府不履行行政协议案的争点之一是对无名协议性质的识别。本案提出，行政协议的识别要遵循形式标准和实质标准，这一主张既一般性地揭示了行政协议的识别框架，又指明了各个判断要素的具体判断基准和要素间的关系，为识别行政协议提供了相对确定的方法和标准。但这一识别框架仍然存在有待商榷之处，具体而言，“职责要素”不宜作为识别行政协议的本质要素，而只能作为判断“内容要素”的辅助性要素；“内容要素”是识别行政协议的核心，应当主要通过行政优益权要素进行判断，兼以“目的要素”和“职责要素”进行补强。

**关键词**：行政协议、识别标准、行政诉讼、行政优益权、法律关系

# On the Criteria for the Identification of Administrative Contract

## —Comment on the case of Yongjia Paper Industry Co., Ltd.v.People's government of Da Ying for non-performance of administrative contract

Li Xingjie

**Abstract:** The identification of the nature of innominate contract is the argument of the case of Daying. This case argues that the identification of administrative contract should follow the formal standard and substantive standard. It not only reveals the identification framework of administrative contract in a general way, but also points out specific criteria of each element and the relationship between them, providing an established method and standard for the identification of administrative contract. However, there are still some problems in this framework. Specifically, "authority element" should not be regarded as the essential factor of identifying administrative contract, but only as the subsidiary element of judging "content element". "Content element" is the core element, which should be judged mainly by administrative privilege, and reinforced by "purpose element" and "authority element".

* 李幸洁，复旦大学法学院硕士研究生。

**Key words:** administrative contract, identification criteria, administrative litigation, administrative privilege, legal relation

## 一、案情简介

### （一）案件事实

2013 年 7 月 10 日，中共四川省遂宁市大英县委发布《关于研究永佳纸业处置方案会议纪要》（以下简称《会议纪要》），决定对大英县永佳纸业有限公司（以下简称永佳公司）进行关停征收。会议议定，由回马镇政府全权负责永佳公司关闭相关处置工作。同年 9 月 6 日，经永佳公司与回马镇政府多次协商并报请大英县政府同意，双方签订了《大英县永佳纸业有限公司资产转让协议书》（以下简称《资产转让协议书》）。协议的主要内容为永佳纸业关闭企业、撤出管理人员，将资产交由回马镇政府行使管理权，并向相关部门申请过户到回马镇政府名下，由回马镇政府支付对价。但是，永佳公司没有按照约定于 2013 年 10 月 10 日前将土地使用权证和房屋所有权证过户登记到回马镇政府名下，公司资产也是在次年的 1 月 13 日才移交；同时，大英县政府和回马镇政府亦没有按照协议的约定在次年 2 月 10 日前支付全部款项。永佳公司认为，其与回马镇政府签订的《资产转让协议书》系合法有效的行政协议，大英县政府、回马镇政府应当按约定履行付款义务。故诉至法院，请求大英县政府、回马镇政府支付永佳公司补偿款和违约金。

经四川省遂宁市中级人民法院一审、四川省高级人民法院二审判决，《资产转让协议书》合法有效，大英县政府应当给付尚欠永佳公司的征收补偿费用人民币 794.6 万元及资金利息。大英县政府、回马镇政府不服，向最高人民法院申请再审。

### （二）主要争点

本案最核心的争议焦点是《资产转让协议书》的性质，即该协议书属于行政协议还是民事合同。大英县政府、回马镇政府认为，大英县政府从未对永佳公司的资产按法定程序做出任何的征收决定，《资产转让协议书》系民事合同，故本案不属于行政诉讼受案范围。

### （三）裁判理由

最高人民法院再审裁定认为，本案中的《资产转让协议书》系大英县政府为履行环境保护治理法定职责，由大英县政府通过回马镇政府与永佳公司订立协议替代行政决定，其意在通过受让涉污企业永佳公司资产，让永佳公司退出造纸行业，以实现节能减排和环境保护的行政管理目标，维护公共利益，系行政协议，相应违约责任应由大英县政府承担。同时，我国行政诉讼虽是奉行被告恒定原则，但并不影响作为行政协议一方当事人的行政机关的相关权利救济。在相对人不履行行政协议约定义务，行政机关又不能起诉行政相对人的情况下，行政机关可以通过申请非诉执行或者自己强制执行实现协议救济。

## 二、行政协议识别标准的相关规范与学说梳理

### （一）行政协议识别标准的相关规范

2014 年修订的《中华人民共和国行政诉讼法》（以下简称《行政诉讼法》）第 12 条列

举了部分行政协议的类型，即政府特许经营协议和土地房屋征收补偿协议，首次将行政协议纠纷纳入行政诉讼受案范围。[①]但由于该条文中有一个“等”字，存有争议余地，有人认为除政府特许经营协议和土地房屋征收补偿协议之外，还应当包括其他行政协议。[②]2015年《最高人民法院关于适用〈中华人民共和国行政诉讼法〉的解释》（以下简称《适用解释》）第十一条第一款首先对行政协议进行了开创性地界定：“行政机关为实现公共利益或者行政管理目标，在法定职责范围内，与公民、法人或者其他组织协商订立的具有行政法上权利义务内容的协议，属于《行政诉讼法》第十二条第一款第十一项规定的行政协议。”该条第二款又对行政协议的类型进行了谨慎地列举，将原有的“土地房屋征收补偿协议”扩充为“土地、房屋等征收征用补偿协议”，并不局限于土地、房屋这两类。此外，“其他行政协议”作为兜底条款，也扩大了行政协议诉讼的受案范围。[③]

2019年1月1日正式施行的《最高人民法院关于审理行政协议案件若干问题的规定》（以下简称《行政协议司法解释》）第一条规定了行政协议的定义：“行政机关为了实现行政管理或者公共服务目标，与公民、法人或者其他组织协商订立的具有行政法上权利义务内容的协议，属于《行政诉讼法》第十二条第一款第十一项规定的行政协议。”第二条用“列举+兜底条款”的方式规定了行政协议的范围，[④]第三条用列举的方式明确排除了行政机关之间因公务协助等事由而订立的协议和行政机关与其工作人员订立的劳动人事协议。[⑤]相较于2015年的《适用解释》，《行政协议司法解释》在行政协议识别方面有以下几处变化：第一，在对行政协议进行界定时，将“公共利益”置换为“公共服务目标”的表述，“行政管理目标”的表述保持不变；第二，在对行政协议进行界定时，去掉了“在法定职责范围内”的表述；第三，《行政协议司法解释》增加了明确列举的行政协议的类型，进一步扩大了行政协议的范围，并排除了两类易与行政协议混淆的协议，有利于在实践中识别和判断行政协议。

### （二）行政协议识别标准的学说梳理

对于行政协议的识别标准，学界已有诸多论述。学界对行政协议的识别标准的学说包括以下几种：第一，主体说。行政协议缔约的一方必须是行使公权力的行政机关，或者法律、法规、规章授权组织以及其他依法接受行政机关委托行使公共事务管理权的

---

①《中华人民共和国行政诉讼法》（2014年修订）第十二条规定：“人民法院受理公民、法人或者其他组织提起的下列诉讼：……（十一）认为行政机关不依法履行、未按照约定履行或者违法变更、解除政府特许经营协议、土地房屋征收补偿协议等协议的；……”

② 黄学贤：《行政协议司法审查的理论研究与实践发展》，《上海政法学院学报》2018年第5期。

③《最高人民法院关于适用〈中华人民共和国行政诉讼法〉若干问题的解释》（2015年）第十一条第二款规定：“公民、法人或者其他组织就下列行政协议提起行政诉讼的，人民法院应当依法受理：（一）政府特许经营协议；（二）土地、房屋等征收征用补偿协议；（三）其他行政协议。”

④《最高人民法院关于审理行政协议案件若干问题的规定》（2019年）第二条规定：“公民、法人或者其他组织就下列行政协议提起行政诉讼的，人民法院应当依法受理：（一）政府特许经营协议；（二）土地、房屋等征收征用补偿协议；（三）矿业权等国有自然资源使用权出让协议；（四）政府投资的保障性住房的租赁、买卖等协议；（五）符合本规定第一条规定的政府与社会资本合作协议；（六）其他行政协议。”

⑤《最高人民法院关于审理行政协议案件若干问题的规定》（2019年）第三条规定：“因行政机关订立的下列协议提起诉讼的，不属于人民法院行政诉讼的受案范围：（一）行政机关之间因公务协助等事由而订立的协议；（二）行政机关与其工作人员订立的劳动人事协议。”

组织。[①]但是也有学者对此提出批评，认为行政主体扮演着多重角色，政府部门在超市购买办公用品时也可以是一个普通的民商法主体，同自然人、公司法人没有什么两样。[②]第二，目的说。行政协议的目的是实现一定的行政管理目标及社会公共利益，而非满足和实现行政机关自身的特定利益。第三，法律关系说，也称契约标的说。这一观点主张行政协议是以行政法上法律关系为合同标的，旨在发生、变更和消灭行政法上权利和义务的意思表示一致的行为。有学者进一步认为，“具有行政法上权利义务内容”决定了行政协议与民事合同在解决纠纷上的不同理路，是判断行政合同的根本性标准，并进一步提出了对该标准的具体解释建构。[③]第四，综合说。晚近以来，随着新的司法解释的出台和司法实践的增多，学界出现了一些不同于传统观点的新的判断标准。例如，有学者认为，审判实务中，一般从主体法定性、主体地位不平等、以行政职责为前提、行政主体具有优越权、以行政目标为目的、适用行政法规范、存在行政法上的权利义务七个方面对行政协议加以甄别。[④]有学者通过研究认为，“公权力的作用”可以视为行政协议与民事合同区分的核心标准，它是两者之间的最小公倍数，即最大的差异性；契约合意则是行政协议与民事合同之间相互区分开来的最大公约数，即最大的共同性，而平等或优益权并不是行政协议的核心问题。[⑤]还有学者考察法国和德国行政协议的识别标准，认为“主体+目标”模式与“主体+权利义务”模式二者择一，构成了行政协议的有效识别模式。

## 三、本案法院的判决思路

### （一）案涉协议是否为有名协议

本案的核心争议焦点是案涉协议的性质，是行政协议还是民事协议，这决定了本案纠纷是否属于行政诉讼的受案范围。有学者通过研究发现，最高人民法院行政庭在审判过程中，一般会首先对案涉协议是否属于有名行政协议进行判断，如果属于有名行政协议，法院一般不会进行详细的说理，而默认推定其属于行政协议；如果属于无名行政协议，才会进一步对其性质进行专门论述。[⑥]本案的一审和二审判决书尽管没有遵循这一规律，但是从判决书内容来看，这一步骤已经隐含在法官的推理过程中了。

四川省遂宁市中级人民法院在本案的一审判决书中认为，根据《适用解释》第十一条的规定，本案属《行政诉讼法》第十二条第一款第（十一）项规定的行政协议纠纷范畴，是行政征收补偿协议纠纷。[⑦]相当于将案涉的《资产转让协议书》识别为《适用解释》中

---

① 这一观点主要参考了法国行政合同理论，具体内容参见王名扬：《法国行政法》，中国政法大学出版社 1989 年版，第 179 页。

② 崔建远：《行政合同之我见》，《河南省政法管理干部学院学报》2004 年第 1 期。

③ 该学者认为，这一标准具体包括：（1）协议中必须引入一些非民事合同所有、不符合民事原理的特别约定与内容；（2）协议中直接规定了某种行政权力，以及行政法上的义务；（3）双方在协议中约定了对行政权的未来处分；（4）行政协议实际上也约定了其他相关行政机关对行政权的未来处分。参见余凌云：《行政协议的判断标准——以“亚鹏公司案”为分析样本的展开》，《比较法研究》2019 年第 3 期。

④ 叶必丰：《行政合同的司法探索及其态度》，《法学评论》2014 年第 1 期。

⑤ 于立深：《行政协议司法判断的核心标准：公权力的作用》，《行政法学研究》2017 年第 2 期。

⑥ 陈天昊：《行政协议的识别与边界》，《中国法学》2019 年第 1 期。

⑦ 遂宁市中级人民法院（2015）遂中行初字第 28 号。

明确列举的“土地、房屋等征收征用补偿协议”。但是，一审法院的这一判断理据并不充分，一方面，大英县政府为实现节能减排和保护环境的目的，以《会议纪要》的形式决定永佳公司关停，但行政征收必须先行按照法定程序做出行政征收决定，《会议纪要》是否符合行政征收决定的形式有待商榷；另一方面，案涉的《资产转让协议书》主要内容为资产的转让，并未涉及行政征收的内容，因此难以判定其是否属于有名行政协议。大英县政府不服一审判决，提起上诉，二审维持原判，肯定了案涉协议属于行政协议，但并未对《资产转让协议书》是否属于有名行政协议做出进一步论述。

最高人民法院在再审裁定书中认为，从内容来看，《资产转让协议书》不属于土地房屋征收补偿协议，因此从形式上无法判断是行政还是民事性质。这一论述否定了一审法院的判断，实际上确定了案涉协议属于无名行政协议的范畴，即《适用解释》第十一条第（三）项中的“其他行政协议”。但如何通过协议内容判断系争协议是否属于无名协议，以及“内容”标准的具体内涵是什么，法院没有具体论及。

（二）行政协议的构成要素及要素之间的关系

确定案涉协议为无名协议之后，接下来的步骤是通过行政协议的识别标准判断案涉协议是否属于行政协议。根据《适用解释》第十一条第一款的规定，最高人民法院在本案的再审裁定书中认为如下。

行政协议主要包括以下五个方面的要素：（1）主体要素。合同法等民事法律规范规定民事合同的主体是平等主体的自然人、法人或者其他组织，而行政协议的主体则是行政主体和行政相对人，其中具有优势地位的行政主体是不可缺少的主体。（2）目的要素。与民事合同主要是为了追求私人利益不同，行政协议的目的是为了实现公共利益或者行政管理目标这一行政法上的目的。（3）职责要素。职责要素是指行政机关签订行政协议必须是行使行政职权、履行行政职责的一种方式。（4）内容要素。内容要素是指行政主体与行政相对人之间签订合同的内容是行政法上的权利义务。（5）意思要素。意思要素是指行政主体与行政相对人签订行政协议必须经过协商，意思表示一致。

在此，最高人民法院对《适用解释》第十一条第一款进行了法条解释，将其切分为五个要素，包括主体要素、目的要素、职责要素、内容要素和意思要素。实际上，对行政协议识别要素的切分并非首创，司法实践中已有类似的案例，[①]但此前的案例并未探讨不同要素之间的逻辑关系，可适用性不强。本案法官在对上述识别要素进行划分的基础上，进一步对五大要素之间的关系进行梳理，并提出识别行政协议和民事协议的标准，具体可概括如下。

第一，形式标准。形式标准也就是五大要素中的主体要素，即要求行政协议发生在行政主体和行政相对人之间，缔约的一方必须是行使公权力的行政机关，或者法律、法规、规章授权组织以及行政机关委托行使公共事务管理权的组织。

第二，实质标准。实质标准也就是五大要素中的内容要素。由于行政法律关系与民事

---

① 如在“韩甲文诉黑龙江省肇源县人民政府行政协议案”中，最高人民法院认为，行政协议必须具备以下几个法定条件：一是协议一方恒定是行政机关，包括法律、法规、规章授权的组织；二是签订协议的目的是为实现公共利益或者行政管理目标；三是协议事项必须符合行政机关的法定职责权限；四是协议内容必须具有行政法上的权利义务；五是协议履行过程中行政机关享有单方解除、变更协议的行政职权。参见最高人民法院（2016）最高法行申45号。

法律关系是两类性质完全不同的法律关系，因而，作为法律关系载体的行政协议与民事合同的内容自然有着本质的分别。行政协议是行政主体与相对一方当事人之间设立、变更、终止行政法上权利义务关系的协议，行政协议的内容和标的就是行政法上的权利义务。将内容要素作为行政协议的识别标准，在德国、葡萄牙等大陆法系国家及我国的台湾、澳门地区非常流行。[①]但是，过去对“行政法上的权利义务”的界定较为抽象，有待进一步挖掘，对协议中权利义务的特点作更加详细的分析。本案中，最高人民法院从三方面建构了行政法上的权利义务的判断标准：（1）是否行使行政职权、履行行政职责，也就是职责要素；（2）是否为实现公共利益或者行政管理目标，也就是目的要素；（3）是否在协议里或者法律上规定了行政机关的优益权。其中，行使行政职权、履行行政职责及行政机关具有优益权构成了行政协议的内容要素，而当无法判断是否具备内容要素时，还可以结合“实现公共利益或者行政管理目标”这一目的要素进行判断。从几大要素所起的作用来看，职责要素是本质要素，只要具备该要素即可判定为行政协议，而目的要素和行政优益权的行使处于辅助性地位。

简言之，在行政协议的识别方面，最高人民法院认为，意思要素是行政协议和民事合同的共性，因而不是识别两种协议的判断标准；主体要素是识别行政协议的形式标准；内容要素是识别行政协议的实质标准，内容要素包括职责要素和行政优益权的行使，其中职责要素是决定性要素。当职责要素在案件中不甚明显时，目的要素和行政优益权要素可以起到补强职责要素的辅助性作用。

结合上述论断，具体到本案而言，法院论证层次如下。

第一，《资产转让协议书》符合识别行政协议的形式标准。《资产转让协议书》是回马镇政府为落实《会议纪要》决定与永佳公司签订的，缔约一方是受委托的行政机关，符合行政协议的主体要素。值得注意的是，法院认为，案涉协议的双方虽然是回马镇政府和永佳纸业，但是该协议的签订是出于落实《会议纪要》的决定，且签订前经过大英县政府的批准，因此相应的法律责任依法应当由大英县政府承担。在此，法院并未具体阐述这一判断背后的法理依据，笔者认为，法院或许是认为回马镇政府受到大英县政府的行政委托，作为受委托机关代为签订协议，而在行政诉讼中，应当由委托机关承担法律责任。[②]

第二，《资产转让协议书》符合识别行政协议的实质标准。再审裁定书指出：“根据《中华人民共和国环境保护法》的相关规定，大英县政府具有环境保护治理的法定职责，有权对涉污企业作出责令停业、关闭，限期治理等决定。”这表明，《资产转让协议书》实际上是大英县政府为履行环境保护治理法定职责，由大英县政府通过回马镇政府与永佳公司订

① 王克稳：《经济行政法基本论》，北京大学出版社，2004，第288页。

② 值得注意的是，在“张良荣诉山东省梁山县人民政府、山东省梁山县农业局、山东省梁山县拳铺镇人民政府不履行行政协议案”（最高人民法院（2017）最高法行申4954号）中，法院参考民事合同法律规范，主张要遵循“合同的相对性”，认为只有合同当事人一方才能基于合同向合同的相对方提出请求或者提起诉讼，而不能向合同相对方以外的其他主体主张。这一结论与本案的判断截然相反。对此，笔者认为两个判决并无矛盾之处，参照《合同法》第402条，“受托人以自己的名义，在委托人的授权范围内与第三人订立的合同，第三人在订立合同时知道受托人与委托人之间的代理关系的，该合同直接约束委托人和第三人”，在四川大英县案件中，永佳公司对回马镇政府和大英县政府之间的代理关系显然知情，因此即便参照民事法律规范，大英县政府也应当受到协议约束。

立案涉协议，作为行政决定的替代。因此，《资产转让协议书》符合行政协议的职责要素。根据前文所述，由于职责要素属于决定性要素，满足职责要素即表明协议内容具有行政法上的权利义务，满足实质标准，属于行政协议的范畴，已经可以下定论了。但或许出于论述的完整性和说服力的考虑，法官进一步指出，案涉协议意在通过受让涉污企业永佳公司资产，让永佳公司退出造纸行业，以实现节能减排和环境保护的行政管理目标，维护公共利益，故案涉协议也符合目的要素这一辅助性要素。这进一步证明了《资产转让协议书》符合识别行政协议的实质标准，系行政协议。

（三）行政优益权要素在本案的体现

至此，法院的裁判逻辑已经比较清晰了，通过形式标准和实质标准确定案涉协议属于行政协议。但是，法院在对协议是否以行政法上的权利义务为内容进行考察时，仅运用了职责要素这一决定性要素和目的要素这一辅助性要素，未涉及对判断标准中的“是否在协议里或者法律上是否规定了行政机关的优益权”这一辅助性要素的分析。这或许是因为，案涉协议的内容仅涉及资产转让事宜，公权力的运用不甚明显。

在本案的再审裁定书中，法官提到：“案涉《资产转让协议书》实质上系大英县政府为履行环境保护治理法定职责，由大英县政府通过回马镇政府与永佳公司订立案涉协议替代做出上述行政决定。”这表明，法官认为，《资产转让协议书》实际上是一种替代性的行政决定，用以替代对涉污企业做出责令停业、关闭的决定。审理本案的杨科雄法官在其《试论行政协议的识别标准》一文中对此做了进一步阐释，他认为，行政协议一般分为从属性的行政协议和合作性的行政协议，从属性的行政协议是指行政主体基于优势地位和行政相对人签订的行政协议，并规定协议履行期间行政主体具有一定的优益权。①在我国，主要包括替代行政行为的行政协议，它是指行政机关为了公共利益的需要或者实现行政管理的目标，在不违反法律禁止性规定的情况下订立的替代行政处罚、行政许可等行政行为的协议。国家征收征用私人财产形成的行政协议就是其中之一。②如果按照杨法官所述，《资产转让协议书》实质上是替代性的行政决定，那么行政优益权在协议中的体现就是自然而然的了。

但是，笔者认为，法官的这一观点值得商榷，原因如下：第一，虽然会议纪要一般为内部公文，但是本案中大英县政府做出的《会议纪要》成为回马镇政府与永佳公司签订协议的依据，政府未做出其他征收决定，且部分资产转让事项履行时间早于协议签订时间，这充分说明《会议纪要》已经转化为对外发生效力和对行政相对人产生实际影响的具体行政行为，具有强制执行力，因此没有必要再由案涉行政协议替代该行政行为。第二，从案涉协议的内容来看，主要涉及资产转让，没有对行政机关的单方解除权、行政制裁权等行政优益权进行规定，也没有对行政征收本身进行规定，如果案涉协议是替代性行政决定，则协议的内容远远不够完整，不足以作为行政机关征收私人财产的行政决定。第三，如果认为《资产转让协议书》是替代性行政决定，则该行政协议的合意性值得质疑，似有“公

① 而所谓“合作性的行政协议”指的是行政主体为了实现行政管理目标或者公共利益以优势地位不那么明显的合作者等身份而非管理者的身份与个人或者组织签订的协议。参见杨科雄：《试论行政协议的识别标准》，《中国法律评论》2017年第1期。

② 杨科雄：《试论行政协议的识别标准》，《中国法律评论》2017年第1期。

法遁入私法”之虞。

诚如叶必丰教授所指出的，“行政合同的缔结以行政权的行使或行政职责的履行为前提”。[①]笔者认为，行政机关与相对人之所以需要签订补偿协议，并非是为了做出替代性行政决定，而是为了对前置的行政行为（在本案中是以《会议纪要》为载体的行政决定）做出后遗留的权利义务做出明确的分配，以求行政行为做出后各方的权利义务得以“尘埃落定”。[②]结合协议内容来看，虽然案涉协议内容仅涉及资产转让数额、方式等，具有较强的合意属性，但由于其受到前置行政行为之“高权”的波及，或者说是职责要素和目的要素的延伸，因而具备行政优益权的特征，这是其得以进入行政协议序列的辅助性要素。

（四）小结：本案确立的行政协议的识别框架

综前所述，本案中法官识别案涉协议是否属于行政协议的逻辑是：判断案涉协议是否为有名协议→通过对行政协议的要素进行拆分，构建行政协议的识别标准，包括形式标准和实质标准→结合案涉协议的各个要素，具体分析案涉协议是否符合前述识别标准。最高人民法院在本案中构建的行政协议的识别框架可归纳为表1。

表 1　　本案行政协议识别框架

<table>
<tr><th>步骤</th><th>判断标准</th><th colspan="2">构成要素</th><th>本案案情</th></tr>
<tr><td>第一步</td><td>有名/无名协议</td><td colspan="2">协议内容</td><td>案涉《资产转让协议书》在内容上主要涉及资产转让，并不属于土地房屋征收补偿协议</td></tr>
<tr><td rowspan="5">第二步</td><td rowspan="2">形式标准</td><td colspan="2">意思要素</td><td>协议由双方协商一致签订</td></tr>
<tr><td colspan="2">主体要素</td><td>实际承担责任的主体是大英县政府</td></tr>
<tr><td rowspan="3">实质标准</td><td rowspan="3">内容要素</td><td>职责要素</td><td>大英县政府履行环境保护治理的法定职责</td></tr>
<tr><td>目的要素（辅助）</td><td>实现环境保护的行政管理目标，保护公共利益</td></tr>
<tr><td>行政优益权（辅助）</td><td>法院未明确论及，或认为因案涉协议是行政决定的替代而具有行政优益权</td></tr>
</table>

第一步，先判断协议的形式是有名协议还是无名协议，若为《适用解释》明确列举的行政协议的类型，则可确定为行政协议；若不是，则需要依靠协议的构成要素对其性质进行识别。本案中的《资产转让协议书》，从内容上来看主要涉及资产转让，属于无名协议。第二步，运用形式标准和实质标准对无名协议进行识别。形式标准主要由主体要素构成；实质标准就是行政协议的内容要素，即要求协议必须具备行政法上的权利义务，这一标准较为抽象，但可以从职责要素、目的要素和行政优益权三个要素切入。其中，职责要素和行政优益权要素都指向协议的内容，但职责要素是本质要素，具有决定性意义，行政优益权要素是辅助性的，目的要素则具有补强职责要素的作用，当职责要素不易证明时，可以结合目的要素进行判断。本案中，案涉协议缔约一方是行政机关，符合主体要素，因而满足形式标准；另外，尽管案涉协议的内容没有呈现明显的行政优益权特征，但协议系大英县政府履行环境保护职责而制定，符合职责要素这个本质要素，同时协议目的在于维护环

① 叶必丰：《行政合同的司法探索及其态度》，《法学评论》2014 年第 1 期。

② 韩宁：《行政协议判断标准之重构——以“行政法上权利义务”为核心》，《华东政法大学学报》2017 年第 1 期。

境保护公共利益，符合目的要素这个辅助性要素，进而可以推导出内容要素的满足。

## 四、法院标准与法规范标准、学理标准的比较

通过对前述识别行政协议的法规范标准、学理标准和最高人民法院裁判标准的梳理，可以发现三者之间不存在明显的脱节。进一步对三项标准进行比较，可以得出以下几点认识。

### （一）有名协议/无名协议的判断标准

判断案涉协议是有名协议还是无名协议，是本案中法院识别行政协议的第一步。2019年的《行政协议司法解释》第二条列举了几类有名行政协议，相较于2015年的《适用解释》类型有所增加，但是仍然不足以穷尽所有类型。本案中案涉协议属于无名协议，需要借用兜底条款和识别标准进一步识别是否属于行政协议，这一点在实务中并无争议。但对于司法解释中列举的有名协议，是否可以被直接认定为行政协议，而不再进一步结合各要素识别论述，这一点在学理上少有探讨，法律规范上并无规定，实务中做法不一。[①]此外，如何判断案涉协议是有名协议或无名协议？《中华人民共和国合同法》（以下简称《合同法》）第124条规定："本法分则或者其他法律没有明文规定的合同，适用本法总则的规定，并可以参照本法分则或者其他法律最相类似的规定。"据此，"法律没有明文规定的合同"就是无名合同，但这并不能起到实质性判断作用。本案中，案涉协议在再审中被明确为无名协议，法院遵循的标准似乎是"内容"标准，即因为案涉协议的内容是资产转让事宜，因此不属于土地房屋征收补偿协议。此处，最高人民法院在裁定书中并未对其认定无名协议的标准展开论述，但通常而言，可以结合个案的基本条款、订立程序乃至违约责任进行判断。

### （二）行政协议识别要素之间的逻辑关联性

法院在本案中展现的行政协议的识别框架整体上是遵循《适用解释》中对行政协议的抽象定义而建构的。相较于传统的学理标准，这一识别框架对不确定的法律概念进行了详细而具体的阐释，实操性更强。诚如前文所述，传统的学理标准包括主体说、目的说、法律关系说等，这些学说多采用一元标准，在标准建构的用语上较为抽象，对不同标准之间的逻辑关系缺乏考量。有学者指出："目的论、合同主体之间的关系成为广泛使用的判断标准。而理论上所说的标的论或者所欲设定的法律关系说，大约因为较复杂，难以判断，因而在司法实践中很少使用。"[②]而本案法官所设定的识别标准框架则更加实用，注重多个要素之间的逻辑关联性，也回应了晚近以来学界提出的"综合说"的一些观点。比如，由于行政主体概念的构建与其职责是密不可分的，因此法官将"主体要素"作为形式标准，与作为实质标准的"内容要素"逻辑性地关联起来，回应了"法律关系说"（具有行政法上权利义务内容）的观点，建立了颇为自洽的多元标准判断体系，这一点颇值得肯定。

---

① 对于有名行政协议，最高人民法院行政庭倾向于直接认定为行政协议。但实践中，很多法院仍会进行进一步的识别和论证。

② 陈无风：《行政协议诉讼：现状与展望》，《清华法学》2015年第4期。

（三）对本案确立的行政协议识别标准的反思

法院在本案中建构的行政协议的识别标准也存在有待商榷之处。其一，与学界主流学说相比，本案法院因循《适用解释》的定义，增加了识别行政协议的“职责要素”，这一要素作为内容要素的决定性要素，可能得出“行政机关超越职权签订的行政协议不是行政协议”的错误观点，混淆行政协议的成立要件与合法要件。在本案中，大英县政府就曾提出其“不具有实施收回国有土地使用权的法定职能，也不具有签订房屋征收补偿协议的法定职权”的观点作为抗辩，虽然法院认定其有其他职权依据，但这一思路也透露出“职责要素”在识别行政协议上的危险性。①

实际上，将职责要素作为识别标准，暗含着一个逻辑前提，即：行政机关被授予职权，是为了实现行政管理目标，且一定会涉及行政优益权的运用，其逻辑路径是“法定职责→行政管理目标→行政优益权→行政协议”，而并非由“法定职责”直接关联到“行政协议”。据此，笔者认为，“职责要素”不应当作为行政协议识别标准的本质要素，而只能作为内容要素的辅助性要素，不能将所有行政主体履行职责制定的协议都视为行政协议。在考察“职责要素”时，可以参考有学者提出的引入“比例原则”的观点，即只有当行政职责足够重要时行政主体才能订立行政协议，否则不必认定为行政协议，而是认定为民事合同，以此平衡公共利益和私人利益。②

其二，“目的要素”延续了学界和《适用解释》中的“公共利益”“行政管理目标”这类抽象用语，具有难以克服的宽泛性和不确定性。③2019 年实施的《行政协议司法解释》第一条对行政协议进行了重新界定，相较于 2015 年《适用解释》的定义，新司法解释将“在法定职责范围内”的表述删掉，并将“公共利益”置换为“公共服务目标”的表述。笔者认为，这样的变化正是回应了前述两点。

其三，由于案涉协议未涉及民事主体依法无权自由处分的公法性权利义务，行政优益权的涵摄并不明显，因此法官着墨不多。但是，由于公、私法划分是行政协议识别标准的本质，④而所调整法律关系的不同是公、私法的本质区别，因此行政法上的权利义务是识别行政协议的实质标准。在确定行政性权利义务的过程中，行政机关因处于优势地位而获得的行政优益权可谓是最关键的考察因素。在学界，“行政优益权”的体现是识别行政协议的重要标准；⑤在司法实务界，大量的案例围绕“行政优益权”在系争协议中的体现展

---

① 例如，在“闫树青等诉承德市双滦区西地满族乡人民政府行政协议及赔偿纠纷案”中，法院认为“本案中，被上诉人西地乡政府不具有征收土地的法定职权，其实施的签订征地协议等行政行为属于超越职权”。然而双方签订的《征地协议书》中，所约定的是行政性权利义务，因此法院认为超越职权属于“应认定无效的情形”，将本案作为行政协议案件处理。参见承德市中级人民法院（2018）冀 08 行终 84 号。

② 陈天昊：《行政协议的识别与边界》，《中国法学》2019 年第 1 期。

③ 陈天昊：《行政协议的识别与边界》，《中国法学》2019 年第 1 期。

④ 杨科雄：《试论行政协议的识别标准》，《中国法律评论》2017 年第 1 期。

⑤ 例如，有台湾地区的学者曾提出行政契约的判断标准，分为两层：首先，契约之一方为代表行政主体之机关；其次，有下列四者之一时，即认定其为行政契约：（1）作为实施公法法规之手段者；（2）约定之内容系行政机关负有做成行政处分或其他公权力措施之义务者；（3）约定内容涉及人民公法上权益或义务者；（4）约定事项中列有显然偏袒行政机关一方或使其取得较人民一方优势之地位者。这一组判断标准，在台湾地区行政法学界被广为引用，其第（4）项就是对行政优益权的界定。参见吴庚：《行政法之理论与实用》，三民书局，2012，第 409 页。

开争议。[①]笔者认为，本案中的案涉协议符合行政优益权要素，原因如前文所述，是受到前置高权行为的辐射，以及目的要素与职责要素的延伸，但是法官在本案裁定书中没有对此进行针对性论述，是有所疏漏的。

## 五、本案中行政诉讼审理行政协议争议的比较优势

以上分析表明，本案中法院将案涉协议识别为行政协议是具有较为充分的理据的，但是法院的逻辑和论证仍有不尽周延之处，与学理标准也存有一定差异。

在司法实践中，有的法院甚至做出了与本案截然相反的判断。例如，在“岐山县岐星房地产开发有限责任公司诉宝鸡市国土资源局等案”中，法院认为：“被诉‘行政行为’不属于行政协议。本案三被告作为宝鸡市人民政府的职能部门，是在法律、法规授权范围内行使行政职权的行政机关，符合行政协议的主体标准；协议及补充协议约定的三被告的监督权利，亦与三被告行政职能相关，具有一定的行政管理因素。但由于协议及补充协议并非依据法律规范订立，三被告的行为没有行政法上的授权；合同并未对单方变更和解除权、行政制裁权等行政优益权进行约定，虽然涉及土地转让、规划许可等审批事项，但并非就审批本身进行约定，不符合行政协议的特征。”[②]类似的案例还有“南充市碧桂园房地产开发有限公司诉南充市国土资源局案”[③]“杨菊芳诉剑阁县国有资产监督管理局案”[④]等。

这表明，对于本案中的《资产转让协议书》这类合意性较为突出的协议，实务中对其性质的识别难度较大。但无论是采用民事诉讼还是行政诉讼的方式，司法的最终目标都是实现司法公正，因此笔者假设案涉协议被识别为民事合同，并对可能的诉讼结果作一考察。

假设案涉协议被识别为民事合同，从管辖法院来看，民事诉讼的一审管辖法院为四川省大英县的基层人民法院，而行政诉讼的一审管辖法院是四川省遂宁市中级人民法院。从适格被告来看，根据《合同法》第402条的规定，[⑤]本案中永佳公司对回马镇政府和大英县政府之间的代理关系知情，因此即便参照民事法律规范，大英县政府也受到协议约束，是本案的适格被告。从举证责任来看，民事诉讼奉行“谁主张，谁举证”的举证责任规则，而《行政协议司法解释》则规定由被告承担证明行政协议合法性的主要举证责任，[⑥]从举

① 有的案例中，法院从正面肯定了行政优益权是行政合同的必备构成要件。在“陈宏等诉南通市通州区张芝山镇人民政府案”中，法院认为：“行政机关为了履行行政职责，实现行政管理目标，与相对人经过协商达成的协议属于行政协议。行政协议的主要特征为协议主体一方恒定是依法享有行政职权的行政主体，签订行政协议的目的是为了履行行政职责，实现行政管理目标，行政协议签订、履行过程中行政机关享有行政优益权，即保障履行行政管理职责的目的不被改变，在履行协议过程中，行政机关可以根据实现行政管理目的的需要单方改变、解除协议，甚至可以依法单方作出行政强制、行政处罚。”参见南通市中级人民法院（2016）苏06行终622号。

② 陕西省高级人民法院（2016）陕行终104号。

③ 南充市嘉陵区人民法院（2017）川1304民初1869号。

④ 剑阁县人民法院（2015）剑阁行初字第13号。

⑤《中华人民共和国合同法》（1999年）第四百零二条规定：“受托人以自己的名义，在委托人的授权范围内与第三人订立的合同，第三人在订立合同时知道受托人与委托人之间的代理关系的，该合同直接约束委托人和第三人。”

⑥《最高人民法院关于审理行政协议案件若干问题的规定》（2019年）第十条规定：“被告对于自己具有法定职权、履行法定程序、履行相应法定职责以及订立、履行、变更、解除行政协议等行为的合法性承担举证责任。原告主张撤销、解除行政协议的，对撤销、解除行政协议的事由承担举证责任。对行政协议是否履行发生争议的，由负有履行义务的当事人承担举证责任。”

证责任来看对于永佳公司更为有利。从司法审查来看，民事诉讼仅审查协议的缔结和履行情况，行政诉讼则会同时审查协议的合约性和合法性，但在本案中，由于先行行政行为合法，加之人民法院审理行政协议案件可以参照民事法律规范，[①]因此两者的审查结果应该是相同的。本案中还可能存在其他因素，例如行政机关或许会因为行政案件败诉而被追究依法行政考核责任。[②]

综上所述，若案涉协议被识别为民事合同，司法审查的结果并不会发生实质性变化，但对大英县政府而言，一方面可以提出管辖权异议，另一方面能够减轻举证责任，规避依法行政考核压力；对永佳公司而言，则不利于对其合法权益的保护。因此，案涉协议被认定为行政协议并不会如一些民法学者所说的那样，使相对人难以获得救济，[③]相反，对永佳公司而言是更具优势的。

## 六、结语

综前所述，四川省大英县案判决既一般性地揭示了行政协议的识别框架，又指明了各个判断要素的具体判断基准和要素间的逻辑关系，为识别行政协议提供了相对确定的方法和标准，尤其是对无名协议性质的判断意义重大。但是同法规范标准和学理标准比较后发现，这一识别框架仍然有待改进。具体而言，法院并未对判断案涉协议属于有名协议还是无名协议的标准进行阐述；此外，根据前文的分析，“职责要素”不宜作为识别行政协议的本质要素，而只能作为判断“内容要素”的辅助性要素；“内容要素”是识别行政协议的核心，应当主要通过行政优益权要素进行判断，兼以“目的要素”和“职责要素”进行补强；“目的要素”的用语有待结合新颁布的《行政协议司法解释》进一步明确。最后，将本案案涉协议认定为行政协议，更有利于保障行政相对人的合法权益。

---

① 《最高人民法院关于审理行政协议案件若干问题的规定》（2019年）第二十七条规定：“人民法院审理行政协议案件，应当适用行政诉讼法的规定；行政诉讼法没有规定的，参照适用民事诉讼法的规定。人民法院审理行政协议案件，可以参照适用民事法律规范关于民事合同的相关规定。”

② 耿宝建：《行政协议的判定与协议类行政案件的审理理念》，《法律适用》2018年第17期。

③ 王利明：《论行政协议的范围——兼评〈关于审理行政协议案件若干问题的规定〉第1条、第2条》，《环球法律评论》2020年第1期。

# 第二十一期沙龙综述

## 外卖骑手，困在系统里——外卖平台支配下的外卖骑手与外卖平台、社会公众之间的互动关系和规则探究

唐峥源*

近日，《外卖骑手，困在系统里》一文在朋友圈刷屏，文章指出，在系统的压迫下，外卖骑手受到派送时间不合理、规划路线含逆行、商家出餐慢、超时高额罚款等问题的多重折磨。为了不被系统除名、不影响站点数据，骑手们不得不选择铤而走险，每天都在违反交规，与死神赛跑，外卖员成了高危职业。在外卖骑手的类型方面，骑手分为两类——专送与众包。但无论专送型还是众包型，没有任何一类骑手与外送平台存在劳动雇佣关系。有观点认为，平台将派送业务承包给外包公司，解除了与骑手直接的雇佣关系，一旦骑手发生交通事故，将无法从平台获得任何救济，因为没有工伤保险，骑手自己需要承担全部损害。这与我国社会保障方面立法的目的与精神不符，劳动者的权益无法得到有效保障。并且骑手在道路上不顾交规易引发事故，无辜受害者的权益将难以得到合理维护。

2020 年 9 月 29 日，对外经济贸易大学法学院和《贸大法学》编辑部组织了“贸大法学院学生法律沙龙”之“外卖骑手，困在系统里——外卖平台支配下的外卖骑手与外卖平台、社会公众之间的互动关系和规则探究”主题研讨活动。本次活动的发言人有陈梓璇、鲍韦辰。

法学院 2020 级硕士研究生陈梓璇基于外卖平台下网约工用工关系的认定这一角度进行了全面分析。她认为共享经济的发展催生出“外卖骑手”网约工这一新型用工形式，该用工形式呈现出灵活度高、平台对其管理隐蔽性强以及用工关系复杂化程度高等新特点。因我国现行劳动关系认定标准的滞后性、模糊性以及二分法保护体系的局限性，网约工与外卖平台的用工关系难以认定，在司法实践中出现了大量“同案不同判”的情形，网约工及受其侵害的第三人的利益难以得到保障。因此，应当先行出台指导性案例对该用工关系的确认提供指引，加快修改完善事实劳动关系的认定标准，并尝试在二分法保护体系之外增加第三种用工关系，为网约工权益的保护提供弹性化的选择空间，以实现共享经济平台发展与网约工权益保护的良性互动。

法学院 2020 级硕士研究生鲍韦辰主要从《中华人民共和国反不正当竞争法》（以下简称《反不正当竞争法》）的一般条款适用为切入点，探究了算法体系下外卖平台行为的违法性。她认为外卖平台利用算法体系压迫骑手的案例背后，蕴含着此种算法体系下的违法

* 唐峥源，对外经济贸易大学法学院硕士研究生。

行为，构成对市场竞争秩序与其他采取合法经营行为外卖平台的利益侵害。定义此种违法行为是否属于《反不正当竞争法》所规制的不正当竞争行为需要通过适用其一般条款做出判断。并从新旧版本一般条款的对比研究入手，探究一般条款中争议条款的内在逻辑，进而理清一般条款的构成要件，通过分析实践案例归纳问题并提出解决方案，最后回归案例本身进行分析。

# 第二十二期沙龙综述

## 长租公寓频频“爆雷”——房主、房客与平台之间的法律关系及规制路径

鲍韦辰*

回顾长租公寓发展历程，行业负面消息不断，短期爆仓频频。单就这次浙江杭州适享（巢客）科技有限公司的暴雷，涉及的房东和租客人数已过万。一方面，曾与巢客签订过合同的房东和租客，彼此面临着诸多纠纷。一些房东表示，巢客违约后业主可单方面解除合同，要求强制收房。面对新型的租赁关系，面对租赁平台“跑路”的场景，如何保护已经支付足额租金的房客不会露宿街头，具有重要的意义。另一方面，长租公寓行业使用大量的房租补贴吸收房源，通过收租客一年租金同时给房东月付的方式，利用房租收付时间差，平台每套房可蓄积到上万元的资金。虽然这种高杠杆模式给平台形成了一个巨大的资金池，但是也给租客和房东带来了巨大的风险。

2020 年 10 月 29 日，对外经济贸易大学法学院和《贸大法学》编辑部组织了“贸大法学院学生法律沙龙”之“长租公寓频频‘爆雷’——房主、房客与平台之间的法律关系及规制路径”主题研习活动。本次活动的发言人有高世潍、钱雨亭。

法学院 2020 级硕士研究生高世潍同学提出，长租公寓机构区别于传统租赁中介的最大特点是效仿“互联网金融”，以租金补贴的方式积累资金，开拓房源，抢占市场。其中长租公寓机构会通过“租金贷”“高进低出”“长收短付”等金融工具，沉淀大量的租客资金从事金融活动。但由于长租公寓机构存在性质界定不清、滥用资金池等问题，长租公寓机构资金链断裂后将严重损害承租人的利益。而目前，长租公寓机构设立与运营缺少准入门槛，政府及法规监管仍然存在很大程度的缺位。高世潍同学对此提出如下建议：长租公寓机构应当通过设置风险金账户，严控资金池的使用等手段加强对高风险经营模式的风险控制。金融监管部门也应当明确各部门职责，针对第三方网贷机构的“租金贷”行为出台相关的监管规范，例如提高租赁中介机构准入门槛、建立对房屋租赁机构的资金托管制度或风险准备金制度与信用评级制度、推动保险公司推出租赁保险金融产品等，对长租公寓机构的经营过程进行严格而动态的监管，借助各方合力以保护行业相关当事人的合法权益。

法学院 2018 级本科生钱雨亭同学从承租人、出租人及长租公寓平台的法律关系定性，基于不同关系下承租人的不同救济手段角度出发，对问题进行了阐述。从司法案例的分析来看，当受托人已经实际占有、使用，并在案涉房屋开展经营活动时，法院更倾向于将合同定性为租赁合同；反之则更倾向于将该类合同定性为委托合同。钱雨亭同学认为，

---

* 鲍韦辰，对外经济贸易大学法学院硕士研究生。

区分合同的性质应从案涉合同的主给付义务，而非合同标题着手。如果长租公寓平台只是以差价为目的为房东出租房屋时，不应当将该类合同定性为租赁合同。关于承租人的救济方式，钱雨亭同学提出，如果合同定性为租赁合同，根据《最高人民法院关于审理城镇房屋租赁合同纠纷案件具体应用法律若干问题的解释》，承租人难以对出租人提出抗辩，即此种情况下承租人并无法理上的依据，仅有情理上的支撑；但如果合同定性为委托合同，则可以适用隐名代理、表见代理等规则，此时房东不得向租客请求返还房屋，进而承租人的合法利益可得到保护。